此书为国家社科基金项目"中国特色个体宗教心理发展研究"结项成果（项目批准号12BZJ002，结项证书号20182150）。

陈永胜◎著

中国特色个体宗教心理发展研究

中国社会科学出版社

图书在版编目(CIP)数据

中国特色个体宗教心理发展研究／陈永胜著．—北京：中国社会科学出版社，2019.6
ISBN 978-7-5203-4356-5

Ⅰ.①中… Ⅱ.①陈… Ⅲ.①宗教心理学—研究—中国 Ⅳ.①B920

中国版本图书馆 CIP 数据核字(2019)第 074854 号

出 版 人	赵剑英
特约编辑	杜淑英
责任编辑	陈 彪
责任校对	杨 林
责任印制	张雪娇

出　　版	中国社会科学出版社
社　　址	北京鼓楼西大街甲 158 号
邮　　编	100720
网　　址	http://www.csspw.cn
发 行 部	010-84083685
门 市 部	010-84029450
经　　销	新华书店及其他书店

印刷装订	北京君升印刷有限公司
版　　次	2019 年 6 月第 1 版
印　　次	2019 年 6 月第 1 次印刷

开　　本	710×1000　1/16
印　　张	16.5
插　　页	2
字　　数	267 千字
定　　价	89.00 元

凡购买中国社会科学出版社图书，如有质量问题请与本社营销中心联系调换
电话：010-84083683
版权所有　侵权必究

目 录

前言 ··· （1）

第一章　项目研究的理论基础 ································· （1）
一　霍尔的个体宗教心理发展理论 ······················· （1）
　（一）霍尔个体宗教心理发展理论的形成背景 ······· （1）
　（二）霍尔个体宗教心理发展理论的主要特点 ······· （4）
　（三）霍尔个体宗教心理发展理论的历史地位 ······· （9）
二　埃里克森的个体宗教心理发展理论 ················ （12）
　（一）埃里克森个体宗教心理发展理论的形成背景 ··· （12）
　（二）埃里克森个体宗教心理发展理论的主要特点 ··· （15）
　（三）埃里克森个体宗教心理发展理论的历史地位 ··· （22）
三　福勒的个体宗教心理发展理论 ······················· （24）
　（一）福勒个体宗教心理发展理论的形成背景 ······· （25）
　（二）福勒个体宗教心理发展理论的主要特点 ······· （28）
　（三）福勒个体宗教心理发展理论的历史地位 ······· （33）
四　中国化马克思主义个体宗教心理发展观的理论构建 ········ （36）
　（一）个体宗教心理发展中先天与后天的关系 ······· （37）
　（二）个体宗教心理发展中内因与外因的关系 ······· （40）
　（三）个体宗教心理发展中连续性与阶段性的关系 ··· （44）

第二章　项目研究的方法选择 ································· （48）
一　本项目量化研究采用的主要方法 ····················· （48）
　（一）测量法 ·· （48）
　（二）横断研究法 ··· （91）

（三）实验法 …………………………………………（91）
　二　本项目质性研究采用的主要方法 ……………………（93）
　　（一）访谈法 …………………………………………（93）
　　（二）个案法 …………………………………………（97）

第三章　儿童期个体宗教心理的发展 ……………………（99）
　一　儿童期个体宗教认知的发展 …………………………（99）
　　（一）儿童期个体宗教认知的发展趋势 ……………（100）
　　（二）儿童期个体宗教认知发展的年龄特征 ………（102）
　　（三）儿童期个体宗教认知发展的影响因素 ………（105）
　二　儿童期个体宗教情感的发展 …………………………（106）
　　（一）儿童期个体宗教情感的发展趋势 ……………（106）
　　（二）儿童期个体宗教情感发展的年龄特征 ………（107）
　　（三）儿童期个体宗教情感发展的影响因素 ………（109）
　三　儿童期个体宗教行为的发展 …………………………（110）
　　（一）儿童期个体宗教行为的发展趋势 ……………（110）
　　（二）儿童期个体宗教行为发展的年龄特征 ………（116）
　　（三）儿童期个体宗教行为发展的影响因素 ………（116）

第四章　青少年时期个体宗教心理的发展 ………………（118）
　一　青少年时期个体宗教认知的发展 ……………………（118）
　　（一）青少年时期个体宗教认知的发展趋势 ………（118）
　　（二）青少年时期个体宗教认知发展的年龄特征 …（124）
　　（三）青少年时期个体宗教认知发展的影响因素 …（126）
　二　青少年时期个体宗教情感的发展 ……………………（127）
　　（一）青少年时期个体宗教情感的发展趋势 ………（127）
　　（二）青少年时期个体宗教情感发展的年龄特征 …（132）
　　（三）青少年时期个体宗教情感发展的影响因素 …（133）
　三　青少年时期个体宗教行为的发展 ……………………（135）
　　（一）青少年时期个体宗教行为的发展趋势 ………（135）
　　（二）青少年时期个体宗教行为发展的年龄特征 …（140）
　　（三）青少年时期个体宗教行为发展的影响因素 …（141）
　四　青少年时期个体宗教人格的发展 ……………………（142）

（一）青少年时期个体宗教人格的发展趋势 …………………（142）
　　（二）青少年时期个体宗教人格发展的年龄特征 ………………（147）
　　（三）青少年时期个体宗教人格发展的影响因素 ………………（148）
　五　青少年时期个体宗教性的整体发展 …………………………（149）
　　（一）青少年时期个体宗教性的整体发展趋势 …………………（149）
　　（二）青少年时期个体宗教性整体发展的年龄特征 ……………（155）
　　（三）青少年时期个体宗教性整体发展的影响因素 ……………（155）

第五章　中年期个体宗教心理的发展 …………………………………（157）
　一　中年期个体宗教认知的发展 …………………………………（157）
　　（一）中年期个体宗教认知的发展趋势 …………………………（157）
　　（二）中年期个体宗教认知发展的年龄特征 ……………………（162）
　　（三）中年期个体宗教认知发展的影响因素 ……………………（164）
　二　中年期个体宗教情感的发展 …………………………………（166）
　　（一）中年期个体宗教情感的发展趋势 …………………………（166）
　　（二）中年期个体宗教情感发展的年龄特征 ……………………（170）
　　（三）中年期个体宗教情感发展的影响因素 ……………………（171）
　三　中年期个体宗教行为的发展 …………………………………（172）
　　（一）中年期个体宗教行为的发展趋势 …………………………（172）
　　（二）中年期个体宗教行为发展的年龄特征 ……………………（177）
　　（三）中年期个体宗教行为发展的影响因素 ……………………（178）
　四　中年期个体宗教人格的发展 …………………………………（179）
　　（一）中年期个体宗教人格的发展趋势 …………………………（179）
　　（二）中年期个体宗教人格发展的年龄特征 ……………………（183）
　　（三）中年期个体宗教人格发展的影响因素 ……………………（184）
　五　中年期个体宗教性的整体发展 ………………………………（185）
　　（一）中年期个体宗教性的整体发展趋势 ………………………（185）
　　（二）中年期个体宗教性整体发展的年龄特征 …………………（189）
　　（三）中年期个体宗教性整体发展的影响因素 …………………（190）

第六章　老年期个体宗教心理的发展 …………………………………（191）
　一　老年期个体宗教认知的发展 …………………………………（191）
　　（一）老年期个体宗教认知的发展趋势 …………………………（191）

（二）老年期个体宗教认知发展的年龄特征 …………………（196）
　　（三）老年期个体宗教认知发展的影响因素 ………………（197）
二　老年期个体宗教情感的发展 ……………………………………（197）
　　（一）老年期个体宗教情感的发展趋势 ………………………（197）
　　（二）老年期个体宗教情感发展的年龄特征 …………………（202）
　　（三）老年期个体宗教情感发展的影响因素 …………………（203）
三　老年期个体宗教行为的发展 ……………………………………（203）
　　（一）老年期个体宗教行为的发展趋势 ………………………（203）
　　（二）老年期个体宗教行为发展的年龄特征 …………………（208）
　　（三）老年期个体宗教行为发展的影响因素 …………………（209）
四　老年期个体宗教人格的发展 ……………………………………（210）
　　（一）老年期个体宗教人格的发展趋势 ………………………（210）
　　（二）老年期个体宗教人格发展的年龄特征 …………………（214）
　　（三）老年期个体宗教人格发展的影响因素 …………………（215）
五　老年期个体宗教性的整体发展 …………………………………（216）
　　（一）老年期个体宗教性的整体发展趋势 ……………………（216）
　　（二）老年期个体宗教性整体发展的年龄特征 ………………（220）
　　（三）老年期个体宗教性整体发展的影响因素 ………………（221）

第七章　总结与展望 ………………………………………………（223）
一　总结 ………………………………………………………………（223）
　　（一）项目研究取得的重要成果 ………………………………（223）
　　（二）项目研究存在的主要局限 ………………………………（228）
二　展望 ………………………………………………………………（229）

参考文献 ……………………………………………………………（232）
译名对照表 …………………………………………………………（247）
后记 …………………………………………………………………（249）

前　言

本书是名为"中国特色个体宗教心理发展研究"的国家社会科学基金项目的结项成果。毫无疑问，这是一项立足于中国文化背景并且以宗教信仰者个体的宗教心理发展为主线的专题研究。作为项目负责人，我一直在思考：在本项目的实际研究中，怎样才能真正体现中国特色呢？

由我组织的课题组思考的结果是：围绕中国化马克思主义个体宗教心理发展观的理论构建问题进行初步探讨，这是带有中国特色并且具有方向性、指导性的根本任务；根据中国化马克思主义个体宗教心理发展观的基本观点，运用定量、定性相结合的研究方法，从儿童期到老年期系统地探讨中国宗教管理部门依法管理的五大宗教（道教、佛教、伊斯兰教、天主教和基督教）以及民间信仰者个体宗教心理的发展特点与规律，是本项目体现中国特色的主要内容。

对上述两方面的思考结果，实际上构成了本项目研究的指导思想、基本框架和鲜明特色。

在对中国化马克思主义个体宗教心理发展观的理论探讨中，课题组认为，中国化马克思主义个体宗教心理发展观的理论构建，必须以中国化的马克思主义宗教观为基石。而中国化马克思主义宗教观的核心思想，需要围绕《中华人民共和国宪法》规定的"宗教信仰自由"政策加以辩证解读。在社会主义初级阶段的中国，公民既有信仰宗教的权利，又有不信仰宗教的权利，二者是辩证统一的。从这种辩证统一的整体观出发，党和国家既大力引导信教群众在爱国爱教的前提下，逐步使宗教生活与社会主义制度相适应，又能严格遵循从严治党的方略，把共产党员不信教、坚持马克思主义无神论信仰的主张落到实处。着眼于全面依法治国、从严治党的战略布局，对宗教信仰自由政策进行马克思主义中国化的最新阐释，这正是习近平总书记新时代中国特色社会主义宗教思想的精髓之所在。

依据以上对于中国化马克思主义宗教观的理解，以及对于西方宗教心理学在个体宗教心理发展理论方面的评判、消化和继承，课题组着重从先天与后天的关系、内因与外因的关系、连续性与阶段性的关系这三个方面，初步构建了中国化马克思主义个体宗教心理发展观的理论体系。

在先天与后天的关系问题上，课题组认为，个体宗教心理的形成与发展不是由遗传因素决定的，遗传因素仅仅为个体宗教心理的发生、发展提供了生物基础、自然前提或可能性；要把这种可能性变成现实，决定性的因素在于后天的社会环境。所以，那种片面夸大遗传或生物因素在个体宗教心理发生、发展中的作用的观点是极为有害的。

在内因与外因的关系问题上，课题组认为，在改革开放、社会主义初级阶段条件下，一个人宗教心理的发展主要是由个体内在的心理矛盾引起的，外部环境包括教育因素是个体宗教心理发展的重要外部条件；但在一个人的身心发育尚未成熟之前，外部环境尤其是家庭教育因素往往起着主导作用。

在连续性与阶段性的关系问题上，课题组认为，在个体宗教心理的发展中，存在量变（连续性）和质变（阶段性）这两种状态；一个人宗教心理发展中从量变（连续性）到质变（阶段性）的根本原因，在于个体宗教心理发展中的主要矛盾。此外，一个人皈依宗教的关键年龄也与个体宗教心理发展中的主要矛盾密切相关。

虽然课题组在构建中国化马克思主义个体宗教心理发展观的理论体系方面做了很大努力，但这些努力应该说仍然是粗线条的、初步的，其理论深度和实际效果如何，尚需得到专家、学者、广大宗教管理工作者和实际参与者的评鉴。

关于道教徒、佛教徒、伊斯兰教徒、天主教徒、基督徒、民间信仰者个体宗教心理发展特点及其规律的量化研究与质性研究，是一项难度相当大的系统工程。

一是需要编制适合中国当代国情的道教徒、佛教徒、伊斯兰教徒、天主教徒、基督徒及民间信仰者个体宗教心理发展量表。二是需要在一定范围内选取符合统计学要求的大样本对被试者进行标准化测量。三是需要运用访谈或个案调查等质性方法对量化研究的数据进行验证。四是需要对量化研究的数据进行统计处理，对质性研究的资料进行加工整理。五是需要以专著的形式，提炼和撰写出规范化的最终成果。

上述各个环节都需要进行大量的、艰苦细致的组织协调和沟通合作。更何况测量取样和调查访谈的不同宗教人群，对宗教心理研究大多持有敏感甚至不合作的态度。因为在通常情况下，未经宗教管理部门许可，绝大多数被试者都不愿意接受问卷测量或录音访谈。尽管遇到上述种种困难，课题组成员没有气馁和退缩，而是尝试用各种办法，努力按照项目的质量要求完成了预期的各项工作。于是，具有鲜明中国特色的6个首创性的标准化测量工具，即"中国道教徒个体宗教心理发展量表""中国佛教徒个体宗教心理发展量表""中国穆斯林个体宗教心理发展量表""中国天主教徒个体宗教心理发展量表""中国基督徒个体宗教心理发展量表"和"中国民间信仰者个体宗教心理发展量表"先后编制成功。这不仅成为本课题研究的基本工具，也是充分体现本项目中国特色的重要成果。

把理论研究、准实验研究、测量研究、访谈研究、个案研究等不同的方法有机整合起来，取长补短，相互印证，进行系统性的集成创新，是本课题研究的另一特色。这一系统性集成创新工作，不仅在中国宗教心理学的研究中堪称首例，就是查阅西方宗教心理学的研究文献，也未发现有雷同者。笔者认为，中国宗教心理学的整体研究水平在世界范围内是落后的，但在已经落后的情况下，选准适合中国国情的研究课题，采用体现中国体制、机制优势的研究方法，在某一具体领域进行系统性的集成创新，这样做是有可能在该领域取得突破性进展的。课题组研究的愿望如此，然而是否真正达到了目标，显然需要时间的检验。

在对儿童期、青少年期、中年期和老年期个体宗教心理发展特点和规律进行具体描述及总结中，课题组提出了以下具有独创性的思想或观点。

儿童期（出生至12岁）个体宗教心理发展的主要矛盾是家庭宗教信仰的环境熏陶与儿童个人身心发展尚未成熟的矛盾。由于12岁以下的儿童思维发展尚未完全达到抽象逻辑思维水平，辩证思维处于萌芽阶段，对于宗教的本质以及宗教教义中的深层语义、象征含义等无法真正理解，所以这一时期儿童的宗教信仰主要是受家庭的影响，其宗教心理的形成与发展具有被动性、模仿性、好奇性、表层性等特征。

青少年时期（13—35岁）个体宗教心理发展的主要矛盾是主流意识

形态的要求与个体已经形成的宗教心理结构之间的矛盾。由于我国青少年（包括已经加入某一宗教团体的成员）接受的国民教育，主要是科学文化知识和以无神论为主导的马克思主义意识形态的熏陶，所以这样的国民教育体系和主流意识形态熏陶，必然会在已经形成一定宗教信仰背景的青少年中带来信仰发展方面的困惑乃至冲突。于是，探寻性、波动性、效仿性和务实性，便构成了这一时期个体宗教心理发展的主要特征。

中年期（36—60岁）个体宗教心理发展的主要矛盾是宗教团体的制度性、神圣化要求与现实世俗生活诱惑性冲击的矛盾。在宗教领域不可避免的世俗化趋势影响下，现代化的物质生活条件对传统神圣领域的诱惑和冲击越来越明显。参加不同宗教团体的中年人，大多渴望在制度性宗教参与同现代化物质生活之间寻求一种新的平衡。于是，这一时期个体宗教心理的发展便呈现出体悟性、稳定性、主动性和利他性等重要特征。

老年期（60岁以上）个体宗教心理发展的主要矛盾是现实生活中的身体健康状况下降与传统宗教死亡观、来世观期待之间的矛盾。老年宗教信徒身体健康状况的下降为自然规律，具有不可逆转性，随着年龄增长，这种下降趋势愈发明显。因此，老年宗教信徒会越来越多地思考死亡问题，非常虔诚的老年信徒还往往会对宗教教义中描述的来世美好生活充满期待。这一时期个体宗教心理发展的主要特征，集中表现在笃信性、恒常性、固化性和向善性等方面。

总括本课题在研究期间取得的阶段性成果和最终成果，其学术价值主要表现在：通过构建中国化马克思主义个体宗教心理发展观的理论体系和研究方法的集成创新，比较系统地揭示了当代中国国情下，不同宗教信仰者个体宗教心理的发展趋势、年龄特征和影响因素。这些研究成果从个体发展心理学角度丰富了我国宗教心理学的研究内容，对于深化我国宗教心理学理论研究的科学内涵、促进我国宗教心理学的学术繁荣与学科建设，具有不可低估的价值。其实践意义在于：通过对不同宗教信仰者个体宗教心理发展特点及其规律的数据描述、个案解剖和因果分析，为党和国家宗教决策部门、有关宗教管理机构提供了丰富的第一手资料，以及具有一定说服力的科学依据，这样便有可能使宗教心理学的研究成果更好地服务于现实社会与生活，充分发挥宗教界人士和信教群众在我国经济社会发展中的积极作用，并有效地防范和化解其中的消极因素。

第一章 项目研究的理论基础

本项目将中国化马克思主义个体宗教心理发展观的理论构建作为整个研究工作的核心和难点，同时力求汲取西方宗教心理学界有关个体宗教心理发展理论中的合理营养，其努力方向是为建设具有中国特色的个体宗教心理发展学科体系作出自己力所能及的贡献。因此，本章将首先梳理三位在西方个体宗教心理发展领域影响较大的人物之学术思想精华，对其历史地位进行客观评价，然后再着重探讨中国化马克思主义个体宗教心理发展观的理论构建问题。

一 霍尔的个体宗教心理发展理论

在心理学界，格兰维尔·斯坦利·霍尔（Granville Stanley Hall, 1846—1924）[1]的名声如雷贯耳，但在宗教心理学界，霍尔的地位却远不如詹姆斯（William James, 1842—1910）。从个体宗教心理发展的角度考察霍尔，我们发现，霍尔在这一领域的贡献犹如一座含金量高但却深深埋藏的富矿，亟须当代有识之士精心勘探与开发。

（一）霍尔个体宗教心理发展理论的形成背景

1846年2月1日，霍尔出生在美国马萨诸塞州阿什菲尔德的一个农

---

[1] 关于霍尔的生卒年代，国内心理学辞典、心理学史教材均记为1844—1924年。但笔者查阅法文版《心理学百科词典》的中文编译本，霍尔的生卒年代为1846—1924年（见曾宪源等编译《世界著名心理学家词典》，黑龙江人民出版社1988年版，第87页）；在最新的在线维基百科英文版中，霍尔的生卒年代同样为1846—1924年（见https：//en.wikipedia.org/wiki/G._Stanley_Hall，2017年2月12日）。据此，本书作者将霍尔的生卒年代表述为1846—1924年。

耕小镇。他的父亲加工过扫帚，当过教师，撑过筏子，但最终还是回归土地，以务农为生。霍尔的父亲是一名清教徒，喜欢与人交往，有时去教堂的唱诗班唱歌，周末也会出现在主日学校的课堂上，但其宗教信仰是有节制的。霍尔的母亲是一名乡村教师，富有耐心和同情心，对宗教信仰的虔诚体现在她连续11年写下的代表沉思和渴望的宗教日记中。关于自己的家庭，霍尔曾回忆说：父母"是贫穷、卑微的，并且勇敢地面对这种严酷的现实生活"。① 家庭生活的窘况并未阻止父母对子女的满腔期待。1863年，在母亲的资助下，霍尔从乡村学校毕业后考入离家乡不远的威廉姆斯学院，为将来当牧师进行职业准备。1867年，霍尔进入纽约协和神学院深造。在这里，他发现自己其实并不适合牧师工作。沃森（Watson, 1978）具体描述了霍尔在纽约深造期间的种种表现："在纽约期间，他在街头巷尾漫游、参观治安法庭，参加所有教派的礼拜活动，热心地考察这座城市。他参加过一个对研究实证主义感兴趣的讨论会，到剧院观赏戏剧和歌舞剧，辅导纽约精英阶层的年轻女子，拜访过一位颅相学家，总的说来，学习生活过得很充实。他并没有因其宗教的正统性而闻名。在为全体教职员工和学生作尝试性讲道之后，他到校长办公室听取批评意见。校长没有讨论他的布道过程，而是跪着并祈祷有人指出霍尔生活方式的错误。"②

1868年，霍尔借款到德国波恩大学、柏林大学攻读神学和哲学，此外还钻研生理学和物理学。1871年回国后，在纽约协和神学院获得神学学位，之后到一座乡村教堂讲道10周，并当了1年多的家庭教师。接着，霍尔在俄亥俄州安迭克学院谋得了一个职位，不仅讲授欧洲文学，而且还担任图书馆管理员，指挥唱诗班，甚至讲道。1876年，霍尔被哈佛大学聘用，从事英语教学，其间结识了比他年长4岁的詹姆斯，从而有机会在教学之余进行生理心理学研究，1878年，他以《空间的肌肉知觉》一文获得美国历史上第一个心理学专业的博士学位。

由于霍尔此前读过冯特（Wundt, 1832—1920）的《生理心理学》一

---

① Hall, G. S., *Life and Confessions of a Psychologist*, New York: D. Appleton, 1923, p.85.
② ［美］赫根汉：《心理学史导论》（第四版，上册），郭本禹译，华东师范大学出版社2004年版，第522—523页。

书，因而再次萌生了赴德研修的愿望。1878年，霍尔再次来到德国，成为冯特的第一位美国学生。1880年，34岁的霍尔重返美国。通过教育学、心理学方面的演讲，逐渐引起了知识界的关注。1882年，被霍普金斯大学聘为心理学讲师，第二年在该校创办了用于研究的心理实验室。1884年，升任教授。1887年，霍尔创办了《美国心理学杂志》，这是全美第一家专门刊登心理学研究成果的杂志。1888年，他离开霍普金斯大学，应邀出任位于马萨诸塞州伍斯特的克拉克大学首任校长和心理学教授。在霍尔的推动下，1892年，美国心理学会成立，他当选为第一任会长。

在克拉克大学期间，霍尔的学术生涯达到了顶峰。他带领一些博士生着重围绕青少年的皈依问题进行了一系列开创性研究，并创办了《美国宗教心理学与教育杂志》(*The American Journal of Religious Psychology and Education*, 1904—1914)，集中发表这一领域的研究成果，由此形成了以青少年宗教心理发展为特色的美国唯一的宗教心理学学派——克拉克学派，其中斯塔巴克（Edivin Starbuck）和勒巴（James Henry Leuba）的贡献尤为突出。

霍尔在宗教心理学方面的研究成果主要体现在《儿童的道德与宗教训练》(*The Moral and Religious Training of Children*, 1882)、《儿童心理的宗教内容》(*The Religious Content of the Child – Mind*, 1900)、《主日学校和圣经教学的一些基本原则》(*Some Fundamental Principles of Sunday School and Bible Teaching*, 1901) 等论文和《青少年时期：它的心理学与生理学、人类学、社会学、性、犯罪、宗教及教育的关系》(*Adolescence: Its Psychology and Its Relations to Physiology, Anthropology, Sociology, Sex, Crime, Religion, and Education*, Vols. I and II, 1904)、《从心理学的观点看耶稣基督》(*Jesus, the Christ, in the Light of Psychology*, 1917)、《老年期：生命的最后一半》(*Senescence: The Last Half of Life*, 1922) 以及《一位心理学家的生平与自白》(*Life and Confessions of a Psychologist*, 1923) 等著作中。

霍尔的个体宗教心理发展思想深受达尔文（Charles Robert Darwin, 1809—1882）进化论和德国解剖学家海克尔（Ernst Haeckel, 1834—1919）复演论的影响。进化论强调动物和人的心理的连续性，复演论关注的是人类胚胎发育对物种演变历史的重复。霍尔在其自传中说："我在青年时代一听说进化论，就感到我几乎必定会被'进化'这个词所催眠，这个词在我听来就是音乐，似乎要比任何其他词汇都更适合我的口味。"①在霍尔看来，进化不但说明了人类种系发生发展的原因，而且说明了每一个个体心理发展的原因。同理，个体宗教心理的发展如同胚胎学的发展关系一样，是伴随种族宗教心理的发展而发展的。霍尔对进化论和复演论的认识，构成了其个体宗教心理发展理论的基石或基本依据。

(二) 霍尔个体宗教心理发展理论的主要特点

在笔者看来，霍尔个体宗教心理发展理论的特点主要体现在以下三个方面。

1. 以青少年时期为重点的个体宗教心理发展路径考察

霍尔对个体宗教心理发展的路径考察以青少年时期为重点，同时兼顾儿童期和老年期。

关于儿童期个体宗教心理的发展，霍尔指出，儿童的个体发展重复了种族的生活史。例如，当儿童扮演牧童和印第安人角色时，他是重复着前文化期人的水平。通过平和、宁静的态度，对儿童身体加以悉心关照，避免强烈的刺激和突然改变，某些基本的宗教情感是能够在婴儿最早期的几个月得到培养的。只有鼓励、信任、感激、独立和爱这些最初指向母亲的情感，以后才有可能将这些情感指向上帝。②霍尔认为，对自然的爱是每个种族的最初宗教，因而教育者的任务就是要促进儿童对自然的反应，使他们形成尊重、敬畏等情感。在整个儿童期，宗教教育的重点应该是实践道德；教义、抽象的观念以及各种"强迫喂养"的方法必须竭力避免。③

关于青少年时期个体宗教心理的发展，霍尔认为，14—24 岁是人生最好的 10 年。"社会的本能经历了突然的扩展，爱的新生活唤醒了。这是一个属于情操的年龄，宗教的年龄，情绪快速波动的年龄……性格和人

---

① Hall, G. S., *Life and Confessions of a Psychology*, New York: D. Appleton, 1923, p. 357.

② Hall, G. S., "The Moral and Religious Training of Children", *The Princeton Review*, 1882, 9: 26-48.

③ Hall, G. S., "The Religious Content of the Child-Mind", *Principles of Religious Education*, New York: Longmans, Green, 1900, pp. 161-189.

格正在形成，但一切都是可塑的。自我感受和抱负在增长，而且每一种特质及能力都倾向于夸张和过度，一切都是一种非凡的新生。"[1]在霍尔看来，直到青少年时期才可能有真正的、深刻的宗教经验。青少年时期标志着宗教发展达到了高潮。霍尔的这一论断，源自他对青少年皈依年龄的具体研究。通过对基督教神职人员的直接问询，查阅神学院、教会积累的历史资料，以及比较由不同研究者进行的问卷调查结果。霍尔发现，大多数基督徒的皈依年龄在20岁之前，男女比例约为2∶3。其中科（G. A. Coe）对1784例男性的调查显示，皈依的平均年龄为16.4岁，这与德鲁神学院向霍尔提供的1869—1895年校友录记载的皈依年龄大多在16—18岁的数据接近。此外，霍尔的学生斯塔巴克对青少年女性皈依年龄的研究发现，女性皈依人数最多的年龄在13岁左右。据此，霍尔得出结论说，宗教皈依的年龄"和性成熟一致，没有任何无关事件的偶然同步性"[2]。

关于老年期个体宗教心理的发展，霍尔强调，衰老和婴儿具有一定的对应性，因为个体进化和退化的每个阶段都有一定的对应性。老年期仍有一些心理机能在增长，但大部分心理机能是逐渐萎缩的。在用多种文字对老年人进行大规模心理学调查的基础上，霍尔提炼出老年期涵盖的若干重大研究主题，包括快乐的源泉、相信来世、死亡焦虑、长寿观念、衰老迹象的识别、老年心理治疗的跨文化分析等。[3]

2. 以进化理论为支撑的个体宗教心理发展动力解释

灵魂和肉体一样是进化的产物，这是霍尔运用进化理论解释个体宗教心理发展动力的基本出发点。正如霍尔所说的，"我是一个乐观主义者的根本和核心，不仅是因为一个进化论者必须相信最好的而非最差的将会存活并胜出，而且还因为在这些领域的大部分（如果还不是全部的话），我清楚地看到了某些更好事物的开始。即使在保守主义的据点教育和宗教方面，也存在某些新的、更好的观念和努力，而且这些是较少例外的，是在

---

[1] Hall, G. S., *Adolescence: Its Psychology and Its Relations to Physiology, Anthropology, Sociology, Sex, Crime, Religion, and Education* (Vols. Ⅰ), New York: D. Appleton, 1904, Preface, xv.

[2] Hall, G. S., *Adolescence: Its Psychology and Its Relations to Physiology, Anthropology, Sociology, Sex, Crime, Religion, and Education* (Vols. Ⅱ), New York: D. Appleton, 1904, p.292.

[3] Hall, G. S., *Senescence: The Last Half of Life*, New York: D. Appleton, 1922.

力量和影响方面正在增长的,并且被更多、更出色的人们所代表。"①

在霍尔看来,如果能像地质专家建构地质学那样,建构意识发展的地形学阶段;如果能正确地描述意识心灵从本能、冲动的原始海洋中涌现,重建逐步消失的"柔软部分",并从铭文、词源、神话仪式、发掘的石雕和古老的手稿等化石中,推测穿越精神类型的所有种属关系,指出一切人种在微观、中观方面精神进化每一阶段的最佳显露时期,那么这样一种宇宙人类的发生心理学,将是一种完美、正常和不间断的人类灵魂的历史。它的联系过程不会以时间、空间相接近的退化规律为动力,而将依据每个种族来有机地整合每一种趋势、元素和阶段的需要。②

根据这一思路,霍尔以《圣经》经典为例,试图揭示基督教教义、人类社会演化历程和个体宗教心理发展阶段之间的内在联系。霍尔指出,基督教的《旧约》始于宇宙起源的神话,继而延续到以该隐、亚伯为代表的农业与畜牧阶段。在这个阶段,亚伯拉罕的英雄,以撒、雅各、摩西和约书亚、扫罗、大卫和所罗门的王室,强烈吸引着童年期孩子的宗教兴趣。围绕法律与正义的宗教主题,儿童的恐惧、愤怒、嫉妒、仇恨、敬畏等宗教情感得到有效激发,从而形成了以纪律和权威为核心的童年期个体宗教心理发展的基本特征。基督教的《新约》主要分为耶稣和使徒两大部分。耶稣时代的核心是鼓励爱的情感,崇尚宽容,从自我中心转向利他主义,而这也正是青少年时期个体宗教心理发展的基本特征。使徒时代提升了理性的地位,教义增加了哲学色彩和教会发展的历史知识,这些都反映了成年期个体宗教心理发展的基本特征。

霍尔认为,上述以进化为基础的种族和个体宗教心理发展之间的内在联系,在儒家思想、伊斯兰教和佛教中也可以发现。儒家思想中的守法主义和实用习俗,可以作为信仰基督教儿童的生活参考;伊斯兰教对一神教使命的高度激情,可以作为信仰基督教青少年的有益补充;佛教教义中的同情、放弃、宁静与和谐,则可为成年基督徒带来追求幸福的特殊信息。总之,"真正的问题是进化而不是革命,是嫁接而不是连根拔起"③。这就

---

① Hall, G. S., *Adolescence: Its Psychology and Its Relations to Physiology, Anthropology, Sociology, Sex, Crime, Religion, and Education* (Vols. I), New York: D. Appleton, 1904, Preface, xviii.

② Ibid., pp. 358–359.

③ Ibid., p. 362.

是霍尔运用进化理论解释个体宗教心理发展动力的点睛之笔。

3. 以综合运用为框架的个体宗教心理发展方法探索

在对个体宗教心理发展的研究中，霍尔主张采用综合的方法。"动物的、野蛮人的、儿童的灵魂可能从来没有被内省地研究过。此外，随着失联或灭绝的种族类型很多或大部分灵魂生活已经无望地消失，因而通过内省寻求自我认知发展的成人是实用的，他的体系的最好选择仅仅是一种人类文献，或者返回到永恒但却没有答案的问题，即人类能够了解什么，他应该做什么，他最真实的感受如何。由此出发，它遵循着我们必须转向更大更远的观察、描述、归纳的实验方法。我们必须收集对精神、情绪、早已流逝现象的陈述，收集隐约出现，也许一生只有一次，仅限于很少且罕见的个体中的心理事实，收集可能从来没有在阈值之上任何区域出现，但却只在自动状态、动作、行为、被忽视的事情、琐碎和偶然中显示自己的冲动，如同达尔文的名言往往是最重要的那样。"[1]

霍尔在《青少年时期：它的心理学与生理学、人类学、社会学、性、犯罪、宗教及教育的关系》前言中所说的研究方法，既强调了现象描述、文献分析、个案解剖、理论总结在个体宗教心理发展研究中的特殊意义，也未否定实验方法在该领域研究的价值，由此我们看到，霍尔在指导斯塔巴克、勒巴进行青少年皈依心理的具体研究中，主要使用的是问卷调查和生理心理学实验的方法，而他自己撰写的青少年时期、老年期专著，则主要使用的是现象描述、文献分析、个案解剖和理论总结的方法，当然也包括相当数量的问卷调查数据。

例如，霍尔从《美国人民史》一书中引用了如下文字，用来描述19世纪初美国俄亥俄州红河地区宗教复兴活动现场的狂热场面："随着兴奋增强，这种情形变得更加病态，采取了'痉挛'形式，或者在其他人中，变成了'尖叫运动'，在另外一些人中，变成了'神圣狂笑'。痉挛从头部开始，头部左右摇摆、猛烈转动如此迅速，以至于其特征是模模糊糊的，头发看起来似乎突然折断。当受难者击打一个障碍并摔倒时，他会像一个球那样蹦蹦跳跳。"[2] 这段叙述所用的方法，显然属于现象描述和文献分析。

---

[1] Hall, G. S., *Adolescence: Its Psychology and Its Relations to Physiology, Anthropology, Sociology, Sex, Crime, Religion, and Education* (Vols. I), New York: D. Appleton, 1904, Preface, vii.

[2] Ibid., p. 287.

霍尔将古利克（L. H. Gulick）、艾尔斯（S. G. Ayres）、斯塔巴克、波普（L. A. Pope）、哈蒙德（E. P. Hamond）等人的调查数据以及德鲁神学院提供的数据列成表格（见表1—1，① 表1—1的标题为本书作者添加），借以比较青少年皈依的年龄发展趋势，这种方法无疑是在问卷调查基础上的归纳与提升。

表1—1　　　　　青少年皈依的年龄发展趋势比较

年龄	德鲁神学院	古利克	艾尔斯	斯塔巴克	总计	波普	斯塔巴克	哈蒙德	哈蒙德
	男	男	男	男		男和女	女	男	女
6	4	—	2	—	6	1	—	9	26
7	6	—	9	2	17	1	—	24	41
8	6	9	15	2	32	1	1	40	67
9	14	4	30	2	50	3	1	51	97
10	19	9	60	2	90	5	4	70	112
11	34	12	51	4	101	9	13	56	81
12	53	37	96	7	193	4	18	60	85
13	43	32	108	7	190	11	18	47	64
14	62	52	161	9	284	17	10	11	34
15	56	46	214	20	336	30	4	12	25
16	93	59	289	7	448	25	16	11	16
17	89	47	298	5	439	29	6	6	5
18	71	60	300	11	442	17	3	7	9
19	57	48	265	11	381	17	1	9	8
20	49	47	222	2	320	10	—	2	1
21	39	34	172	0	245	8	1	5	3
22	23	15	99	2	139	9	2	3	5
23	16	11	103	6	136	11	2	4	3
24	8	4	55	1	68	10	—	1	3
25	6	—	53	—	59	1	—	6	3
26	6	—	27	—	33	3	—	4	3
27	1	—	26	—	27	3	—	3	1
28	1	—	17	—	18	3	—	4	5
	756	526	2672	100	4054	228	100	445	697

① Hall, G. S., *Adolescence: Its Psychology and Its Relations to Physiology, Anthropology, Sociology, Sex, Crime, Religion, and Education* (Vols. I), New York: D. Appleton, 1904, Preface, p.290.

"对于基督徒来说,上帝本身就是爱。没有使徒圣保罗的宽容与爱,一切都是鸣响的锣或叮当的钹。道德与宗教文化的终点及实质,就是以最纯粹、最高尚和最理解一切的方式孕育并培养爱。"① "我认为,从心理学的视角看,宗教可以被描述为喜欢古老,并且喜欢现在被丢弃,或者作为重新连接和归还的宗教这个词的词源。作为自然,它将与自然一起重建统一;作为道德,它将成为与良心一起的行为的重新结合;作为神学,它将成为与真理一起心灵重塑;作为情感,它将显现为再次接近与最高对象一起的最高之爱时的欣喜若狂,或者沿着已经抛弃但又重新发现的道路而显现出的新的冲动。"②这两段论述充满了哲理色彩,是霍尔在对青少年皈依心理特点进行比较、分析后得出的理性感悟,或者说是理论总结。

总之,正如波林(E. G. Boring)所概括的,霍尔主张"综合心理学"这个词只是其"兼容并蓄的折衷说的名称"③。

(三) 霍尔个体宗教心理发展理论的历史地位

1. 历史贡献

(1) 奠定了青少年皈依心理学科学研究的基础

霍尔之前对青少年皈依问题的研究,主要局限于神学思辨和教会实践领域。在对以往皈依文献的回顾中,霍尔发现,"很少有年龄和皈依之间任何关系的思想",而且"没有任何年龄的统计记录"④。为此,霍尔运用从德国留学期间学到的量化研究方法,指导斯塔巴克、勒巴等博士生以青少年的皈依问题为切入点,从心理学角度探讨年龄与皈依之间的相互关系,并在相关科学数据的基础上进行理论总结,最终确定青少年男性皈依的年龄大多在16—18岁,女性皈依的年龄大多在13岁左右,宗教皈依的年龄与青少年的性成熟时间基本一致。笔者认为,霍尔关于青少年皈依心理学的研究成果,对于提高美国宗教心理学创立初期的科学声誉,起到了

---

① Hall, G. S., *Adolescence: Its Psychology and Its Relations to Physiology, Anthropology, Sociology, Sex, Crime, Religion, and Education* (Vols. Ⅰ), New York: D. Appleton, 1904, p. 295.

② Ibid., p. 351.

③ [美] 波林:《实验心理学史》,高觉敷译,商务印书馆1981年版,第593页。

④ Hall, G. S., *Adolescence: Its Psychology and Its Relations to Physiology, Anthropology, Sociology, Sex, Crime, Religion, and Education* (Vols. Ⅰ), New York: D. Appleton, 1904, p. 286.

不可低估的作用。

(2) 开创了个体宗教心理发展毕生探讨的先河

霍尔没有满足于在青少年皈依心理学研究方面取得的成果，他把研究的视角拓展到儿童期和老年期，分别探讨了上述年龄阶段个体宗教心理的发展问题。在笔者看来，虽然霍尔对儿童期、老年期个体宗教心理发展问题的探讨是粗线条的，用今天的标准评判甚至还显得十分零散和肤浅，但在20世纪初期能够涉足这两个领域，无疑是需要独到的学术眼光和超前的治学胆略的。特别是他有关个体宗教心理毕生发展的研究思路，包括儿童期的宗教实践道德和老年期对死亡的焦虑等重大主题，对后人的导向、启迪价值是毋庸置疑的。事实上，霍尔敢为人先的开拓精神也确实得到一些研究者的称赞。例如，戈德曼（Ronald Goldman, 1964）曾经评价霍尔：他的理论"已经悄然地进入宗教教育领域，并且在过去的五十多年里扎下了根"[1]。

(3) 指明了个体宗教心理发展整合考察的方向

由于霍尔认识到个体宗教心理发展受到种族遗传、家庭环境、社会因素特别是教育制度的多重影响，依靠单一的方法无法完成学科创建的任务，所以他把涉及青少年个体宗教心理发展的最重要专著命名为《青少年时期：它的心理学与生理学、人类学、社会学、性、犯罪、宗教及教育的关系》。波林（Edwin G. Boring）指出，霍尔"对于实验心理学的贡献较少，实验心理学只是代表其学术生命早期。实验心理学未成为他的专业：因为它和他所注意的人性的活问题相距太远。"[2] 在笔者看来，波林这里所说的"人性的活问题"，其实包括了霍尔对于个体宗教心理发展问题的探讨。正是由于霍尔认识到单一的实验方法在探讨个体宗教心理发展这种"活问题"方面的局限性，所以他才寻求使用量化与质性有机结合的综合性方法。霍尔这种致力于整合或综合考察的方法论取向，不仅从历史的角度来看独树一帜，充满智慧，就是立足当下，展望未来，笔者认为，对中国宗教心理学的学科建设也颇具参考或借鉴价值。

---

[1] Goldman, R., *Religious Thinking from Children to Adolescence*, London: Routledge & Kegan Pault, 1964, p. 228.

[2] ［美］波林：《实验心理学史》，高觉敷译，商务印书馆1981年版，第595页。

2. 历史局限

（1）立足本能遗传的个体宗教心理发生学阐释苍白无力

前已述及，霍尔对于个体宗教心理发生、发展的理论解释主要以进化论为支撑。进化论作为19世纪由达尔文创造的一种生物科学理论，对于理解个体宗教心理与种族宗教心理之间的内在联系，无疑具有一定的帮助。但是，霍尔把个体宗教心理的发展与种族宗教心理的发展混同起来，并最终归结为本能遗传因素，这种生物决定论的极端化倾向与霍尔一贯自称的"综合"取向显然是自相矛盾的。正因为如此，"一般说来，霍尔的书没有受到有组织的宗教的欢迎"[①]。霍尔有关发展的大部分论述，则被科学界证明"是错误的"[②]。如果运用马克思主义的观点来审视霍尔的"本能遗传说"，其苍白无力乃至荒谬之处就更为突出。正如恩格斯精辟指出的：宗教是"人间事物在人的头脑中的虚幻的反映"，[③] "一切动物的一切有计划的行动，都不能在地球上打下自己的意志的印记。这一点只有人才能做到。"[④]在笔者看来，马克思主义的这一经典原理对于理解人类个体宗教心理发展的客观规律，至今仍同样适用。

（2）某些神学主张为宗教心理学的科学发展蒙上了阴影

在叙述霍尔的成长经历时，笔者已经指出，清教徒家庭对于霍尔成为一名牧师的渴望，神学院的求学经历，以及毕业后短暂的神职人员生活，虽然与他热衷的进化论主题和科学心理学之间存在明显冲突，但早期这些宗教生活背景潜移默化地印刻在霍尔的记忆里，因此在他创建个体宗教心理发展理论的过程中，其神学色彩或多或少地有所流露。例如，霍尔把耶稣基督看成是创造性进化的一种产物，是人类种族所有理想化趋向的一种体现，是"一种青年超人"，[⑤] 他强调，宗教心理学的任务就是要重新展现耶稣死亡与复活的深刻价值，尤其要把复活理解成"真与善的永恒、

---

① ［美］赫根汉：《心理学史导论》（第四版，上册），郭本禹译，华东师范大学出版社2003年版，第525页。

② 同上书，第527页。

③ ［德］恩格斯：《自然辩证法》，载《马克思恩格斯文集》第9卷，人民出版社2009年版，第557页。

④ 同上书，第559页。

⑤ ［美］杜·舒尔茨：《现代心理学史》，沈德灿等译，人民教育出版社1981年版，第153页。

不可避免复兴的最宝贵、最富有意义的象征"①。这种在基督教教义框架内推进宗教心理学的尝试，不仅使霍尔蒙上了"神学的恶名"，②而且也遭到他的学生勒巴的反对。勒巴一针见血地指出，"人类同某些超人力量建立联系，这是一个普遍的事实，除了用对生命的追求解释之外，不需要任何别的解释"③。

二 埃里克森的个体宗教心理发展理论

在笔者所著的《现代西方宗教心理学理论流派》（人民出版社2010年版，国家社会科学基金2003年度项目的最终成果）一书中，着重从身份认同的角度，剖析了埃里克森（Eric Homburger Erikson）的宗教心理学思想。根据本项目研究的需要，这里将从个体宗教心理发展理论的视角，对埃里克森的宗教心理学思想进行了新的探讨，以期为构建具有中国特色的个体宗教心理发展理论奠定基础。

（一）埃里克森个体宗教心理发展理论的形成背景

埃里克森祖籍丹麦，1902年生于德国，1994年卒于美国。有人评价埃里克森是一个"走钢索的人"，④这主要是因为在他的一生中，尤其是童年和青少年时期，他曾经历过严重的心理冲突或认同危机。

埃里克森童年期的认同危机主要来自姓名变更、同伴评价和信仰冲突。埃里克森出生时，母亲卡拉·亚伯拉罕森（Karla Abrahamsen）给他登记的姓名为埃里克·萨洛蒙森（Erik Salomonsen），后因母亲改嫁，埃里克·萨洛蒙森被更名为埃里克·杭伯格（Erik Homburger）。姓名变更的原因，年幼的埃里克森并不清楚，他一直把继父杭伯格医生看成是亲生

---

① Hall, G. S., *Jesus, the Christ, in the Light of Psychology*, New York: D. Appleton, 1917, p.703.

② ［美］波林：《实验心理学史》，高觉敷译，商务印书馆1981年版，第595页。

③ ［英］夏普：《比较宗教学史》，吕大吉等译，上海人民出版社1988年版，第136页。

④ 在本书作者看来，"走钢索"的评价虽有夸张成分，但对了解埃里克森的成长背景还是大有裨益的。参见熊宏哲主编《西方心理学大师的故事》，广西师范大学出版社2006年版，第200页。

父亲。不过，在埃里克森的记忆里，好像自己并不属于这个家庭。在寺庙学校，同学们嘲笑他是北欧人；在语法学校，伙伴们讥讽他是犹太人。在犹太教中，埃里克森则是一个高大、金发、蓝眼睛的异教徒。所有这一切构成了埃里克森童年生活中认同危机的重要节点。

埃里克森青少年时期的认同危机主要来自人生道路的选择困境。继父杭伯格希望埃里克森继承自己的事业，为将来成为一名合格的医生做好学业上的准备。但是埃里克森青少年时期的兴趣却在美术领域。18岁从预科学校毕业，埃里克森并没有选择继续深造，而是从德国的卡尔斯鲁厄出发，游历欧洲中部达1年之久。回国后，埃里克森在卡尔斯鲁厄和慕尼黑的艺术学校经过短期学习后，又踏上了去法国和意大利的游历之路。通过这种放荡不羁的游历生活，埃里克森逐渐意识到，自己其实并不适合以绘画为生。那么，什么样的职业才是最适合自己的呢？埃里克森陷入深深的苦恼之中。几十年后，埃里克森将自己在青少年时期的心理困扰概括为"同一性危机"。

埃里克森的生活在25岁后出现了转机。一位在奥地利相识的朋友邀请埃里克森到维也纳的一所小型私立学校任教，在这里他结识了弗洛伊德的女儿安娜·弗洛伊德（Anna Freud）。安娜注意到埃里克森对儿童的敏感性，[1]便鼓励他去维也纳精神分析研究所学习精神分析。从此，埃里克森便成为"可以进入弗洛伊德家族圈内并直接受教的学生。于是埃里克森再次成为养子"[2]。1931年，埃里克森与加拿大舞蹈艺术家琼·莫厄特·塞森（Joan Mowat Serson）结婚，其间他皈依了基督教。1933年，埃里克森获得了维也纳精神分析研究所颁发的结业证书，这是他一生仅有的学术文凭。后来由于希特勒对犹太人的迫害，埃里克森带着妻子和两个儿子移居美国（到美国后又生一女）。

在美国，埃里克森成为波士顿地区第一位儿童精神分析人士，后在哈佛、耶鲁等大学任职，探讨儿童的自我意识发展问题。1939年，埃里克

---

[1] 这或许预示了埃里克森后来对儿童研究的兴趣（https://en.wikipedia.org/wiki/Erik_Erikson，2017年2月14日）。

[2] 米切尔和布莱克称埃里克森"再次成为养子"，显然针对的是其早年的继子身份。参见［美］斯蒂芬·A. 米切尔、［美］玛格丽特·J. 布莱克《弗洛伊德及其后继者——现代精神分析思想史》，陈祉妍等译，商务印书馆2007年版，第168页。

森加入美国国籍。在 20 世纪三四十年代，埃里克森曾用大量时间参与儿童文化人类学的考察，考察的结果发表在 1950 年出版的《童年与社会》(Childhood and Society) 一书中。20 世纪 50 年代，埃里克森先后在加利福尼亚、堪萨斯等地任教，60 年代返回哈佛大学从事人类发展问题研究，直到 1970 年在该校退休。

埃里克森涉及个体宗教心理发展的论著除了《童年与社会》外，还包括《青年路德：精神分析与历史的一项研究》(Young Man Luther: A Study in Psychoanalysis and History, 1958)、《顿悟与责任：关于精神分析见解伦理含义的演讲》(Insight and Responsibility: Lectures on the Ethical Implications of Psychoanalytic Insight, 1964)、《同一性：青少年与危机》(Identity: Youth and Crisis, 1968)、《甘地的真理——好战的非暴力起源》(Gandbi's Truth: On the Origins of Militant Nonviolence, 1969)《玩具与推理：仪式化经验中的阶段性》(Toys and Reasons: Stages in the Ritualization of Experience, 1977) 等。

依笔者之见，埃里克森个体宗教心理发展理论的学术思想主要来源于弗洛伊德的心理性欲发展阶段说、沃尔夫 (C. F. Wolff, 1733—1794) 的"渐成论"和以米德 (M. Mead, 1901—1978) 为代表的文化人类学。

作为新精神分析学派的重要代表人物，埃里克森的思想不可避免地与经典精神分析存在潜移默化的渊源。根据性本能在不同年龄阶段的具体表现，弗洛伊德把少年儿童的心理性欲发展划分为口唇期、肛门期、前生殖器期、潜伏期和青春期 5 个阶段。弗洛伊德认为，口唇期流露出较早的快感和偏见；肛门期以排泄为快乐；前生殖器期出现男孩的恋母情结；潜伏期相对平静，性发展处于停滞或退化状态；青春期容易产生性冲动，并且有可能导致与成人的抵触情绪。弗洛伊德的上述主张，在埃里克森提出的个体宗教心理发展阶段假设的前 5 个阶段有不同程度的反映。

沃尔夫是胚胎学的创始人之一，他最早提出了"渐成论"。依据这一理论，胎儿在子宫中成长时，各器官系统相继出现并占据优势，通过复杂的生理过程整合，最终成为一个机能健全的婴儿。在埃里克森看来，一个人自我意识的发展如同个体胚胎期一样，也是这样一种渐进的有机融合过程。通过生理、心理、社会一系列对立力量的相互平衡，自我意识按照一定的顺序向前发展，其发展趋向贯穿于人生全过程。一个人宗教心理的发展，同样遵循着这种"渐成论"的发展模式。

米德作为20世纪六七十年代在美国大众媒体频繁亮相的文化人类学代表人物，非常重视特定文化对个体人格形成的重要作用。她认为，不同人类群体之间（包括男女性别之间）不同的心理活动和行为举止，并不是由各自不同的生理结构决定的，而是与他们的传统文化密切相关。这种文化决定论的思想，"构成了埃里克森创造的背景，他由此对社会环境中的个人发展提出了丰富而结构化的精神分析阐述"。①

(二) 埃里克森个体宗教心理发展理论的主要特点

依笔者之见，埃里克森个体宗教心理发展理论的特点主要表现在以下三个方面。

1. 立足生命全程完整勾勒个体宗教心理的发展阶段

在埃里克森看来，如同一个普通人的心理社会性发展是围绕生理、心理、社会因素的相互作用，从低级向高级发展一样，个体的宗教心理也是从低级向高级，分成8个阶段向前发展的。

个体宗教心理发展的第一个阶段，即婴儿期（0—2岁），婴儿面对的问题是"我可以信任这个世界吗"，其心理危机的主要表现为基本信任或对信任缺乏。埃里克森指出，"由于受到不合时宜的刺激或由于长期发作的忿怒和疲乏，婴儿对自己和对他人的最初信任产生了动摇……'善良'和'邪恶'开始进入婴儿的世界。"② 埃里克森认为，婴儿"对牙齿咬东西的快感，对母亲抽回奶头的忿怒，以及由于自己的忿怒毫无作用而引起更大的忿怒，导致婴儿体验了虐待狂和受虐狂的严重混乱状态，从而给婴儿留下了这样一个印象：即，很久以前，有人毁坏了他与母亲的合作。这种可怕的印象犹如《圣经》中传说的那样，因为偷食禁果而惹怒了上帝，地球上第一批人永远丧失了可以毫不费力地随意取用属于他们自己的东西

---

① 米切尔和布莱克的这一分析非常准确。参见［美］斯蒂芬·A. 米切尔、［美］玛格丽特·J. 布莱克《弗洛伊德及其后继者——现代精神分析思想史》，陈祉妍等译，商务印书馆2007年版，第169页。

② 这段论述是埃里克森在阐述婴儿期发展模型的第一阶段和第二阶段时提到的。参见埃里克松《童年与社会》，罗一静等编译，学林出版社1992年版，第68页。"埃里克松"为"埃里克森"的又一译名。

的权利"。① 在婴儿期的成功解决方案中，基本的美德是希望。埃里克森认为，希望是在强烈愿望获得中的持久信仰，婴儿"做什么才有意义，这是由父母信仰所培育起来的；儿童对希望的泛化意义，将及时使其转化成为一种成熟的信仰，一种既不需要证据也不需要世界是值得信任的理由的信心。"②

个体宗教心理发展的第二个阶段，即儿童早期（2—4岁），儿童面对的问题是"我是怎样的"，其心理危机的主要表现为自主与羞愧。埃里克森指出，"在这个阶段，父母和孩子间相互调节关系又面临着严重的考验。如果采用太严格或太早的训练来形成外界控制，不许孩子按照自己的意志和选择来逐渐控制他的肠部和其它器官的话，他对自己身体的内部和外部会感到无所适从（如害怕体内的粪便，好象它们是身上的恶魔），他不得不借助倒退和假装前进来寻求满足和控制。"③埃里克森还指出，这一阶段"其它可能出现的'横向偏移'模式……即利用粪便作为攻击人的武器。其表现形式可能为过分地排出粪便或积蓄粪便。这种尝试在成年人中也是有的，他们将粪便作为亵渎神灵的东西来使用。"④ 关于这一阶段至关重要的美德，埃里克森认为是意志品质，这种品质为日常生活（包括宗教领域）中的接受或选择奠定了基础。

个体宗教心理发展的第三个阶段，即游戏期（4—7岁），幼儿面对的问题是"我的运动和行为是怎样的"，其心理危机的主要表现为主动与内疚。埃里克森强调，此阶段的危险是超越受禁欲望和嫉妒竞争的一种深刻持久的内疚，或许在惊恐、不可控制的攻击行为中表现出来。一旦幼儿的幻想受到压抑，愤怒遭到否认，便有可能产生限制性抑制和不能容忍的道

---

① 从婴儿生理发育过程中的内在冲突，联系到与母亲之间的相互作用，同时与宗教传说中人类早期的邪恶起源联系起来，这便是埃里克森探讨婴儿期个体宗教心理形成与发展的基本路径。参见［美］埃里克松《童年与社会》，罗一静等编译，学林出版社1992年版，第69页。

② 关于父母信仰对婴儿信仰发生、发展的意义，参见 Erikson, E. H., *Insight and Responsibility: Lectures on the Ethical Implications of Psychoanalytic*, New York: W. W. Norton, 1964, p. 153。

③ 此段引用中的"象"字，按照新版《现代汉语词典》的规范使用，应为"像"字。参见［美］埃里克松《童年与社会》，罗一静等编译，学林出版社1992年版，第72页。

④ 埃里克森在这里把幼儿自主排便训练中遇到的困境，与恶魔、神灵联系起来，借以说明此阶段个体宗教心理发展的特点。参见［美］埃里克松《童年与社会》，罗一静等编译，学林出版社1992年版，第72页。

德正义。埃里克森指出，这一阶段至关重要的美德"目的性"的发展，源自幼儿游戏的"媒介现实"背景。在假装的简化世界里，幼儿通过过去的失败去操作，并且自然形成了可实现目标的未来。埃里克森使用具体案例来证明他的观点，"一个女孩，在她的游戏桌上反映出她对某些不知道的事情的觉察……她构造了一堆废墟，场景的中心放着一个女孩。这意味着'一个女孩被献祭给众神以后又不可思议地活了过来'。这些例子并不牵涉如何解释孩子在无意识情况下的行动，它仅表明，这些场景是接近孩子生活的。"①

个体宗教心理发展的第四个阶段，即学龄期（7—12岁），学龄儿童面对的问题是"我可以使自己进入他人的世界吗"，其心理危机的主要表现为勤奋与自卑。埃里克森认为，这一阶段是"在社会意义上最具决定性的阶段。"② 因为此时的儿童正在超越即时家庭圈，学习使用成人世界的工具和器皿，因而发展了勤奋感。当儿童不能在努力中成功或目标本身模糊时，便会出现不胜任感或自卑感。在师生互动，特别是参与社会的日常宗教仪式活动中，儿童关注细节与合作的能力得到发展。通过教师、合作伙伴和理想榜样的熏陶，成长中的儿童"逐渐成为环绕文化技术的一名称职参与者"。③

个体宗教心理发展的第五个阶段，即青少年时期（12—18岁），青少年面对的问题是"我是谁""我可以成为什么样的人"，其心理危机的主要表现为角色认同与角色混乱。埃里克森认为，这一阶段的青少年面临着把儿童时期习得的自我品质及知识，与个人视野中朦胧显现的成人角色联系起来的问题。青少年需要心理社会能力的"延期偿付"，以便为今后成人角色的扮演提供机会。青少年的心理带有意识形态特点，因为某些有信

---

① 使用具体案例（既包括生活中的实例，也包括临床中的个案）来证明自己的观点，是埃里克森建构理论的重要方法。参见［美］埃里克松《童年与社会》，罗一静等编译，学林出版社1992年版，第89—90页。

② 埃里克森把学龄期看作"在社会意义上最具决定性的阶段"，显然受到了文化人类学和社会学理论的影响。参见［美］埃里克·H. 埃里克森《同一性：青少年与危机》，孙名之译，浙江教育出版社1998年版，第111页。

③ 埃里克森这里所说的"文化技术"既包括古老的文化传统，也包括现代的科学技术。参见 Erikson, E. H., *Insight and Responsibility: Lectures on the Ethical Implications of Psychoanalytic*, New York: W. W. Norton, 1964, pp. 123–124。

仰的青少年发现了内部的一致性和对罪恶的某种界定。通过仪式被确认为某一宗教传统的成员之后，青少年便对这一新的、更大的群体承诺了忠诚。忠诚具有两重性，其危险在于局外人的攻击，这种攻击有可能影响局内人的价值认同。因此，在某些青少年中会导致认同破碎，呈现一种狂热的崇拜体验和失去自我的神秘幻想。

个体宗教心理发展的第六个阶段，即成年早期（18—25岁），刚刚成熟的成年人面对的问题是"我能够得到爱吗"，其心理危机的主要表现为亲密与孤独。埃里克森发现，在成年早期的生活中，性别之间决定性的生物学差异，最终会影响到他们自己的危机和化解，并且会按照他们典型的爱和关照模式，形成两性持久的两极分化。这些模式在生育所扮演的不同角色中得到最明显的反映，同时也出现在宗教所采取的共同形式中。埃里克森认为，男性是在允许内疚行为自由的逻辑中寻求宗教信仰确认的，女性则是随宗教信仰本身（在新的一代中建立信任和培养希望），也就是在她们能够做什么的逻辑中找到宗教信仰的。因此，"爱是减轻分离功能中固有对抗、永远忠诚的相互关系……是伦理关怀的基础。"[①]

个体宗教心理发展的第七个阶段，即成年中期或中年期（25—50岁），中年人面对的问题是"我能够使自己的人生有价值吗"，其心理危机的主要表现为繁衍与停滞。埃里克森指出，繁衍的核心在于安排和指导下一代，这里包括直接养育自己的后代以及社会生产力、创造力的延续两层含义。中年期的美德是关怀，这是一种基本的特质，并且是各种自我特质的成功保持。没有任何一种制度能够确保繁衍，人们只能说所有的制度都渴望成功。甚至宣布放弃生理上生殖功能的修道院宗教传统的冲动，也显示了对于关怀更深刻理解的一种努力，因为它投射了一种超人的能量，这种能量必须"足够强大，以便指导（或者至少免除）男性克服自由繁殖后代的倾向"。[②]

[①] 在爱中体现着忠诚，这是埃里克森判断该阶段宗教美德的标准。参见 Erikson, E. H., *Insight and Responsibility: Lectures on the Ethical Implications of Psychoanalytic*, New York: W. W. Norton, 1964, pp. 129 – 130。

[②] "超人能量"是埃里克森对宗教专职人士自我控制力的神学表述。参见 Erikson, E. H., *Insight and Responsibility: Lectures on the Ethical Implications of Psychoanalytic*, New York: W. W. Norton, 1964, p. 131。

个体宗教心理发展的第八个阶段，即成年晚期或老年期（50岁至死亡），老年人面对的问题是"对于我的存在而言，它是怎样的"，其心理危机的主要表现为自我整合厌恶和失望。按照埃里克森的说法，具有自我整合能力的老年人知道，"个人的生命不过是仅仅一个生命周期与一段历史的偶然巧合，对于他来说，一切人类整合的成败与他所参加的一种整合方式也是密不可分的。"① 缺乏或丧失这种自我成长的自我整合，往往表现为厌恶和失望。这种厌恶和失望没有与有意义的生命远见相结合，只不过是个人对自己的鄙视。因此，一个有意义的老年期，要在最终衰老之前，能够为赋予生命周期以必不可缺的前景需要服务。此时所采取的形式，是对以死亡为归宿的生命的积极关注，这种积极关注又可称之为"智慧"。"智慧的本质不是一种个体的成就，而是在相当程度上通过有活力的宗教或哲学传统所提供的。"②

2. 强调社会文化在个体宗教心理发展中的重要作用

关于社会文化在个体宗教心理发展中的重要作用，埃里克森是在对北美印第安人的田野考察中找到证据并对其加以系统阐发的。

埃里克森首先考察的是美国南达科他州的苏族（Sioux）印第安人。南达科他州的苏族印第安人以狩猎为生，他们规模最大、最崇高的宗教仪式为太阳舞。太阳舞每年夏季举行两期，4天一期。此时，野牛肥壮，野果成熟，牧草茂盛。作为仪式开始的斋宴，表达的是对野牛神的敬意；接下来是丰收和婚娶仪式，这些仪式与世界上其他地区的仪式相似；随后是作战与狩猎游戏，此类游戏着重表现人与人之间相互竞争的荣耀，以及相互之间的依存和友爱；最后要完成自残的仪式。这是人们履行在一年中关键时刻许下誓言的时刻。埃里克森描述道："这时节目达到了高潮。只见男人们用带勾的针穿进他们胸部和背部的肌肉，用长长的皮条把针的另一端绑在太阳柱上，然后他们盯着太阳，缓缓地向后跳跃，直到肌肉被撕裂，胸口被撕开为止。这样，他们就成为当年最优秀的人物。他们通过忍

---

① 这段话是埃里克森将个体成长与社会发展有机融为一体的非常具有代表性的论述。参见〔美〕埃里克·H. 埃里克森《同一性：青少年与危机》，孙名之译，浙江教育出版社1998年版，第125页。

② "智慧"也是埃里克森对老年期宗教美德的概括。参见 Erikson, E. H., *Identity: Youth and Crisis*, New York: W. W. Norton, 1968, p.140。

受的痛苦来祈求继续获得太阳与野牛神灵的赐福,保佑他们民族的繁衍与兴旺。"① 埃里克森强调,这种为了祈求神灵赐福,把自己胸部肌肉撕裂的英勇的行为,只是世界上无数种表示赎罪和奉献的一种形式。每一种文明必须有某种神秘信仰的习俗和某种荒诞规范的礼仪,这样才能使少数现象获得理解,并承认有这样一个灵魂拯救的事实。

埃里克森考察的另一个样板是生活在美国加利福尼亚州北部的尤罗克(Yurok)印第安人。尤罗克印第安人以捕鱼和采集橡果为生。他们的生活环境或社会文化,塑造了这一原始部落独特的宗教信仰和禁忌习俗。尤罗克印第安人居住在狭窄、多山和森林密布的河谷以及河流通往太平洋的沿岸地区。这里没有东西南北,只有上游和下游。尤罗克印第安人讲究的是"清白"而非"强壮"。"清白"包括避免不纯洁的接触和污染。如果男性渔民同妇女发生了性行为或者和一些妇女睡在同一间屋子里后,这些男性渔民就必须通过流汗屋子的"考验"(即必须通过圣火仪式,汗流浃背地穿过一个非常狭小的出口),然后还要到河口去游泳,这样才能结束"道德净化"的过程。埃里克森意味深长地指出,"尤罗克人的上帝是一位非常强壮、到处漫游的人,他无法无天的行为危及了整个世界。他的儿子说服他离开这个世界,最后,他答应做一个善良的神。但当他冒险沿着海岸来到一个杳无人迹的神秘地方时,他发现了鳐鱼女巫躺在海滩上,诱人地叉开她的双腿(尤罗克印第安人传说,鳐鱼看上去非常像一个'女人的肚子')。他没能抵抗住这个女巫的诱惑,但当他进入她的肚子时……女巫用双腿把他夹住,并把他拐走了。这个传说足以表明,昏乱和无节制的色欲会把人引向神秘的灾难。在这个由失足的上帝过分谨慎的后代建立起来的、以戒律约束的尤罗克人世界里,一个聪明的男人要避免受一个不道德的女人、或者受一个错误的时间和地点的欺骗——这里所谓的'欺骗'是指将危及他作为一个经济上有独立财产的人而存在,他就必须学会避免这种诱惑而成为一个'清白'的、有'辨别能力'的人。"②

总之,贯穿埃里克森理论的核心主题是"个人与文化的相互渗透:

---

① 这段描述来自"超自然"的举例。参见〔美〕埃里克松《童年与社会》,罗一静等编译,学林出版社 1992 年版,第 141—142 页。

② 这段论述是埃里克森在叙述尤罗克儿童训练问题时引发出来的。参见〔美〕埃里克松《童年与社会》,罗一静等编译,学林出版社 1992 年版,第 176 页。

个体的心灵是在特定文化背景的要求、价值观和判断中产生和形成的,而个体在生活中努力寻找意义和连续性的努力又影响了文化和历史的变化。"①

3. 运用典型个案揭示个体宗教心理发展的内在动力

为了具体阐明个体宗教心理发展的内在动力问题,埃里克森花了很大精力,深入探讨西方宗教改革家马丁·路德(M. Luther)青年时代的成长历程,以及东方宗教领袖莫罕达斯·卡拉姆昌德·甘地(M. K. Gandhi)的心路历程,试图通过这两个典型的宗教人(the Homo Religious)的个案研究,揭示"蕴含在心理危机中的动力学关系。"②

埃里克森对路德心理危机的探讨主要侧重于其青年时代。在埃里克森看来,路德走上僧侣之路并非偶然,而是他面对与父亲持久性认同危机的无奈选择。路德去当僧侣,与父亲愿望相反,这似乎意味着对父亲的一种无声反抗;路德选择否定性身份认同,代表着他遭遇雷击时对圣安娜的承诺;修道院僧侣生活的超然有序,显然有助于缓解路德的自我认同危机。然而,进入修道院后,他发现,自己与上帝的认同危机居然超过了与父亲的认同危机。因此,即使对于上帝,他也表现出了一种"强迫性亵渎神灵的矛盾心理。"③ 当路德从奥古斯丁修道院被派到威登伯格修道院时,他遇到了心地仁慈的大主教约翰·斯托皮茨(John Staupitz)。斯托皮茨引导路德领悟信任感的重要性,并耐心地帮助路德转变了对上帝的态度。埃里克森据此分析,路德中断学业到修道院隐修,这是他在处理个人与父亲心理危机方面的消极认同;路德从斯托皮茨那里获得的宗教教诲,则是他在处理个人与上帝心理危机方面的积极认同;从消极认同向积极认同转变,无疑是路德后来能够成为一名宗教改革家的内在动力。

埃里克森对甘地心理危机的探讨则贯穿其整个人生。他在对甘地青少

---

① 米切尔和布莱克对埃里克森理论核心主题的概括可谓入木三分。参见[美]斯蒂芬·A. 米切尔、[美]玛格丽特·J. 布莱克《弗洛伊德及其后继者——现代精神分析思想史》,陈祉妍等译,商务印书馆2007年版,第170页。

② 埃里克森动力学的侧重点在于心理和社会层面。参见Wulff, D. M., *Psychology of Religion: Classic and Contemporary* (2nd ed.), New York: John Wiley & Sons, Inc., 1997, p. 387。

③ 在《青年路德:精神分析与历史的一项研究》中,埃里克森对此有详尽描述。参见Erikson, E. H., *Young Man Luther: A Study in Psychoanalysis and History*, New York: W. W. Norton, 1962, p. 29。

年时期成长经历的考察中发现，甘地受母亲的影响非常深刻。甘地的母亲目不识丁，但虔诚仁爱，深情告诫外出求学的儿子不得食荤，不要酗酒，这些都成为甘地后来成长的动力。甘地受父亲的影响较为复杂。他和父亲的关系"类似圣经中子对父和父对子的主题。"① 埃里克森指出，甘地对长期生病的父亲怀有依恋，但对父亲让自己 13 岁成亲一事又不能宽恕。这种心理危机是推动甘地青少年时期思想成熟的动力。甘地在南非工作时遇到的种族歧视，是他成年后立志成为一名宗教改革者的强大动力。1915 年甘地返回印度后，在争取民族独立、成为政治领袖的宗教实践中，创造了绝食等非暴力、不合作的斗争方式，从而使甘地表现出一种宗教现实主义者的独特品格，即通过某种成熟的活动过程进行有效实践，并力求从印度古老的宗教文化中汲取营养。正如埃里克森所指出的，甘地非暴力、不合作背后蕴含的深刻心理矛盾，是推动甘地勇敢地探寻"人类生存真正力量"的不竭动力。②

（三）埃里克森个体宗教心理发展理论的历史地位

1. 历史贡献

（1）完善了个体宗教心理毕生发展的阶段划分理论

在霍尔的个体宗教心理发展理论中，着重探讨的是青少年时期个体宗教心理的发展特点；霍尔有关儿童期和老年期个体宗教心理发展特点的阐述，主要是为了相关年龄阶段的衔接或延续，因而显得较为单薄甚至肤浅。埃里克森的个体宗教心理发展理论，以沃尔夫的"渐成论"为生物学根基，以弗洛伊德的心理性欲发展阶段说为扬弃之框架，以米德为代表的文化人类学思想为重点突破方向，全面超越了霍尔的个体宗教心理发展理论，使其成为西方从个体宗教心理角度系统阐述发展特点及其规律的重量级人物。正如伍尔夫（David M. Wulff）所评论的，"无论他的作品可

---

① 埃里克森在考察甘地的心理危机时，经常不自觉地流露出个人基督教的背景；巧合的是，甘地在汲取印度古老宗教传统的营养时，也喜欢与西方的宗教加以对比。参见 [美] 埃里克森《甘地的真理——好战的非暴力起源》，吕文江、田嵩燕译，中央编译出版社 2010 年版，第 97 页。

② 埃里克森这里所说的"真正力量"，显然是指传统宗教的精神力量。参见 Wulff, D. M., *Psychology of Religion: Classic and Contemporary* (2nd ed.), New York: John Wiley & Sons, Inc., 1997, p. 392。

能具有什么缺点,或者无论它需要怎样的纠正和补充,它将长久地保持必要的阅读。"①

(2) 深化了学界对于个体宗教心理发展原理的认识

什么是个体宗教心理发展的动力?哪些因素对个体宗教心理的发生、发展具有重要影响?对于这些问题,埃里克森之前的研究者虽然有或多或少零散的论述,但围绕一个人的生命周期进行系统、创造性的跨文化视角探究的学者只有埃里克森。埃里克森关于婴儿信仰是由母亲信仰培育起来的论断,关于心理危机是推动个体宗教心理发展动力的阐述,关于个体的心灵是在特定文化背景的要求、价值观和判断中产生和形成的,而个体在生活中努力寻找意义和连续性的努力又影响了文化和历史变化的思想,至今仍显现着真理的光辉。笔者认为,当我们运用历史唯物主义的立场、观点和方法,认真思考中国文化背景下个体宗教心理发生、发展的特点和规律,努力构建具有中国特色的个体宗教心理发展理论时,我们不能忽略埃里克森个体宗教心理发展理论中蕴含的某些积极因素,而这也正是该理论在当今时代仍然具有一定活力的价值所在。

2. 历史局限

(1) 关于个体宗教心理发展阶段的假设缺少实证支撑

埃里克森关于个体宗教心理发展8个阶段的划分,是从其世俗性的个体生命周期理论推演而来的,他试图借助路德、甘地这样典型的"宗教人"个案,对自己的理论提供有说服力的证据。然而,在以实证为基础的西方主流宗教心理学中,没有可测量、可重复、可检验的数据支持的假设,往往会引来非议。正因如此,菲茨帕特里克(J. J. Fitzpatrick,1976)批评埃里克森的个体宗教心理发展阶段理论是"一种解释性心理学,而不是科学心理学"。② 此外,还有人把批评的锋芒指向埃里克森对个体宗教心理发展的某一具体阶段的特征进行概括,例如科特(J. Kotre,1984)指出,繁衍的主要成分开始于成年早期,但埃里克森却把它分配到成年中期,而且对于像路德、甘地这样的"宗教人"来说,"繁衍可能

---

① 这是伍尔夫对于埃里克森历史贡献的最后评说。参见 Wulff, D. M., *Psychology of Religion: Classic and Contemporary* (2nd ed.), New York: John Wiley & Sons, Inc., 1997, p.413。

② 类似的批评较多,这里仅引用了其中一例。参见 Fitzpatrick, J. J., "Some Problematic Features of Eric H. Erikson's Psychohistory", *The Psychohistory Review*, 1976, 5 (3): 16-27。

在某些生活中导致真正的破坏性……成为一种潜在的邪恶"。①

（2）有关个体宗教心理发展规律的解释仍有偏颇

埃里克森认为，个体的宗教心理是从低级向高级发展的，这种发展受到生理成熟、社会文化和教育训练等多种因素的影响，这些解释从方向上来看无疑是正确的，但在具体的阐述中仍然存在不少漏洞乃至偏颇。1998年，我国学者孙名之在翻译埃里克森的著作《同一性：青少年与危机》时，在中文版译序中尖锐地指出："他的理论深处仍然保持着弗洛伊德理论中的生物学进化观点……个人的成长与社会的进化原来是两个独立且平行的系统……个人既没有参加社会实践活动，社会制度也只是以心理社会产物为基础的一些上层建筑。"② 这些一针见血的批评，至今仍然是我们遵循马克思主义基本原理，辩证看待埃里克森个体宗教心理发展理论是非功过的警世箴言。

三　福勒的个体宗教心理发展理论

詹姆斯·W. 福勒（James W. Fowler, 1940—2015）是继埃里克森后，对美国的个体宗教心理发展理论贡献最大者之一。其代表性著作《信仰的阶段：人类发展心理及其对意义的追寻》（*Stages of Faith: The Psychology of Human Development and the Quest for Meaning*），1981年出版后再版印刷过42次，并被翻译成多种语言。③ 迈斯纳（W. W. Meissner, 1984）曾作过如下评价："福勒的工作代表了我们对人类宗教信仰经验之理解的一种基本贡献。"④

---

① 科特的批评侧重于埃里克森关于"繁衍"释义的生理层面。参见 Wulff, D. M., *Psychology of Religion: Classic and Contemporary* (2nd ed.), New York: John Wiley & Sons, Inc., 1997, p. 407。

② 在心理学界，一些已故的著名心理学家（如潘菽、高觉敷、朱智贤等）大多持有像孙名之先生这样的见解。参见［美］埃里克·H. 埃里克森《同一性：青少年与危机》，孙名之译，浙江教育出版社1998年版，中文版译序，第7—8页。

③ 福勒的名字在国内心理学界鲜为人知，但在宗教研究特别是宗教实践领域并不陌生（参见 James W. Fowler, https://en.wikipedia.org/wiki/James_W._Fowler, 2017年3月2日）。

④ 迈斯纳是一位天主教耶稣会精神分析学者。参见 Meissner, W. W., *Psychoanalysis and Religious Experience*, New Haven, Conn.: Yale University Press, 1984, p. 136。

基于课题研究的需要，笔者从个体宗教心理发展的角度，对福勒的信仰发展思想进行了系统梳理，以期从霍尔到埃里克森，再到福勒，完整地勾勒出 20 世纪以来西方个体宗教心理发展领域的重要理论走向，为构建具有中国特色的个体宗教心理发展理论提供借鉴。

（一）福勒个体宗教心理发展理论的形成背景

1940 年 10 月 12 日，福勒出生在美国北卡罗来纳州里兹维尔市基督教新教教派的一个牧师家庭。福勒的父亲为联合卫理公会的几座小教堂服务。福勒的母亲属于贵格会的教徒。[①] 福勒的父母都经历过世界经济的大萧条时期。作为家中的长子，福勒出生时家庭生活并不宽裕。他 8 岁时已经成为两个妹妹的保护者。此时，外祖母和表哥也住在福勒家。他的祖母是一位退休教师，没有自己的固定住所，轮流居住在 4 个孩子家中。当祖母到福勒家中轮住时，他从祖母那里受到良好的启蒙教育，小学一入学，福勒便跳级成为二年级学生。

由于联合卫理公会的牧师大约每 4 年轮换到一个新教区，所以福勒童年时期的居住地点经常更换。这种生活地点的变迁，一方面给福勒带来同伴关系的失落感；另一方面也锻炼了他对于新环境的适应能力。就福勒童年时期的宗教启蒙而言，有两个事件影响最大。一次是随父亲到一家县监狱讲道，福勒发现监狱里的囚犯几乎都是非洲裔美国人；还有一次是随父亲参加"宗教复兴"聚会，福勒发现自己已经不知不觉地面向基督圣坛做出了神圣承诺。从此，对神的承诺便长久地保留在福勒童年时期的记忆里。

1958 年，福勒进入杜克大学主修历史，并且热衷于选修宗教系的课程。在大学期间，他组织了学生社团"神圣俱乐部"，立志以约翰·卫斯理（John Wesley）为榜样，为公平与正义而奔走。他还积极参加非洲裔美国学生的集会，大力支持种族平等。大学二年级时，福勒与温斯洛普大学三年级女生卢莱恩·洛克利尔（Lurline Locklear）相识。后来，洛克利

---

① 贵格会（Quakers）兴起于 17 世纪的英国及其美洲殖民地，具有浓厚的神秘主义色彩，目前在美国有 10 余万信徒（参见 James W. Fowler, http://www.myajc.com/news/local-obituaries/james-fowler-theologian-author-embodied-the-faith，2017 年 3 月 2 日）。

尔进入杜克大学神学院攻读基督教教育专业硕士学位。1962 年，福勒在杜克大学获得文学学士学位以后，与洛克利尔幸福地结合在一起。婚后，洛克利尔成为两个孩子的母亲，同时继续从事宗教教育工作，并且支持福勒到德鲁大学神学院深造。

当时，德鲁大学神学院是美国神学研究领域师资力量最雄厚的，德国新诠释学派的领军人物格哈德·埃贝林（Gerhard Ebeling, 1912—2001）在该院任教。[①] 与埃贝林面对面的交流，使福勒熟悉了新诠释学派的研究方法。1965 年，福勒在德鲁大学获得神学学士学位后，又进入哈佛大学攻读道德与社会专业博士学位。博士学位的研究要求学生深入阅读历史学、伦理学、社会学和神学方面的代表性著作。于是，福勒开始大量阅读皮亚杰（Jean Piaget）、科尔伯格（Lawrence Konhlberg）和埃里克森的著作，并且对尼布尔（H. Richard Niebuhr, 1894—1962）产生了浓厚兴趣。[②] 在撰写博士学位论文的过程中，福勒受邀参加了"阐释者之家"的宗教培训活动，积累了利用诠释学技巧帮助受访者的经验。1972 年，福勒在哈佛大学获得哲学博士学位，并获得在哈佛大学任教的机会。在哈佛大学的聘任期满后，他接受波士顿学院的邀请，在宗教系任教 1 年。1977 年，福勒加入埃墨里大学烛台神学院，成为神学和人类发展方向副教授，同时还在宗教研究院任教。1990 年，升任教授。1994 年，福勒成为埃墨里大学伦理中心首位全职主任。直到 2005 年退休，他一直担任这一职位。在福勒学术生涯的后半期，他高度重视实践神学领域的拓展和应用；由福勒与其他同事共同创办的国际实践神学协会，对此提供了例证。

福勒在个体宗教心理发展理论方面的代表作，除了《信仰的阶段：人类发展心理及其对意义的追寻》一书外，还包括专著《成为成年人，成为基督徒：成人发展与基督教信仰》（Becoming Adult, Becoming Christian: Adult Development and Christian Faith, 1984）、《信仰发展与牧师关照》（Faith Development and Pastoral Care, 1987）、《信仰的变化：对于后现

---

① 埃贝林为德国路德派神学教授，20 世纪 60 年代曾在美国传播新诠释学派的思想和方法（参见 Gerhard Ebeling, https：//en. wikipedia. org/wiki/Gerhard_ Ebeling，2017 年 3 月 2 日）。

② 尼布尔被称为 20 世纪美国最重要的基督教神学家和伦理学家，其代表作是《基督与文化》（Christ and Culture, 1951），以及《负责任的自我》（The Responsible Self, 1962）（参见 H. Richard Niebuhr, https：//en. wikipedia. org/wiki/H. _ Richard_ Niebuhr，2017 年 3 月 2 日）。

代生活的个人及其公共挑战》（*Faithful Change*: *The Personal and Public Challenges of Postmodern Life*, 1996），与他人合作主编的著作《信仰的阶段和宗教发展：对于教会、教育及社会的密切关系》（*Stages of Faith and Religious Development*: *Implications for Church, Education and Society*, 1991），以及与此有关的论文《关于信仰发展观的日常工作事项》（*Agenda toward a Developmental Perspective on Faith*, 1974）、《从信仰发展理论的立场看待家庭》（*Perspectives on the Family from the Standpoint of Faith Development Theory*, 1979）、《赋予想象：唤醒并鼓励儿童的信仰》（*Gifting the Imagination*: *Awakening and Informing Children's Faith*, 1983）、《启蒙运动与信仰发展理论》（*The Enlightenment and Faith Development Theory*, 1988）、《信仰的阶段：关于十年对话的反思》（*Stages of Faith*: *Reflections on a Decade of Dialogue*, 1992）、《信仰发展与后现代的挑战》（*Faith Development and the Postmodern Challenges*, 2001）。

　　福勒个体宗教心理发展理论的学术思想来源，主要包括皮亚杰的认知发展阶段论、科尔伯格的道德推理发展观、埃里克森的心理社会发展说以及尼布尔的上帝主权思想。从皮亚杰那里，福勒接受了儿童的认知活动是一种建构过程，其认知结构从低级向高级发展，在发展中存在质变阶段的理论框架；皮亚杰的这些框架成为福勒建构个体宗教心理发展理论的认知基础。从科尔伯格那里，福勒借鉴了人际互动、道德判断、道德推理、道德原则等带有社会伦理色彩的学术术语；科尔伯格的这些术语成为福勒建构个体宗教心理发展理论的道德基础。从埃里克森那里，福勒形成了心理危机（尤其是青年人的认同危机和中年人的繁衍危机）以及毕生发展的理念，他形容自己"如饥似渴地阅读他的作品，发现他是一位杰出的专业教师和同事"；[①] 埃里克森的这些理念，成为福勒建构个体宗教心理发展理论的人格基础。从尼布尔那里，福勒认可了终极环境、共同团体、普适价值、上帝权威、神圣启示等神学解释；尼布尔的这些解释，成为福勒建构宗教信仰发展理论特别是描述普世化信仰阶段的神学基础。

[①] Fowler, J. W., *Stages of Faith*: *The Psychology of Human Development and the Quest for Meaning*, New York: HarperOne, 1981, p. 38.

(二) 福勒个体宗教心理发展理论的主要特点

福勒个体宗教心理发展理论的特点，主要表现在以下三方面。

1. 对于个体宗教心理发展理论的创新追求

福勒在建构自己的宗教信仰发展理论时清醒地认识到，皮亚杰、科尔伯格、埃里克森、尼布尔这些理论大师的已有建树是不可忽略或有意回避的，舍此便失去继续前行的根基。但他们的工作也或多或少存在一定的局限性或适用范围。对于后学者而言，只有把前人的局限性或适用范围作为突破口，按照新的方向及标准，进行重新组合或相互融合，才有可能取得突破性的新进展。

福勒认为，皮亚杰和科尔伯格的主要局限在于把认知过程与情感过程分离开来，仅仅注意到"理性必然逻辑"（Logic of Rational Certainty）的可靠性，而忽略了蕴含在宗教信仰中的"信服逻辑"（Logic of Conviction）的存在价值。福勒强调，这两种逻辑之间的关系其实不是二者择一的问题。"信服逻辑并非否定理性必然逻辑。而是更加包容前者，说明、限制并且规定着后者。对于更为综合性的'信服逻辑'的重新认识，将引导人们去理解：理性必然逻辑是一种更大的认识论建构活动的组成部分，而不能将其与事物的整体性相混淆。"[①]

此外，在福勒看来，皮亚杰和科尔伯格的另一局限是极大地低估了想象力在认知发展中的重要作用。皮亚杰和科尔伯格都十分重视现实导向的直觉思维，他们仅仅把想象力限定在童年时期的幻想之中。然而在宗教信仰个体发展的研究中，福勒发现，想象力以及与想象相融合的情感体验，在皈依过程以及其后长期的宗教生活中都非常重要。他说："据我所知，在皮亚杰学派的认知结构中，对于宗教信仰认知建构中涉及的大脑两半球以及思维的双峰形式，没有给予有效关注。转到这一方向，需要逐渐采用想象、象征、联觉与情感相融合的思维模式这类术语……恰当地对待宗教信仰，以及宗教信仰在自我意识整体建构活动中的动力作用，意味着将理论上的关注置于意识的转换之中——突然皈依中的迅速性与戏剧性，宗

[①] Fowler, J. W., *Toward Moral and Religious Maturity*, Morristown, New York: Silver Burdett, 1980, pp. 61 – 62.

信仰发展中的更为平缓和循序渐进——这就导致了对于自我—他人—世界的重新认识,即按照把自我视为足以通过需要或能够重新定位一个人终极环境的核心价值力量来重新认识。"①

关于埃里克森理论的局限性,福勒做出了如下判断:从生物、心理和社会角度探讨个体宗教心理发展的阶段性无疑是正确的方向,但三维角度特别是对心理、社会角度的探讨仍然显得过于宽泛或笼统;只有把逻辑形式、观点采择、道德判断的形式、社会意识的边界、权威焦点、世界的和谐形式和符号的作用这些"内容"要素,有机整合到个体宗教心理的发展过程中,才能显示出宗教信仰发展理论的独特价值。"我对信仰阶段最早的初步草图在很大程度上归功于埃里克森的理论。然而不久,在科尔伯格的影响下,我和我的学生开始尝试在阶段的结构化描述中更加严谨。这就意味着在宗教信仰的结构与内容之间加以严格区分……因此,在坚持从形式上描述宗教信仰发展的结构模式时,我们寻求在信仰发展研究中一定要把认知与情感结合起来,致力于探索宗教信仰结构'类型'发展顺序的计划,该计划有可能显示支撑人们持有的各种不同宗教信仰'内容'的方式。"②

福勒认为,尼布尔神学理论的主要局限在于其激进的一神论主张。从个体宗教心理发展的角度来看,"我们基本上避免了对与宗教信仰者有关的超然事物进行神学的、系统的探究及反思。我们的关切主要在于信仰的人性方面,当我们审视我们自己以及他人信仰生活的资料时,被下述认识所震惊:信仰是对先于我们、超越我们和我们同类行为及存在的反应;信仰是偶像的形成,并且同发挥我们生活中性质不同的组织功能有关,这种组织功能超过了在严格人际关系中所显现的组织功能。"③

2. 对于个体宗教心理发展经验的小心求证

福勒在建构信仰发展理论时,借鉴了比较宗教学者史密斯(Wilfred C. Smith)对信仰(Faith)的宽泛界定,他试图将探讨的视野超越传统的

---

① Fowler, J. W., *Toward Moral and Religious Maturity*, Morristown, New York: Silver Burdett, 1980, p. 63.

② Fowler, J. W., *Stages of Faith: The Psychology of Human Development and the Quest for Meaning*, New York: HarperOne, 1981, p. 273.

③ Ibid., pp. 32–33.

宗教信仰范围。但是，在考察福勒访谈研究的样本时，我们发现，福勒所说的信仰发展，实际上仍然集中在传统的宗教信仰范畴。在福勒及其同事访谈的 359 例信仰者中，年龄范围从 3 岁到 84 岁，其中基督新教徒占 45%，天主教徒占 36.5%，犹太教徒占 11.2%，其他宗教徒占 7.2%。访谈之前，福勒制定了统一的访谈指南，内容涵盖四大部分。第一部分，要求受访者回顾自己的人生历程，主要包括人口统计学意义上的基本信息，人生经历的重要转折点，对人生意义的独特理解。第二部分，要求受访者描述人生塑造过程中的体验和人际关系，主要包括父亲、母亲的兴趣爱好和宗教态度，他人对自己的影响，早期生活中的禁忌，在人生重要转折时期的具体情感体验。第三部分，要求受访者回答当前的价值观和承诺，主要包括人生的目的是什么，在人生失落或绝望时支持自己的力量是什么，自己是否受到超越人类的力量控制，死亡对个人来说意味着什么。第四部分，要求受访者明确表达自己的宗教信仰，主要包括你是否认为自己是一个信教的人，当你想到上帝时是什么感觉，你是怎样感受和思考罪恶的，你是如何理解"没有宗教道德就瓦解了"这句话的意思。在实际访谈中，与儿童受访者的交流，尽量使用儿童可以理解的语言。

在《信仰的阶段：人类发展心理及其对意义的追寻》一书第五部分，福勒从工作理论视角出发，试图通过对一名 28 岁女性受访者玛丽（Marry）的典型个案分析，来具体说明一个人宗教信仰的形成与转变过程。

玛丽出生于 1950 年，在家里 4 个孩子中排行老大。其父母均为联合基督教会教徒。从记事起，玛丽就去主日学校参加活动，但她从未真正感受到上帝对自己的拯救。

玛丽的父亲工作勤奋，然而性格孤僻，喜欢独自外出打猎、钓鱼，很少关注子女的成长。玛丽的母亲操持家务胜人一筹，在子女教育上则过于严厉，以至于玛丽对母亲怀有恐惧感。在父母眼中，玛丽是一个叛逆的顽童；玛丽对自己的评价是"天生固执并且非常敏感"[1]"喜欢阅读"，"富有想象力"[2]。

---

[1] Fowler, J. W., *Stages of Faith: The Psychology of Human Development and the Quest for Meaning*, New York: HarperOne, 1981, p. 222.

[2] Ibid., p. 223.

"17—22 岁这 5 年，在我成为一名基督徒之前，实际上是我迷失或者探索的时光。"① 22 岁正式皈依基督教后，玛丽觉得自己"找到了真理和目标"。② "我从上帝那里想要得到的唯一礼物便是丈夫，然后才是了解上帝，按照上帝的意志行事。"③在参加教会组织的活动时，玛丽经常会感受到，"上帝指引我，我将与教会里的某一兄弟结婚"。④经过多次努力，玛丽终于发现了教会里自己所爱的人，但此人对玛丽仅有交往兴趣，不想结婚。玛丽用了 5 年时间苦苦追求这位教友，结果一无所获，最后只好离开伯明翰来到威斯康星州寻找新的爱情。在新的教会里，在教会神职人员的鼓动下，玛丽与一位和自己有相似经历的男教友相识相爱，4 个月后便在教堂里举行了结婚仪式。玛丽觉得，这"或许是上帝想让我拥有的那个人"。⑤ 但婚后的生活却给玛丽带来了很大麻烦。丈夫哈利（Harry）吸毒成瘾，与其他女人暧昧，对上帝的信仰不够虔诚，夫妻之间经常吵闹，有时还对玛丽肉体摧残。婚后的玛丽怀孕在身，丈夫却在此时提出分手，并离家出走。玛丽觉得以后不会再见到哈利了，丈夫却在玛丽怀孕 6 个月时又回到了家中。丈夫回家后，在玛丽的劝导和教会的帮助下，不良行为有所收敛，但不久又恶习复发，家庭危机再次出现。直到女儿出生后的第二年，丈夫再次离家出走，玛丽的第一次婚姻彻底结束了。在离婚期间，玛丽生下了第二个女儿，随后玛丽与父母又重新生活在一起。

"我觉得，与上帝对我的指引相一致是正确的。"⑥ 这是玛丽对自己过去、现在和未来宗教生活所做的总结。

通过对玛丽的个案分析，福勒发现，逻辑的形式，观点采择，道德判断的形式，社会意识的边界，权威焦点，世界的和谐形式，符号的作用，这七种成分贯穿于玛丽宗教信仰形成与转变的全过程并且相互渗透；因此，"在反思玛丽的叙述时，我们被人类发展中心理社会因素的相互作用

---

① Fowler, J. W., *Stages of Faith: The Psychology of Human Development and the Quest for Meaning*, New York: HarperOne, 1981, p. 218.

② Ibid., p. 219.

③ Ibid., p. 226.

④ Ibid., p. 227.

⑤ Ibid., p. 232.

⑥ Ibid., p. 238.

以及结构发展理论研究赋予具体化和意义体验的方式所吸引。这意味着她的人生叙述在理论上是非常丰富的"。①

在福勒看来，选择玛丽作为工作理论的典型代表加以详细分析，有人会觉得不能代表宗教群体的积极方面。但福勒认为，如果从埃里克森心理危机的立场思考问题，就会发现，选择玛丽更贴近于实际生活，也更接近宗教教育的目标，即通过宗教团体的持续努力，帮助更多像玛丽这样有心理困扰并处于功利水平的信仰者，深刻理解宗教信仰的终极意义，从而使自己的信仰水平提升到为终极价值奉献自我、帮助他人的更高阶段。

3. 对于个体宗教心理发展阶段的独到阐释

福勒的研究发现，一个人宗教信仰的形成与发展，可以从理论上划分为 7 个阶段，其中阶段 0 为准备阶段，阶段 1—6 为正式阶段。②

在未分化即准备阶段（0—2 岁），婴儿的最初信仰以对生存环境是否安全（如温和与严厉）的早期学习为特征。福勒的具体阐释是，如果婴儿体验到具有一致性的积极养育经验，他们将会获得关于宇宙以及神圣的信任感；相反，消极的体验将会导致对宇宙以及神圣的不信任感。准备阶段向正式阶段的过渡始于思维与语言的整合，这种整合有助于促进言语和游戏中的符号应用。

直觉—投射信仰（Intuitive - Projective Faith，3—6 岁）是个体宗教信仰发展的第一个正式阶段。此阶段的信仰以潜意识的无保护外露和思维模式的相对流动性为特征。按照福勒的观点，幼儿主要是通过亲身体验、故事、想象、模仿，以及与其相接触的各种人物（尤其是重要的成人和榜样示范），来获得对于终极现实世界的直接经验。

神话—字面信仰（Mythic - Literal Faith，7—11 岁）是个体宗教信仰发展的第二个正式阶段。此阶段以宗教教义的拟人化字面理解和公正、互惠的价值判断为特征。学龄儿童通过书本知识的学习（特别是戏剧和神话），以及定期参加宗教实践活动，系统地接受了某些宗教传统的内容，

---

① Fowler, J. W., *Stages of Faith: The Psychology of Human Development and the Quest for Meaning*, New York: HarperOne, 1981, p. 240.

② 参见 James W. Fowler, https://en.wikipedia.org/wiki/James_W._Fowler，2017 年 3 月 2 日。

从而以具体、线性的方式，发现了神话叙事中的终极意义。但此时的儿童并不能真正理解宗教教义中的隐喻和象征含义。

综合—习俗信仰（Synthetic - Conventional Faith，12岁至成年早期）是个体宗教信仰发展的第三个正式阶段。按照福勒的见解，这一阶段的青少年经验世界愈加广泛、复杂，他人的评价和权威的作用更为突出。青少年渴望在真诚的人际关系中，完成对个人身份的群体认同以及对终极世界的探寻、重铸。因而这一时期的青少年宗教信仰容易发生动摇。

个人—反省信仰（Individuative - Reflective Faith，通常是25—35岁）是个体宗教信仰发展的第四个正式阶段。福勒指出，这一阶段的成年人对意识形态的批判反思能力明显增强，对宗教信仰的新颖性、复杂性持开放态度，并且勇于对自己的宗教信仰和社会情感承担个人责任。福勒强调，不少成年人的宗教信仰发展到这一阶段便止步不前；只有对宗教象征理解深刻的人，才有可能发展到下一阶段。

融合性信仰（Conjunctive Faith，成年中期）是个体宗教信仰发展的第五个正式阶段。福勒认为，这一阶段的中年人承认与遗传背后的现实有关联的超越及矛盾，能够从相互依存的角度对此加以整合，并且善于把对某一宗教传统的忠诚融入个人的价值观之中。在这一阶段，宗教象征与抽象概念，表层意识与深层潜意识，已经有机地融为一体。

普世化信仰（Universalizing Faith，60岁以上）是个体宗教信仰发展的第六个正式阶段，也是最高阶段。在福勒看来，这一阶段的老年人把整个世界看成是自己的生存空间，显示出对公平、正义、人类仁爱的强烈信奉与追求；通过各种困境中的顽强挣扎，这一阶段的老年人成为救赎世界的无私支持者。因此，只有像圣雄甘地、马丁·路德等为数不多的宗教领袖或楷模，才能真正达到这一境界。

（三）福勒个体宗教心理发展理论的历史地位

1. 历史贡献

（1）激发了后继研究人员勇于超越前人的创新需求

创新在某种意义上就是对已有知识或要素的重新组合。学术领域的创新，则往往容易产生于不同学科交叉、不同要素融汇或已有理论的局限之处。在美国创新文化背景下成长起来的福勒，具有强烈的创新意识和创新目标。在个体宗教心理发展理论方面，福勒明确认识到，皮亚杰、科尔伯格认知与情感相分离，忽略了想象力作用的局限性，看到了宗教认知与宗教情感有机融合的可能性，发现了想象、象征、联觉等因素在皈依生活中的重要价值；福勒敏锐地意识到，埃里克森生物、心理、社会性发展研究中的宽泛性历史局限，从而构想出形式与内容相互渗透，在心理和社会维度添加鲜明信仰主题的分析框架；福勒清醒地觉察到，尼布尔激进神学思想的局限，努力把自己对于个体宗教心理发展规律的探讨致力于信仰的人性方面。总之，在笔者看来，福勒这种从前人历史局限中寻找突破口的探究思路，为后继者的创新驱动提供了生动的具体范例。

（2）开拓了质性建构宗教信仰发展理论的广阔空间

在福勒之前，霍尔、埃里克森都曾采用个案法研究过个体宗教心理的发展问题。但历时7年，采用统一的访谈指南，运用录音、转录整理等方法，对不同年龄阶段的359例访谈对象进行深度分析，然后通过规范化、大规模的质性访谈结果建构新理论的做法，福勒堪称开路先锋。他通过质性访谈建构的宗教信仰发展理论，不仅成为测量工具开发的重要理论依据，[①] 而且在实际的量化研究中获得一定支持。例如，格林和霍夫曼（C. W. Green and C. L. Hoffman, 1989）的研究发现，大学生的个体宗教心理发展水平，大多处于福勒所说的个人—反省信仰阶段，这与福勒划分的年龄阶段区间相吻合。[②] 因此，作者认为，福勒通过质性访谈建构宗教信仰发展理论的探索是十分宝贵的，非常值得起步阶段的中国宗教心理学学者在个体宗教心理发展领域借鉴。

（3）促进了信仰发展理论在社会生活中的实际应用

福勒的信仰发展理论问世之后，首先在西方牧师关照、宗教教育等应用领域引起很大反响。例如，霍恩（Richard A. Hoehn, 1983）认为，福勒的研究成果可以使"个人运用阶段理论促进自己在信仰方面的成长。

---

① 见于文献的测量工具包括"信仰发展交谈调查"（The Faith Development Interview, FDI），"信仰风格量表"（The Faith Styles Scale, FSS）等。参见 Parker, S., "Measuring Faith Development", *Journal of Psychology and Theology*, 2006, 34 (4): pp. 337 – 348。

② Green, C. W., & Hoffman, C. L., "Stages of Faith and Perceptions of Similar and Dissimilar Others", *Review of Religious Research*, 1989, 30: pp. 246 – 254。

宗教教育工作者可使用这一理论进行分类指导。"① 东南密苏里州立大学的加斯曼和内森（Allen C. Gathman and Craig L. Nessan, 1997），② 运用福勒的信仰发展阶段理论，开设了科学与宗教整合课程，帮助大学生解决在世界观发展方面遇到的科学与宗教冲突问题，取得明显成效。在西方的心理咨询、心理治疗、社区服务等相关应用场所，福勒的信仰发展理论也受到广泛重视。正如伍尔夫所总结的，福勒的宗教信仰发展理论"已经在学术界和应用领域赢得了相当大的关注"。③

2. 历史局限

（1）以基督徒个案访谈构建的发展阶段理论尚需更多验证

福勒曾经坦率地承认，"信仰发展理论（FDT）保持在发展心理学与源于基督教自由神学传统融合的特定方向"。④ 既然如此，人们或许会问，以基督教个案访谈建构的信仰发展阶段理论，能够代表人类宗教信仰发展阶段的普遍规律吗？对于这一问题，福勒的解释是，"当人们问我这些结构阶段是否可应用到东方宗教传统或者部落社会中的人时，真实的回答是'我不清楚'。我们对于信仰发展尚未进行任何认真的跨文化研究"。⑤ 十几年后，加拿大渥太华大学的博士研究生德鲁克（Paula A. Drewek, 1996），采用配对比较法，对 20 名加拿大大学生和 20 名印度留学生，进行了量化与质性相结合的跨文化研究。结果证明，印度留学生与加拿大大学生在成年早期这一年龄阶段上，宗教信仰发展水平基本上没有显著差异。⑥ 由于这一跨文化研究使用的样本较少，而且仅限于印度留学生，因

---

① Hoehn, R. A., "Stages of Faith: The Psychology of Human Development and the Quest for Meaning", *Review of Religious Research*, 1983, 25 (1): pp. 77 - 79.

② Gathman, A. C., & Nessan, C. L., "Fowler's Stages of Faith Development in an Honors Science and Religion Seminar", *Journal of Religion & Science*, 1997, 32 (3): pp. 407 - 414.

③ Wulff, D. M., *Psychology of Religion: Classic and Contemporary* (2nd ed.), New York: John Wiley & Sons, Inc., 1997, p. 404.

④ Fowler, J. W., "Faith Development Theory and the Postmodern Challenges", *The International Journal for the Psychology of Religion*, 2001, 11 (3): pp. 159 - 172.

⑤ Fowler, J. W., *Stages of Faith: The Psychology of Human Development and the Quest forMeaning*, New York: HarperOne, 1981, pp. 296 - 297.

⑥ 德鲁克的指导教师是罗杰·拉帕英特（Roger LaPointe）教授。参见 Drewek, P. A., *Cross - Cultural Testing of James W. Fowler's Model of Faith Development Among Bahá'ís*, Doctoral Thesis, University of Ottawa, Ontario, Canada, 1996, pp. 239 - 250。

此在东方文化背景的跨文化研究中，显然还需要积累更多的、具有说服力的证据。

（2）夸大遗传作用的信仰发展理论构建需要引起警惕

虽然福勒努力表白自己的信仰发展阶段理论"并非神学"，[①] 但是由于福勒出身于牧师家庭，其妻子又是一名虔诚的基督教教育工作者，这种家庭宗教背景的耳濡目染，难免使福勒的信仰发展阶段理论融入某些神学内容。尤其在《信仰的阶段：人类发展心理及其对意义的追寻》一书的最后一段文字中，福勒强调，"信仰发展研究证实了这一判断，即人类是受基因支配的——就是说，人类从出生便被赋予——在信仰中发展的准备"。[②] 由此可以看出，从霍尔到埃里克森，再到福勒，把宗教信仰看成是人的遗传本能，这种理论建构的出发点是一脉相承的，或者说，这是西方个体宗教心理发展理论的主导倾向。中国特色个体宗教心理发展观的理论构建，无疑不能走西方的老路。笔者理论思考的基本方向是，沿着中国化马克思主义宗教观的正确道路砥砺前行，为构建符合中国国情的马克思主义个体宗教心理发展观的理论体系进行初步探索。

四 中国化马克思主义个体宗教心理发展观的理论构建

在笔者看来，中国化马克思主义个体宗教心理发展观的理论构建，必须以中国化的马克思主义宗教观为基石。

那么，中国化马克思主义宗教观的基本思想是什么呢？按照笔者的理解，这需要围绕《中华人民共和国宪法》规定的"宗教信仰自由"政策进行辩证解读。笔者认为，在社会主义初级阶段的中国，公民既有信仰宗教的自由，也有不信仰宗教的自由，二者是辩证统一的。从这种辩证统一的整体观出发，党和国家既大力引导信教群众在爱国爱教的前提下，逐步使宗教生活与社会主义相适应，又严格遵循从严治党的方略，把共产党员不信教、坚持马克思主义无神论信仰的主张落到实处。在笔者看来，着眼

[①] 这句话在其代表作的最后一章，即第24章。参见 Fowler, J. W., *Stages of Faith: The Psychology of Human Development and the Quest for Meaning*, New York: HarperOne, 1981, p. 293。

[②] Ibid., p. 303.

于全面依法治国、全面从严治党的战略布局，对宗教信仰自由政策进行马克思主义中国化的最新阐释，这正是习近平总书记有关新时代中国特色社会主义宗教观点的精髓之所在。①

依据以上对于中国化马克思主义宗教观的基本理解，下面将着重围绕先天与后天的关系、内因与外因的关系、连续性与阶段性的关系这三个涉及个体宗教心理发生发展规律的重大问题，进行初步探讨，并以此作为本课题研究的基本理论指导。

（一）个体宗教心理发展中先天与后天的关系

在个体宗教心理的发展中，一个人出生后是从娘胎里便带来宗教信仰？还是一个人的宗教信仰是在后天的生活环境中，受到社会环境影响而逐渐由自然人发展成为社会化的成员，并逐步形成个人的宗教信仰？这是在研究个体宗教心理发展问题时必须回答的首要问题。

在西方热衷于个体宗教心理发展研究的理论家那里，一个人的宗教信仰无疑是从娘胎里带来的。霍尔是第一位从信仰发展角度探讨个体宗教心理发生问题的学者，他的基本观点集中于进化的作用。霍尔认为，灵魂和肉体一样是进化的产物，就像胚胎的发育那样，在宗教信仰方面，"个体的发生概括了种系的发生""儿童的无意识置于上帝之中。"②埃里克森作为新精神分析学派的代表性人物，虽然开始重视后天因素对于个体宗教心理发展的影响，但在"他的理论深处仍然保持着弗洛伊德理论中的生物学化观点"。③例如，埃里克森把婴儿发育过程中由于内部刺激带来的不愉快体验，归结为"这种可怕的印象，犹如《圣经》中传说的那样，因为偷食禁果而惹怒了上帝，地球上第一批人永远丧失了可以毫不费力地随意取用属于他们自己的东西的权利。"④福勒对于个体宗教心理的起源问题更是直言不讳，他在其代表作《信仰的阶段：人类发展心理及

---

① 关于这个问题，详见习近平总书记2016年4月在全国宗教工作会议上的重要讲话。
② Wulff, D. M., *Psychology of Religion: Classic and Contemporary* (2nd ed.), New York: John Wiley & Sons, Inc., 1997, p.59.
③ ［美］埃里克·H.埃里克森：《同一性：青少年与危机》，孙名之译，浙江教育出版社1998年版，中文版译序，第7—8页。
④ ［美］埃里克松：《童年与社会》，罗一静等编译，学林出版社1992年版，第69页。

其对意义的追寻》一书的最后一段文字中强调，"信仰发展研究证实了这一判断，即人类是受基因支配的——就是说，人类从出生便被赋予——在信仰中发展的准备"。① 总括霍尔、埃里克森和福勒这些形形色色的不同观点，说到底，无非"遗传决定论"在个体宗教心理起源问题上的具体表现。

那么，马克思主义经典作家对于一个人宗教心理的起源或发生问题是如何理解的呢？

马克思曾经指出："宗教是还没有获得自身或已经再度丧失自身的人的自我意识和自我感觉。但是，人不是抽象地蛰居于世界之外的存在物。人就是人的世界，就是国家、社会。这个国家、这个社会产生了宗教，一种颠倒的世界意识，因为它们就是颠倒的世界。"② "我们不把世俗问题化为神学问题。我们要把神学问题化为世俗问题。相当长的时期以来，人们一直用迷信来说明历史，而我们现在是用历史来说明迷信。"③ 从马克思的上述论述可以看出，马克思强调的是：人的本质在于社会性，而不是一种纯粹的生物性个体；宗教信仰作为一种自我意识和自我感觉，属于一种颠倒的世界意识；人的宗教信仰问题只有运用历史唯物主义的观点，才能加以科学地解释。

恩格斯对宗教信仰的起源和本质问题做了进一步阐发。恩格斯认为，"正如母体内的人的胚胎发展史，仅仅是我们的动物祖先从蠕虫为开端的几百万年的躯体发展史的一个缩影一样，孩童的精神发展则是我们的动物祖先、至少是比较晚些时候的动物祖先的智力发展的一个缩影，只不过更加压缩了。但是一切动物的一切有计划的行动，都不能在地球上打下自己的意志的印记。这一点只有人才能做到。"④ "一切宗教都不过是支配着人们日常生活的外部力量在人们头脑中的幻想的反映，在这种反映中，人间

---

① Fowler, J. W., *Stages of Faith: The Psychology of Human Development and the Quest for Meaning*, New York: HarperOne, 1981, p.303.

② ［德］马克思：《〈黑格尔法哲学批判〉导言》，载《马克思恩格斯文集》第1卷，人民出版社2009年版，第3页。

③ ［德］马克思：《论犹太人问题》，载《马克思恩格斯文集》第1卷，人民出版社2009年版，第27页。

④ ［德］恩格斯：《自然辩证法》，载《马克思恩格斯文集》第9卷，人民出版社2009年版，第559页。

的力量采取了超人间的力量的形式。"① 在恩格斯的上述论断中，既明确说明了人与动物的根本区别在于通过劳动所形成的人的能动反映能力，又深刻揭示了社会存在对于社会意识包括宗教心理的决定性作用，此外还尖锐指出了宗教心理反映的虚幻本质以及超人间的特点。这些论断对于我们正确理解个体宗教心理的起源或发生的问题，至今仍然具有非常重要的指导意义。

上述马克思主义经典作家关于宗教起源和本质问题的精辟论述，在当代认知神经科学的实验研究中也得到了证明。例如，沃伦·布朗（Warren S. Brown, 2006）指出，② 宗教神经科学试图在大脑中寻找"宗教神经核团"或"上帝模块"，但始终没有找到，这就让人脑系统支配社会存在的个体的假设无法得到证明，从而使得这一研究取向无法令人信服。马尔科姆·吉夫斯（Malcolm Jeeves, 2009）和沃伦·布朗后来又进一步强调："神经元没有创造我们的宗教信仰，恰恰相反，是我们的宗教信仰解释我们的神经元感受……我们认为，宗教信仰和灵性是在我们投身于基督教社会和那些基督教必需的所有活动时产生的，而不是脑的内在属性产生的。"③ "我们的灵性在社会中产生、维持并显现，它完全嵌入在我们的身体、文化以及社会环境之中。"④

综上可知，关于个体宗教心理发展中先天与后天的关系问题，我们可以得出如下结论：个体宗教心理的形成与发展不是由遗传因素决定的，遗传因素仅仅为个体宗教心理的发生、发展提供了生物基础、自然前提或可能性；要把这种可能性变成现实，决定性的因素在于后天的社会环境。所以，那种片面夸大遗传或生物因素在个体宗教心理发生、发展中作用的观点是极为有害的。我们在构建中国化马克思主义个体宗教心理发展观的理

---

① [德] 恩格斯：《反杜林论》，载《马克思恩格斯文集》第9卷，人民出版社2009年版，第333页。

② Brown, W. S., "The Brain, Religion, and Baseball: Comments on the Potential for a Neurology of Religion", *Where God and Science Meet: How Brain and Evolutionary Studies Alter Our Understanding of Religion, Volume* II: *The Neurology of Religious Experience*, Westport, CT: Greenwood Press, 2006, pp. 229–244.

③ [英] 马尔科姆·吉夫斯、[美] 沃伦·布朗：《神经科学、心理学与宗教》，刘昌、张小将译，教育科学出版社2014年版，第101页。

④ 同上书，第102页。

论体系时，对于前述霍尔、埃里克森和福勒等人的遗传决定论缺陷，必须保持高度警惕并给予有力批判！

（二）个体宗教心理发展中内因与外因的关系

朱智贤（1908—1991）是我国现代著名的儿童发展心理学家。他曾经自觉地运用辩证唯物主义和历史唯物主义的基本原理，创造性地探索儿童心理发展中的内因与外因关系问题。朱智贤指出："关于在儿童心理发展上内因和外因的关系，我们认为，如果不通过儿童心理的内因、内部状况，即需要和心理发展水平的矛盾的状况，教育这个外部条件是无法发挥作用的。可是如果只有儿童心理的内因、内部状况，而没有适当的教育条件，儿童心理也就无法得到发展。儿童心理如何发展，向哪里发展，<u>不是由外因机械决定的，也不是由内因孤立决定的，而是由适合于内因的一定外因决定的，也就是说，儿童心理发展主要是由适合于儿童心理内因的那些教育条件来决定的</u>。"[①]

笔者认为，朱智贤的这一阐述，在努力构建中国化马克思主义个体宗教心理发展观的今天，仍然具有重要的参考价值。根据朱智贤的理解进行外延性推导，课题组认为，可以把改革开放、社会主义初级阶段条件下个体宗教心理发展的内因与外因关系表述为：一个人宗教心理的发展主要是由个体内在的心理矛盾引起的，外部环境包括教育因素是个体宗教心理发展的重要外部条件；但在一个人的身心发育尚未成熟之前，外部环境尤其是家庭教育因素往往起着主导作用。

笔者的上述推断，已经得到课题组访谈研究和个案研究的支持。

例如，课题组对信仰天主教儿童的访谈研究发现（纪念，2014），一位信仰天主教达1年时间的山东省济南市4岁女童，主要受到母亲、外婆和修女的影响。当她第一次随外婆到天主教堂做弥撒时，修女热情地接待了她，并且安排她到主日学校学习。这位女童告诉课题组成员：这里有小朋友一起玩，还有圣母娘娘。女童的母亲补充道，我们在家里祷告的时候，她也会一起闭着眼听，现在就是经常给她讲讲圣经的故事，她也自己听录音，已经会唱好几首赞美诗那种儿童歌曲了。我们虽然没有强求她信

[①] 朱智贤：《儿童心理学》，人民教育出版社1980年版，第83页。

天主教,但她要是信主的话,我们全家人都是很高兴的。她第一次来教堂就喜欢上了这里,应该也是感受到了主的爱。①

该访谈涉及的其他儿童,情况也大体如此(见表1—2,作者将纪念的硕士学位论文原文中的有关内容做了必要的改动)。②

表1—2　　　　　　　　8名受访儿童的基本资料

	年龄	性别	信教年限	家庭主要抚养者宗教信仰情况
信仰天主教儿童A	4岁	女	1年	母亲、外祖母信仰天主教
信仰天主教儿童B	6岁	男	2年	父亲信仰天主教
信仰天主教儿童C	7岁	男	4年	父母信仰天主教
信仰天主教儿童D	8岁	女	3年	祖母信仰天主教
信仰天主教儿童E	9岁	男	5年	父母信仰天主教
信仰天主教儿童F	9岁	女	4年	外祖父、外祖母信仰天主教
信仰天主教儿童G	11岁	女	8年	祖母、父母信仰天主教
信仰天主教儿童H	12岁	男	7年	父亲信仰天主教,母亲信仰基督教

由此可以看出,身心发育尚未成熟的儿童,其对宗教的兴趣主要来自家庭环境的熏陶以及参加宗教场所活动后所形成的习惯。上述访谈结果证明,外部环境尤其是家庭教育因素,在年幼儿童的宗教信仰形成中确实发挥着主导作用。

在西方学者的论著中,关于早期环境对儿童宗教心理的影响,有些阐述十分深刻,非常值得我们重视。例如,霍尔指出,某些基本的宗教情感是能够在婴儿最早期的几个月得到培养的。只有鼓励信任、感激、独立和爱这些最初指向母亲的情感,以后才有可能将这些情感指向上帝。③ 埃里克森认为,婴儿"做什么才有意义,这是由父母信仰所培育起来的;儿童对希望的泛化意义,将及时使其转化成为一种成熟的信仰,一种既不需

---

① 纪念:《中国信仰天主教儿童个体宗教心理发展特点和影响因素研究》,硕士学位论文,浙江师范大学,2014年,第45页。

② 同上。

③ Hall, G. S., "The Moral and Religious Training of Children", *The Princeton Review*, 1882, (9): pp. 26–48.

要证据也不需要世界是值得信任的理由的信心"。① 福勒强调，幼儿主要是通过亲身体验、故事、想象、模仿，以及与其相接触的各种人物（尤其是重要的成人和榜样示范），来获得对于终极现实世界的直接经验。② 课题组认为，西方学者的上述主张，在某种意义上也为外部环境尤其是家庭教育因素对年幼儿童宗教信仰形成与发展的主导作用提供了佐证。

当一个人的身心发展在青少年时期达到成熟水平时，个体内在的心理冲突或矛盾便上升为其宗教心理发展的动力。这一点，课题组在对湖南省大学生的访谈研究中得到了证实。一名性格内向的 19 岁大学一年级女生，这样描述了自己的经历：我出生在湖南农村，家里并不信仰基督教，我在读大学后才有了这一信仰。那个时候刚入学，发现大学的生活与我所想象的有太大的差别了。家里的经济条件不好，我考上大学，爸爸可高兴了，觉得在村里很神气，叮嘱我一定要好好学习，将来有大出息。可是我上学后才发现，同学们并不是努力学习，而是比吃比穿，没有课的时候就在宿舍睡懒觉。我慌了，难道父母辛辛苦苦是供我来睡大觉的吗？于是整个人都很压抑。爸爸每次打电话叮嘱我用功，我就更加心慌，觉得都透不过气来了。我也想努力学习，可是大学和高中差得太多了，这里没有老师管你，一切都凭自己自觉。我发现自己就像个无头苍蝇一样，无助极了！这个时候，我的室友带我去参加她们的聚会，那里的小伙伴都很好，鼓励我讲出内心的苦楚，并且大家都十分友好地为我祷告。虽然一开始我并不怎么认同，但去过几次后，我发现其实是有一定的道理的，通过交流可以宣泄我内心的烦闷。他们的友好，也让独在异乡的我倍感亲切。慢慢地我就融入进去了，同时也发现，自己的状态渐渐好起来，不再那么心慌了。③

在课题组对广东省东莞市的实际考察中，也发现了中共党员改信真主的一个典型案例。这位受访的穆斯林出身于干部家庭，恢复高考后在国家重点高校加入了党组织。大学毕业后被分配到远洋运输一线工作。长期的海上颠簸特别是生死考验，外出作业人员党性教育的弱化乃至缺失，以及

---

① ［美］埃里克松：《童年与社会》，罗一静等编译，学林出版社 1992 年版，第 69 页。
② 参见 James W. Fowler, https://en.wikipedia.org/wiki/James_W._Fowler, 2017 年 3 月 5 日。
③ 曾凯：《基督徒个体宗教心理发展研究》，硕士学位论文，浙江师范大学，2015 年，第 44—45 页。

党内腐败现象的滋生蔓延，使得这名党员的内心充满了困惑甚至严重冲突，最终导致他政治信仰上动摇，退休后很快便皈依了真主。

从上述两个典型案例可以看出，在没有家庭宗教信仰背景的大学生中，以及在缺乏党性修养和意志磨炼的共产党员中，其走上宗教信仰的道路，主要是个人内在心理冲突引发的自我选择结果，当然这种自我选择也包含着外部因素的诱发作用。

个体内在心理冲突对于一个人宗教心理发展的深刻影响，在埃里克森关于西方宗教改革家马丁·路德和东方宗教领袖莫罕达斯·卡拉姆昌德·甘地的心理历史学考察中也得到了证明。根据埃里克森的研究，路德走上僧侣之路，与他对父亲持久性认同危机的无奈选择有密切关系。路德违背父亲的愿望去当僧侣，这是对父亲的一种无声反抗。进入修道院后，路德发现自己同上帝的认同危机超过了与父亲的认同危机。因此，路德对上帝也表现出了一种"强迫性亵渎神灵的矛盾心理。"[1] 后来，在约翰·斯托皮茨大主教的帮助下，路德才逐步转变了对于上帝的态度，成为一名勇于向传统弊端挑战的宗教改革引领者。埃里克森发现，甘地与路德相比，既有相似之处，也有自己独特的原因。甘地对养育自己、长期生病的父亲怀有依恋，但对父亲让自己13岁成亲一事又不能宽恕，这种亲子冲突在本质上与路德相似。甘地在南非工作时遇到的种族歧视，成为他成年后立志改革宗教的强大动力；甘地从印度古老的宗教文化中汲取营养，创造了非暴力、不合作的斗争方式，最终成长为印度民族独立的领袖和宗教现实主义的实践楷模，这是甘地的独特之处。在埃里克森看来，甘地非暴力、不合作背后蕴含的深刻心理矛盾，是推动甘地勇敢地探寻"人类生存真正力量"的不竭动力。[2]

我们认为，毛泽东在《矛盾论》中精辟阐述的"唯物辩证法认为外因是变化的条件，内因是变化的根据，外因通过内因而起作用"[3] 这一著名论断，是我们正确认识个体宗教心理发展中内因与外因关系的基本理论

---

[1] Erikson, E. H., *Young Man Luther: A Study in Psychoanalysis and History*, New York: W. W. Norton, 1962, p. 29.

[2] Wulff, D. M., *Psychology of Religion: Classic and Contemporary* (2nd ed.), New York: John Wiley & Sons, Inc., 1997, p. 392.

[3] 毛泽东：《矛盾论》，载《毛泽东选集》第1卷，人民出版社1991年版，第302页。

依据。

(三) 个体宗教心理发展中连续性与阶段性的关系

在西方已有的个体宗教心理发展理论中，主要依据达尔文的进化论、黑克尔的复演论、沃尔夫的渐成论和皮亚杰的认知发展阶段论，扩展性地阐述西方背景下个体宗教心理发展中的连续性特别是阶段性问题。例如，霍尔以青少年时期个体宗教心理的发展特征为重点，同时兼顾了儿童期和老年期个体宗教心理发展特征的描述问题；埃里克森把一个人的毕生发展划分为 8 个阶段，分别描述了每一阶段的个体宗教心理发展特征；福勒则努力添加基督教的具体信仰内容，按照 7 个阶段描述个体宗教心理的发展特征。笔者以为，在这些阶段划分和发展特征的具体描述中，有些合理的成分显然值得我们在建构中国化马克思主义个体宗教心理发展观时参考借鉴，但也有一些不合理的成分则必须加以鉴别筛除。关于这个问题，习近平总书记《在哲学社会科学工作座谈会上的讲话》为我们指明了前进的方向："对国外的理论、概念、话语、方法，要有分析、有鉴别，适用的就拿来用，不适用的就不要生搬硬套。哲学社会科学要有批判精神，这是马克思主义最可贵的精神品质。"①

依据马克思主义唯物辩证法的量变质变原理，考察中国国情下个体宗教心理发展中连续性与阶段性的关系问题，我们认为，在一个人宗教心理的发展中，存在量变（连续性）和质变（阶段性）两种状态；而一个人宗教心理发展中从量变（连续性）到质变（阶段性）的根本原因，则在于个体宗教心理发展中的主要矛盾；此外，一个人皈依宗教的年龄，也与个体宗教心理发展中的主要矛盾问题密切相关。

按照上述基本思路，作者把一个人宗教心理的发展划分为儿童期（出生至 12 岁）、青少年时期（13—35 岁）、中年期（36—60 岁）和老年期（60 岁以上）4 个阶段，并且试图根据这 4 个阶段的划分，对每一阶段个体宗教心理发展的主要矛盾进行初步分析。

在我们看来，儿童期个体宗教心理发展的主要矛盾，是家庭宗教信仰

---

① 习近平：《在哲学社会科学工作座谈会上的讲话》，《人民日报》2016 年 5 月 19 日第 2 版。

的环境熏陶与儿童个人身心发展尚未成熟的矛盾。根据我国权威部门的不完全统计，在我国目前13亿以上的人口中，各种宗教信徒为1亿多人。①这1亿多人的信教人口涉及千万以上具有宗教信仰的家庭，并且通过这千万以上具有宗教信仰的家庭，对其中2000万左右12岁以下的儿童潜移默化地施加影响。由于12岁以下的儿童思维发展尚未完全达到抽象逻辑思维水平，辩证思维处于萌芽阶段，对于宗教的本质以及宗教教义中的深层语义、象征含义等无法真正理解，所以这一时期儿童的宗教信仰主要是受家庭熏陶的影响，其宗教心理的形成与发展具有被动性、模仿性、好奇性、表层性等特征。上述特征在前述对信仰天主教儿童的访谈研究中已经得到证明。

青少年时期个体宗教心理发展的主要矛盾，是主流意识形态的要求与个体已形成的宗教心理结构之间的矛盾。"由于中国与世界许多国家一样，实行宗教与教育分离的原则，在国民教育中，不对学生进行宗教教育。"②所以，我国青少年（包括已经加入某一宗教团体的成员）接受的国民教育，主要是科学文化知识和以无神论为主导的马克思主义意识形态的熏陶。这样的国民教育体系和主流意识形态熏陶，必然会对已经形成一定宗教信仰背景的青少年带来信仰发展方面的困惑乃至严重冲突。于是，探寻性、波动性、效仿性和务实性，便构成了这一时期个体宗教心理发展的主要特征。上述特征在课题组对信仰基督教、天主教、伊斯兰教青少年的量化研究和访谈研究中，也已经得到证明。

中年期个体宗教心理发展的主要矛盾是宗教团体的制度性、神圣化要求与现实的世俗生活诱惑性冲击的矛盾。在宗教领域不可避免的世俗化趋势影响下，现代化的物质生活条件对传统神圣领域的诱惑和冲击越来越明显。参加不同宗教团体的中年人，大多十分渴望在制度性宗教参与同现代化物质生活之间寻求一种新的平衡，而这种追求平衡的主观愿望往往很难得到满足。因此，这一时期个体宗教心理发展的主要特征是体悟性、稳定性、主动性和利他性。与工作、婚姻有关的宗教信仰冲突及其心理调节问

---

① 《中国的宗教信仰自由状况》，参见http://www.people.com.cn/BIG5/channel1/10/20000910/226202.html，2017年3月5日。

② 同上。

题，在中年阶段显得格外突出。

老年期个体宗教心理发展的主要矛盾是现实生活中的身体健康状况下降与传统宗教死亡观、来世观期待之间的矛盾。老年宗教信徒身体健康状况的下降为自然规律，具有不可逆转性；随着年龄增长，这种下降趋势越发明显。因此，老年宗教信徒会越来越多地思考死亡问题，非常虔诚的老年信徒还往往会对教义中描述的美好来世生活充满期待。这一时期个体宗教心理发展的主要特征是笃信性、恒常性、固化性和向善性。许多在世俗生活中遇到烦恼或挫折的老年宗教信徒，更是把教会、教友和神职人员看作支撑自己晚年幸福的可靠来源。

关于一个人皈依宗教的关键年龄问题，詹姆斯曾经提出过"一度降生"（Once-born）和"二度降生"（Twice-born）的独特概念。所谓"一度降生"，是指从生命伊始便已经与"神圣"联系在一起的人，[①] 也就是出生于宗教家庭的自然皈依者；所谓"二度降生"，是指发自内心以宗教皈依为需要的满足并且往往不被常人所理解者，詹姆斯以托尔斯泰（L. Tolstoy）、班杨（J. Bunyan）等人为代表。[②] 在我们看来，詹姆斯的这一分类，实际上已经隐含了皈依宗教的关键年龄问题，即出生于宗教家庭的人通常会在儿童早期便自然地皈依宗教（尽管这时的皈依是被动的、不自觉的），这实际上便属于儿童早期自然皈依或被动皈依的关键年龄范围；在青少年时期身心发展趋于成熟后，由于自身内在心理矛盾而通过自我选择皈依宗教者，则属于成熟期自主皈依或理性皈依者。对于青少年时期自主皈依或理性皈依这一关键年龄问题，霍尔的研究结论是：大多数基督徒的皈依年龄在20岁之前，男女比例约为2:3。[③] 课题组对湖南省大学一年级女生加入基督教的访谈研究，对霍尔的研究结论提供了某种跨文化的证据。

总之，在个体宗教心理的发展过程中，各个不同年龄阶段所显现出来的主要矛盾，以及与此密切联系的皈依宗教的关键年龄问题，是我们描述

---

① ［美］威廉·詹姆士：《宗教经验之种种：人性之研究》，唐钺译，商务印书馆2002年版，第78—79页。

② 同上书，第154—155页。

③ Hall, G. S., *Adolescence: Its Psychology and Its Relations to Physiology, Anthropology, Sociology, Sex, Crime, Religion, and Education* (Vols. II), New York: D. Appleton, 1904, p.292.

该阶段个体宗教心理发展特征的基本依据和中心线索。我们在量化研究和访谈研究中，积累了丰富的儿童期、青少年期、中年期、老年期个体宗教心理发展特征的具体数据和典型案例。这些支撑理论假设的具体数据和典型案例，将在本书其他章节逐步披露。

第二章　项目研究的方法选择

在研究方法的选择上，本项目在坚持辩证唯物主义和历史唯物主义方法论的根本前提下，试图围绕集成创新这一总体目标，有针对性地在某些具体方法的使用和适度整合上实现重点突破。其重点突破的方向主要包括：针对儿童期个体宗教心理发展问题进行准实验设计，力求用因果分析的实证研究数据，揭示儿童期个体宗教心理发展的特点和规律；编制本土化的、适用于不同宗教人群的个体宗教心理发展量表，为青少年时期、中年期、老年期个体宗教心理发展研究提供规范化、标准化的测量工具；把访谈研究与个案研究结合起来，努力实现论证素材的互补性加工和深度挖掘；尝试将文献研究、理论研究、测量研究、准实验研究、横断研究、访谈研究和个案研究这7种方法有机融合，探索集成式创新的新路子。

下面，将选择本课题组使用最多的量化研究方法（测量研究、准实验研究、横断研究）和质性研究方法（访谈研究、个案研究）加以具体说明。

一　本项目量化研究采用的主要方法

（一）测量法

测量法是西方宗教心理学中使用最广泛的方法之一，也是我国宗教心理学起步阶段受到很大关注的一种方法。所谓测量，是指"根据一定法则对事物进行数量化描述，而非文字化描述的过程。"[①] 在宗教心理学中，

[①] 张厚粲、龚耀先：《心理测量学》，浙江教育出版社2012年版，第6页。

测量法通常是用数字对宗教心理学领域某一具体概念进行量化分析的方法。

测量法与问卷法既有区别，又有联系。其区别主要在于前者量化控制和处理的标准化程度更高，其联系在于二者对研究问题的表述就本质而言是相似的。

为了与国家社科基金项目研究中普遍采用的问卷调查方法保持一致，更易为社会科学界人士所接受，本课题组选择了以心理测量为内在主体、以问卷调查为外在表现（例如，统一使用《国家社科基金调查问卷》的名称、增加被调查者基本信息的内容等）的方式。现将课题组编制的6种测量工具分别加以说明。

1. 中国道教徒个体宗教心理发展量表的编制

中国道教徒个体宗教心理发展量表，将仙道信仰、超然体验、价值追求和宫观参与设定为测量的主要维度，分别考察道教徒在这4个维度的个体宗教心理发展水平。该量表采用累加计分方式，分值为1—5分，依次对应"完全不符合""基本不符合""无法确定""基本符合"和"完全符合"5种程度。按照正向题（肯定性叙述题目）和反向题（否定性叙述题目）两种不同的方向分别计算分数，即正向题中，完全符合为5分，基本符合为4分，无法确定为3分，基本不符合为2分，完全不符合为1分；反向题中，完全符合为1分，基本符合为2分，无法确定为3分，基本不符合为4分，完全不符合为5分。整个量表共计30个题目，其中仙道信仰分量表包括8个题目，超然体验分量表包括8个题目，价值追求分量表包括7个题目，宫观参与分量表包括7个题目。

下面摘要披露中国道教徒个体宗教心理发展量表效度（可靠性）检验和信度（稳定性）检验的主要结果。

（1）效度检验的主要结果

在结构效度的检验中，由于道教徒人数较少，获取被试者非常困难，因而在样本人数不足200人（$N = 136$）的条件下，课题组只好采用了传统的相关矩阵分析方法。结果表明，4个分量表之间的相关系数均达到非常显著的统计检验水平，且相关系数大多保持在中等数值区间；4个分量表和量表总分之间也都达到非常显著的统计检验水平，其相关系数大多保持在 0.8 左右的高相关区间（详见表 2—1）。

表 2—1　　　　　量表维度的相关矩阵分析（r）

	仙道信仰	超然体验	价值追求	宫观参与
超然体验	0.525**			
价值追求	0.553**	0.561**		
宫观参与	0.571*	0.369**	0.446**	
量表总分	0.813**	0.814**	0.812**	0.722**

注：$*p<0.05$，$**p<0.01$。

在内容效度的检验中，邀请了经验丰富的道教研究专家、道长、心理学系教师、心理学专业研究生对量表题目表达的内容进行了严格评估，并在评估的基础上对有关题目做了反复修改，从而确保了所选题目符合道教教义的规范表达，简洁明确，容易理解，不产生歧义。

（2）信度检验的主要结果

内部一致性信度的检验发现，整个量表的内部一致性系数（Cronbach 系数）为 0.872，符合心理测量学的要求。

重测信度的检验证明，无论是 4 个分量表还是量表总分之间，间隔 3 周的稳定性都达到非常显著的统计检验水平（见表 2—2）。

表 2—2　　　　　间隔 3 周的重测相关系数（r）

量表总分	仙道信仰	超然体验	价值追求	宫观参与
0.885**	0.753**	0.764**	0.862**	0.758**

注：$n=36$；$**p<0.01$。

总之，以上心理测量学中的效度检验和信度检验，证明本课题组编制的中国道教徒个体宗教心理发展量表是一个符合中国道教文化背景和标准化程度较高的测量工具，其施测的适宜对象为具有小学高年级以上阅读能力的道教信仰人群。

下面是中国道教徒个体宗教心理发展量表的全文。

国家社科基金调查问卷

指导语

尊敬的道友：

现在请您参加国家社科基金关于宗教心理学项目的一项研究，恳请得到您的协助。问卷中的答案没有对错、好坏之分，所得信息仅供学术研究使用。请您仔细阅读问卷的描述，按照完全符合、基本符合、无法确定、基本不符合、完全不符合 5 个等级，在备选答案中打钩（√）。下面是一个例子。

	完全符合	基本符合	无法确定	基本不符合	完全不符合

我相信道是世界上万事万物的本源。
（ ）（√）（ ）（ ）（ ）

下面开始答题，请一定不要漏掉其中的题目。

	完全符合	基本符合	无法确定	基本不符合	完全不符合

仙道信仰

1. 我相信三清是大道的化身，是最高尊神。
（ ）（ ）（ ）（ ）（ ）
2. 我不相信道是世界上万事万物的本源。
（ ）（ ）（ ）（ ）（ ）
3. 我相信从无极到太极的道教学说。（ ）（ ）（ ）（ ）（ ）
4. 我相信生道合一能够长生不死，与道长存。
（ ）（ ）（ ）（ ）（ ）
5. 我相信经过内炼外养可以得道成仙。（ ）（ ）（ ）（ ）（ ）

6. 我不相信经过内炼外养可以得道成仙。
　　　　　　　　　　　　　　（　）（　）（　）（　）
7. 我相信坚持修炼能够消灾免祸，延年益寿。
　　　　　　　　　　　　　　（　）（　）（　）（　）
8. 我相信财神、城隍神等神仙非常灵验。
　　　　　　　　　　　　　　（　）（　）（　）（　）

超然体验

9. 我在内观时感受到七窍相通，窍窍光明。
　　　　　　　　　　　　　　（　）（　）（　）（　）
10. 我在坐忘时没有感受到与大道合一。（　）（　）（　）（　）
11. 我在握固时感受到心气归一。（　）（　）（　）（　）
12. 我在存思时感受到人神感应。（　）（　）（　）（　）
13. 我在行气时感受到气息随着意念流动。
　　　　　　　　　　　　　　（　）（　）（　）（　）
14. 我在心斋时感受到入定后的神秘境界。
　　　　　　　　　　　　　　（　）（　）（　）（　）
15. 我在修炼时感受到天地一片光明。（　）（　）（　）（　）
16. 我在修炼时没有感受到天眼通等神通力量。
　　　　　　　　　　　　　　（　）（　）（　）（　）

价值追求

17. 我皈依大道是为了弘扬正法，寻找自救法门。
　　　　　　　　　　　　　　（　）（　）（　）（　）
18. 我皈依大道不是为了仙道长生，无量度人。
　　　　　　　　　　　　　　（　）（　）（　）（　）
19. 我皈依大道是为了超凡脱俗，返璞归真。
　　　　　　　　　　　　　　（　）（　）（　）（　）
20. 我皈依大道是为了享受洞天福地的乐趣。
　　　　　　　　　　　　　　（　）（　）（　）（　）

21. 我皈依大道是为了清净身心，抱元守一。
　　　　　　　　　　　　　　　（　）（　）（　）（　）　（　）
22. 我皈依大道不是为了济世救人，行善忍让。
　　　　　　　　　　　　　　　（　）（　）（　）（　）　（　）
23. 我皈依大道是为了增智识己，开悟后人。
　　　　　　　　　　　　　　　（　）（　）（　）（　）　（　）

宫观参与

24. 我虔诚地参加叩头、作揖等礼拜仪式。
　　　　　　　　　　　　　　　（　）（　）（　）（　）　（　）
25. 我虔诚地参加诵念经文活动。　（　）（　）（　）（　）（　）
26. 我没有虔诚地参加诵念经文活动。（　）（　）（　）（　）（　）
27. 我虔诚地参加祖师圣诞庆贺或祝寿活动。
　　　　　　　　　　　　　　　（　）（　）（　）（　）（　）
28. 我虔诚地参加迎銮接驾活动。　（　）（　）（　）（　）（　）
29. 我虔诚地参加供天仪式。　　　（　）（　）（　）（　）（　）
30. 我虔诚地参加"拜斗"仪式。　（　）（　）（　）（　）（　）

最后请您匿名填写个人的基本资料（除自填项目外，其他均在选项后打钩）：

1. 您的民族（请自填）：
2. 您父亲的民族（请自填）：
3. 您母亲的民族（请自填）：
4. 您的性别：①男　　②女
5. 您的户籍所在地：① 城镇　　②农村
6. 您的年龄：①10 岁以下　②11—20 岁　③21—30 岁　④31—40 岁
　　　　　　⑤41—50 岁　⑥51—60 岁　⑦61—70 岁　⑧71—80 岁

⑨81—90 岁　⑩90 岁以上

7. 您的身份或职业：①农民　②工业企业员工　③商贸企业员工
　　　　　　　　　④教师　⑤科研人员　⑥医护人员
　　　　　　　　　⑦律师　⑧文化事业单位员工
　　　　　　　　　⑨军人或警务人员　⑩公务员
　　　　　　　　　⑪自由职业者　⑫学生
　　　　　　　　　⑬城镇失业人员　⑭教职人士
　　　　　　　　　⑮其他

8. 您父亲的身份或职业（请自填）：

9. 您母亲的身份或职业（请自填）：

10. 您的婚姻状况：　①未婚　②已婚　③离异　④丧偶

11. 您的受教育程度：①小学以下　②小学　③初中
　　　　　　　　　④高中（含中专、职高）　⑤大专　⑥本科
　　　　　　　　　⑦研究生

12. 您父亲的受教育程度（请自填）：

13. 您母亲的受教育程度（请自填）：

14. 您的皈依年限：①5 年以下　②6—10 年　③11—15 年　④16—20 年
　　　　　　　　⑤21—25 年　⑥26—30 年　⑦31—35 年　⑧36—40 年
　　　　　　　　⑨41—45 年　⑩45 年以上

15. 您父亲的宗教信仰：①道教　②佛教　③天主教
　　　　　　　　　　④基督（新）教　⑤伊斯兰教
　　　　　　　　　　⑥其他宗教　⑦无宗教信仰

16. 您母亲的宗教信仰：①道教　②佛教　③天主教
　　　　　　　　　　④基督（新）教　⑤伊斯兰教
　　　　　　　　　　⑥其他宗教　⑦无宗教信仰

17. 您的政治面貌：①无党派人士　②民主党派　③中共党员
　　　　　　　　④共青团员

18. 您父亲的政治面貌：①无党派人士　②民主党派　③中共党员
　　　　　　　　　　④共青团员

19. 您母亲的政治面貌：①无党派人士　②民主党派　③中共党员
　　　　　　　　　　④共青团员

*　　　　*　　　　*　　　　*　　　　*

如果您对调查问卷中涉及的问题有需要说明的地方或改进建议,请您填写在下面的空白处:

非常感谢您对国家社科基金项目研究工作的支持!

国家社科基金项目
"中国特色个体宗教心理发展研究"课题组

2012 年 11 月

---

2. 中国佛教徒个体宗教心理发展量表的编制

中国佛教徒个体宗教心理发展量表,将佛法信仰、修持实践、宗教体验和价值追求设定为测量的主要维度,分别考察佛教徒在这 4 个维度的个体宗教心理发展水平。该量表采用累加正向计分方式,分值为 1—5 分,依次对应"完全不符合""基本不符合""无法确定""基本符合"和"完全符合" 5 种程度。整个量表共计 33 个题目,其中佛法信仰分量表包括 9 个题目,修持实践分量表包括 9 个题目,宗教体验分量表包括 8 个题目,价值追求分量表包括 7 个题目。

下面摘要披露中国佛教徒个体宗教心理发展量表效度检验和信度检验的主要结果。

(1) 效度检验的主要结果

在量表的结构效度检验中,由于被试者样本人数大于 200 人,因此使用了验证性因素分析作为基本的检验手段,同时运用量表维度的相关矩阵分析加以佐证。对假设模型的验证性因素分析表明,各维度题目的因子负荷均高于 0.3,符合研究假设(见图 2—1);对模型拟合度的进一步考察证明,主要的拟合指标也都达到心理测量学的要求(见表 2—3)。

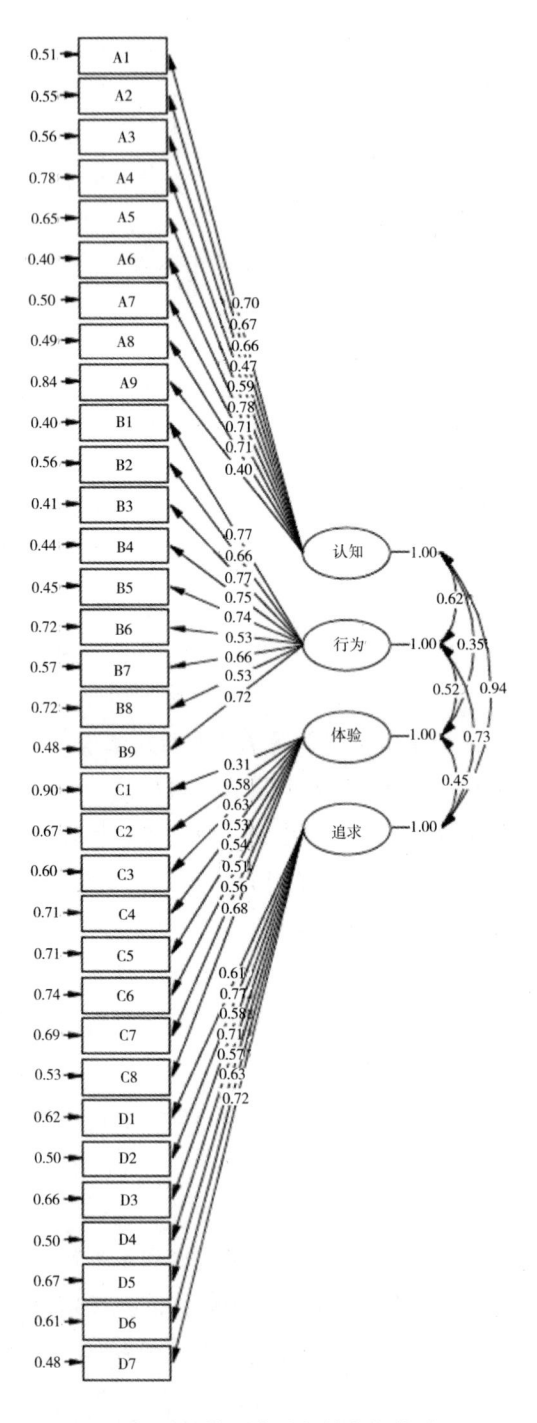

图 2—1　验证性因素分析的参数估计

表 2—3　　　　　　　　　　量表模型的主要拟合指标

	$\chi^{2/df}$	RMSEA	CFI	IFI	AGFI	NNFI	SRMR	PGFI
量表模型	2.34	0.079	0.94	0.94	0.72	0.94	0.096	0.66

量表维度的相关矩阵分析结果见表 2—4。

表 2—4　　　　　　　　量表维度的相关矩阵分析（r）

	佛法信仰	修持实践	宗教体验	价值追求
修持实践	0.488**			
宗教体验	0.281**	0.489**		
价值追求	0.778**	0.613**	0.400**	
量表总分	0.747**	0.862**	0.714**	0.835**

注：** $p < 0.01$。

在内容效度的检验中，邀请了相关专家、同专业研究生、出家僧人和在家居士，就项目的适宜性和可读性进行了评估，并根据评估意见进行了认真修改。在一对一的试测过程中，量表题目的反馈信息表明，其内容效度令人满意。

实证效度的检验也达到了心理测量学的要求。其中，以所受戒律为实证效标，发现量表总分与戒律层级（未受戒、五戒、十戒、具足戒，赋值依次递增）存在非常显著的正相关（$r = 0.242, p < 0.01$）。

（2）信度检验的主要结果

该量表的内部一致性系数（α）见表 2—5。

表 2—5　　　　　　　　内部一致性信度的检验结果

	佛法信仰	修持实践	宗教体验	价值追求	量表总分
α	0.834	0.883	0.772	0.825	0.918

该量表的重测信度也达到心理测量学的要求（见表 2—6）。

表2—6　　　　　　　间隔2周的重测相关系数（r）

佛法信仰	修持实践	宗教体验	价值追求	量表总分
0.853**	0.746**	0.691**	0.734**	0.874**

注：$n = 38$；**$p < 0.01$。

总之，以上心理测量学主要指标的检验结果证明，课题组编制的中国佛教徒个体宗教心理发展量表，是一个符合中国佛教文化背景和标准化程度较高的测量工具，其施测的适宜对象为具有小学高年级以上阅读能力的信仰佛教人群。

下面是中国佛教徒个体宗教心理发展量表的全文。

国家社科基金调查问卷

指导语

尊敬的佛弟子：

现在请您参加国家社科基金关于宗教心理学项目的一项研究，恳请得到您的协助。问卷中的答案没有对错、好坏之分，所得信息仅供学术研究使用。请您仔细阅读问卷的描述，按照完全符合、基本符合、无法确定、基本不符合、完全不符合5个等级，在备选答案中打钩（√）。下面是一个例子。

　　　　　　　　　　　　　　　完全　基本　无法　基本　完全
　　　　　　　　　　　　　　　符合　符合　确定　不符合　不符合
我相信佛陀是具有无上智慧和圆满觉悟的人。
　　　　　　　　　　　　　　（　）（√）（　）（　）　（　）

下面开始答题，请一定不要漏掉其中的题目。

完全 基本 无法 基 本 完 全
符合 符合 确定 不符合 不符合

佛法信仰

1. 我相信佛法是最高的真理。　　　（　）（　）（　）（　）　（　）
2. 我相信六道轮回。　　　　　　　（　）（　）（　）（　）　（　）
3. 我相信人人都可证悟涅槃，达到圆满境界。
　　　　　　　　　　　　　　　　（　）（　）（　）（　）　（　）
4. 我相信佛具有无上的智慧功德。　（　）（　）（　）（　）　（　）
5. 我相信因果报应。　　　　　　　（　）（　）（　）（　）　（　）
6. 我相信人死后一了百了。　　　　（　）（　）（　）（　）　（　）
7. 我相信一切事物都是"无常、无我"的。
　　　　　　　　　　　　　　　　（　）（　）（　）（　）　（　）
8. 我相信存在没有烦恼的极乐世界或净土。
　　　　　　　　　　　　　　　　（　）（　）（　）（　）　（　）
9. 我相信世上的所有事物都是暂时的、有条件的。
　　　　　　　　　　　　　　　　（　）（　）（　）（　）　（　）

修持实践

10. 我每天做佛门功课。　　　　　　（　）（　）（　）（　）　（　）
11. 我每天供养、礼拜佛或菩萨。　　（　）（　）（　）（　）　（　）
12. 我每天向佛或菩萨祈祷或忏悔。　（　）（　）（　）（　）　（　）
13. 我每天研读、思考或请教、听讲经文。
　　　　　　　　　　　　　　　　（　）（　）（　）（　）　（　）
14. 我每月参加道场举行的修行活动或仪式。
　　　　　　　　　　　　　　　　（　）（　）（　）（　）　（　）
15. 我每周为别人施舍财物或义务服务。（　）（　）（　）（　）　（　）
16. 我每天坐禅、念佛或修习其他止观法门。
　　　　　　　　　　　　　　　　（　）（　）（　）（　）　（　）
17. 我每天诵念佛经或咒语。　　　　（　）（　）（　）（　）　（　）
18. 我每周为别人宣讲佛法。　　　　（　）（　）（　）（　）　（　）

宗教体验

19. 我多次感到好像融化在一股巨大的平静或光明里。
( )( )( )( )   ( )

20. 我多次清晰地见到地狱、天界或佛国的景象。
( )( )( )( )   ( )

21. 我多次凭空见到/听到佛或菩萨的形象/声音。
( )( )( )( )   ( )

22. 我多次感到佛法比语言文字所表达的更加真实。
( )( )( )( )   ( )

23. 我没有感到佛法比语言文字所表达的更加真实。
( )( )( )( )   ( )

24. 我曾经感到眼前的世界突然变得完全不一样了。
( )( )( )( )   ( )

25. 我多次有入定的体验。   ( )( )( )( )   ( )
26. 我有过仿佛突然开悟的体验。   ( )( )( )( )   ( )

价值追求

27. 奉行十善对我很重要。   ( )( )( )( )   ( )
28. 证悟缘起性空对我很重要。   ( )( )( )( )   ( )
29. 行善止恶、积累功德对我很重要。( )( )( )( )   ( )
30. 消灭烦恼、解脱成佛对我很重要。( )( )( )( )   ( )
31. 破除执着、获得觉悟对我不重要。( )( )( )( )   ( )
32. 让尽量多的人获得快乐对我很重要。( )( )( )( ) ( )
33. 守持戒律对我很重要。   ( )( )( )( )   ( )

最后请您匿名填写个人的基本资料（除自填项目外，其他均在选项后打钩）：

1. 您的民族（请自填）：
2. 您父亲的民族（请自填）：
3. 您母亲的民族（请自填）：
4. 您的性别：①男　②女
5. 您的户籍所在地：①城镇　②农村
6. 您的年龄：①10岁以下　②11—20岁　③21—30岁　④31—40岁
　　　　　　⑤41—50岁　⑥51—60岁　⑦61—70岁　⑧71—80岁
　　　　　　⑨81—90岁　⑩90岁以上
7. 您的身份或职业：①农民　②工业企业员工　③商贸企业员工
　　　　　　　　　④教师　⑤科研人员　⑥医护人员
　　　　　　　　　⑦律师　⑧文化事业单位员工
　　　　　　　　　⑨军人或警务人员　⑩公务员
　　　　　　　　　⑪自由职业者　⑫学生
　　　　　　　　　⑬城镇失业人员　⑭教职人士
　　　　　　　　　⑮其他
8. 您父亲的身份或职业（请自填）：
9. 您母亲的身份或职业（请自填）：
10. 您的婚姻状况：①未婚　②已婚　③离异　④丧偶
11. 您的受教育程度：①小学以下　②小学　③初中
　　　　　　　　　④高中（含中专、职高）　⑤大专　⑥本科
　　　　　　　　　⑦研究生
12. 您父亲的受教育程度（请自填）：
13. 您母亲的受教育程度（请自填）：
14. 您的皈依年限：①5年以下　②6—10年　③11—15年　④16—20年
　　　　　　　　⑤21—25年　⑥26—30年　⑦31—35年　⑧36—40年
　　　　　　　　⑨41—45年　⑩45年以上
15. 您父亲的宗教信仰：①道教　②佛教　③天主教
　　　　　　　　　　④基督（新）教　⑤伊斯兰教
　　　　　　　　　　⑥其他宗教　⑦无宗教信仰
16. 您母亲的宗教信仰：①道教　②佛教　③天主教
　　　　　　　　　　④基督（新）教　⑤伊斯兰教

⑥其他宗教　　　　⑦无宗教信仰

17. 您的政治面貌：　①无党派人士　②民主党派　③中共党员
　　　　　　　　　　④共青团员

18. 您父亲的政治面貌：①无党派人士　②民主党派　③中共党员
　　　　　　　　　　　④共青团员

19. 您母亲的政治面貌：①无党派人士　②民主党派　③中共党员
　　　　　　　　　　　④共青团员

*　　　　*　　　　*　　　　*　　　　*

如果您对调查问卷中涉及的问题有需要说明的地方或改进建议，请您填写在下面的空白处：

非常感谢您对国家社科基金项目研究工作的支持！

国家社科基金项目
"中国特色个体宗教心理发展研究"课题组

2012 年 11 月

3. 中国穆斯林个体宗教心理发展量表的编制

中国穆斯林个体宗教心理发展量表，将真主信仰、神秘体验、价值追求和寺院参与设定为测量的主要维度，分别考察穆斯林在这 4 个维度的个体宗教心理发展水平。该量表采用累加计分方式，分值为 1—5 分，依次对应"完全不符合""基本不符合""无法确定""基本符合"和"完全符合" 5 种程度。按照正向题（肯定性叙述题目）和反向题（否定性叙述题目）两种不同的方向分别计算分数，即正向题中，完全符合为 5 分，基本符合为 4 分，无法确定为 3 分，基本不符合为 2 分，完全不符合为 1 分；反向题中，完全符合为 1 分，基本符合为 2 分，无法确定为 3 分，基本不符合为4分,完全不符合为5分。整个量表共计28个题目,其中真主信仰分量表包括9个题目,神秘体验分量表包括6个题目,价值追求分量表包括6个题目,寺院参与分量表包括7个题目。

下面摘要披露中国穆斯林个体宗教心理发展量表效度检验和信度检验的主要结果。

（1）效度检验的主要结果

在结构效度的检验中,由于被试者样本人数大于200人,因此使用了验证性因素分析作为基本的检验手段,同时运用量表维度的相关矩阵分析加以佐证。验证性因素分析的参数估计结果见图2—2。对模型拟合度的进一步考察结果见表2—7。

表2—7　　　　　　　　量表模型的主要拟合指标

RMSEA	χ^{2}/df	IFI	GFI	CFI	NFI	NNFI	SRMR
0.085	1.70	0.93	0.87	0.93	0.93	0.92	0.079

量表维度的相关矩阵分析结果见表2—8。

表2—8　　　　　　量表维度的相关矩阵分析（r）

	寺院参与	真主信仰	神秘体验	价值追求
真主信仰	0.392**			
神秘体验	0.456**	0.513**		
价值追求	0.451**	0.634**	0.336**	
量表总分	0.671**	0.746**	0.697**	0.752**

注：**$p < 0.01$。

在内容效度的检验中,邀请宗教心理学专家与相关专业研究生进行了题目内容的评估,根据评估意见对部分题目进行了调整,此外还对题目设置的合理性和所用语言的可理解性做了修改。

在效标效度的检验中,使用浙江师范大学尚艳娜2009年编制的穆斯林中学生宗教性量表[1]作为效标,计算量表与穆斯林中学生宗教性量表得

---

[1] 尚艳娜：《穆斯林中学生的宗教性：结构与测量》，硕士学位论文，浙江师范大学，2009年，第22—27页。

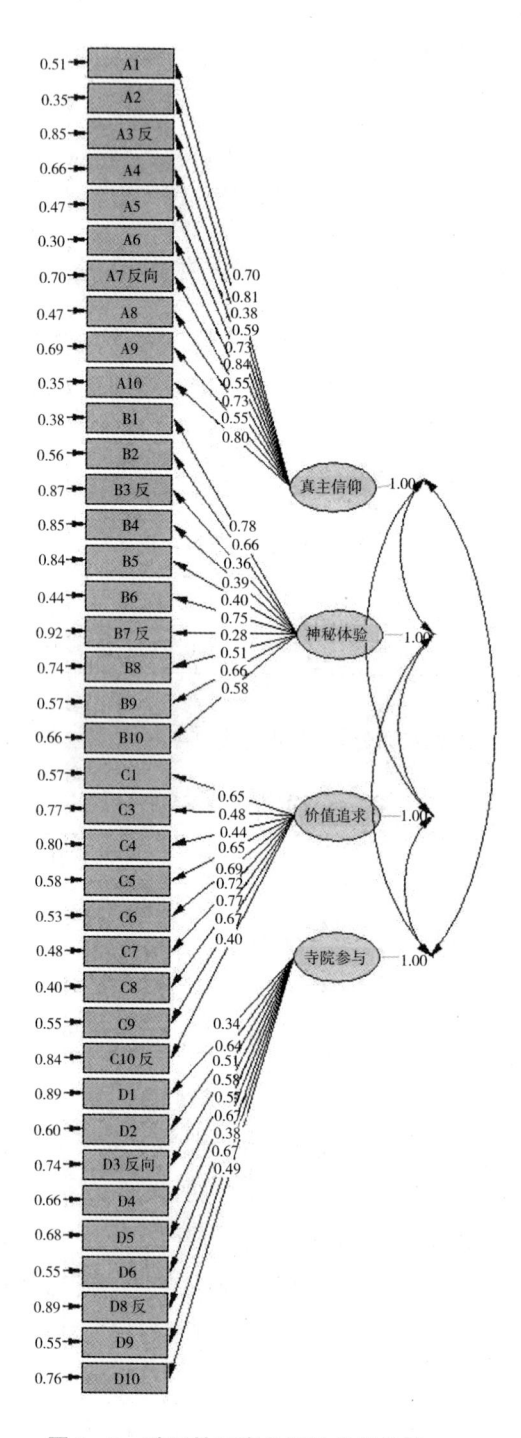

64 中国特色个体宗教心理发展研究

图 2—2 验证性因素分析的参数估计

分之间的相关系数,结果发现两者之间呈现非常显著的正相关,相关系数达到 0.893 ($p < 0.001$),说明本量表具有令人满意的效标效度。

(2) 信度检验的主要结果

本量表内部一致性信度检验的结果见表 2—9。

表 2—9　　　　　　内部一致性信度的检验结果

	量表总分	真主信仰	神秘体验	价值追求	寺院参与
α	0.916	0.870	0.837	0.846	0.737

注:$N = 388$。

本量表间隔 4 周的重测信度检验结果见表 2—10。

表 2—10　　　　　间隔 4 周的重测相关系数 (r)

n	量表总分	真主信仰	神秘体验	价值追求	寺院参与
40	0.882**	0.871**	0.829**	0.713**	0.751**

注:** $p < 0.01$。

总之,以上心理测量学主要指标的检验结果证明,课题组编制的中国穆斯林个体宗教心理发展量表,是一个符合中国穆斯林文化背景和标准化程度较高的测量工具,其施测的适宜对象为具有小学高年级以上阅读能力的信仰伊斯兰教人群。

下面是中国穆斯林个体宗教心理发展量表的全文。

国家社科基金调查问卷

指导语

尊敬的穆斯林:

现在请您参加国家社科基金关于宗教心理学项目的一项研究,恳请得到您的协助。问卷中的答案没有对错、好坏之分,所得信息仅供学术研究使用。请您仔细阅读问卷的描述,按照完全符合、基本符合、无法确定、基本不符合、完全不符合 5 个等级,在备选答案中打钩 (√)。下面是一个例子。

	完全符合	基本符合	无法确定	基本不符合	完全不符合
我相信真主是唯一至上的主宰。	( )	(√)	( )	( )	( )

下面开始答题，请一定不要漏掉其中的题目。

	完全符合	基本符合	无法确定	基本不符合	完全不符合

真主信仰

1. 我相信真主是唯一至上的主宰。 ( ) ( ) ( ) ( ) ( )
2. 我相信真主无所不知，创造一切。 ( ) ( ) ( ) ( ) ( )
3. 我相信世界上存在天使。 ( ) ( ) ( ) ( ) ( )
4. 我相信穆罕默德是主的使者，也是最后一位先知。
    ( ) ( ) ( ) ( ) ( )
5. 我相信世间的一切都是真主事前预定的。
    ( ) ( ) ( ) ( ) ( )
6. 我不相信安拉预定并引导一切。 ( ) ( ) ( ) ( ) ( )
7. 我相信真主会在审判日审判每个人。 ( ) ( ) ( ) ( ) ( )
8. 我相信行善的人入天堂，作恶的人下地狱。
    ( ) ( ) ( ) ( ) ( )
9. 我相信《古兰经》是最神圣、可靠、完整的经典。
    ( ) ( ) ( ) ( ) ( )

神秘体验

10. 我在念诵清真言时感受到真主的威严与力量。
    ( ) ( ) ( ) ( ) ( )
11. 我在做礼拜时感受到与真主在一起。( ) ( ) ( ) ( ) ( )
12. 我在穆斯林节庆时感受到真主带来的光明。
    ( ) ( ) ( ) ( ) ( )

13. 我在听阿訇讲道时感受到自信和安宁。
　　　　　　　　　　　　　　　　　（　）（　）（　）（　）　（　）
14. 我在斋戒时感受到对真主的敬畏。（　）（　）（　）（　）　（　）
15. 我在行善施舍时感受到真主的赞念。（　）（　）（　）（　）　（　）

价值追求

16. 我皈依真主是为了坚持公平正义。（　）（　）（　）（　）　（　）
17. 我皈依真主是为了灵魂的自我净化。（　）（　）（　）（　）　（　）
18. 我皈依真主是为了获得平安和宁静。（　）（　）（　）（　）　（　）
19. 我皈依真主是为了更好地孝敬长辈。（　）（　）（　）（　）　（　）
20. 我皈依真主是为了更好地帮助别人。（　）（　）（　）（　）　（　）
21. 我皈依真主是为了济贫行善。　　（　）（　）（　）（　）　（　）

寺院参与

22. 我能够履行封斋的功课。　　　　（　）（　）（　）（　）　（　）
23. 我没有履行封斋的功课。　　　　（　）（　）（　）（　）　（　）
24. 我能够在违背教规时向真主忏悔。（　）（　）（　）（　）　（　）
25. 我定期参加捐助慈善活动。　　　（　）（　）（　）（　）　（　）
26. 我能够按照《古兰经》的指引完纳天课。
　　　　　　　　　　　　　　　　　（　）（　）（　）（　）　（　）
27. 我能够遵守不食猪肉的禁忌。　　（　）（　）（　）（　）　（　）
28. 我按时参加开斋节庆典活动。　　（　）（　）（　）（　）　（　）

最后请您匿名填写个人的基本资料（除自填项目外，其他均在选项后打钩）：

1. 您的民族（请自填）：
2. 您父亲的民族（请自填）：

3. 您母亲的民族（请自填）：

4. 您的性别：①男　　②女

5. 您的户籍所在地：①城镇　　②农村

6. 您的年龄：①10岁以下　②11—20岁　③21—30岁　④31—40岁　⑤41—50岁　⑥51—60岁　⑦61—70岁　⑧71—80岁　⑨81—90岁　⑩90岁以上

7. 您的身份或职业：①农民　　②工业企业员工　　③商贸企业员工　　④教师　　⑤科研人员　　⑥医护人员　　⑦律师　　⑧文化事业单位员工　　⑨军人或警务人员　　⑩公务员　　⑪自由职业者　　⑫学生　　⑬城镇失业人员　　⑭教职人士　　⑮其他

8. 您父亲的身份或职业（请自填）：

9. 您母亲的身份或职业（请自填）：

10. 您的婚姻状况：①未婚　　②已婚　　③离异　　④丧偶

11. 您的受教育程度：①小学以下　　②小学　　③初中　　④高中（含中专、职高）　　⑤大专　　⑥本科　　⑦研究生

12. 您父亲的受教育程度（请自填）：

13. 您母亲的受教育程度（请自填）：

14. 您的皈依年限：①5年以下　②6—10年　③11—15年　④16—20年　⑤21—25年　⑥26—30年　⑦31—35年　⑧36—40年　⑨41—45年　⑩45年以上

15. 您父亲的宗教信仰：①道教　　②佛教　　③天主教　　④基督（新）教　　⑤伊斯兰教　　⑥其他宗教　　⑦无宗教信仰

16. 您母亲的宗教信仰：①道教　　②佛教　　③天主教　　④基督（新）教　　⑤伊斯兰教　　⑥其他宗教　　⑦无宗教信仰

17. 您的政治面貌：①无党派人士　　②民主党派　　③中共党员

④共青团员
18. 您父亲的政治面貌：①无党派人士　②民主党派　③中共党员
④共青团员
19. 您母亲的政治面貌：①无党派人士　②民主党派　③中共党员
④共青团员

*　　　　*　　　　*　　　　*　　　　*

如果您对调查问卷中涉及的问题有需要说明的地方或改进建议，请您填写在下面的空白处：

非常感谢您对国家社科基金项目研究工作的支持！

国家社科基金项目
"中国特色个体宗教心理发展研究"课题组

2012 年 11 月

4. 中国天主教徒个体宗教心理发展量表的编制

中国天主教徒个体宗教心理发展量表，将天主信仰、超然体验、价值追求和制度性参与设定为测量的主要维度，分别考察天主教徒在这 4 个维度的个体宗教心理发展水平。该量表采用累加正向计分方式，分值为 1—5 分，依次对应"完全不符合""基本不符合""无法确定""基本符合"和"完全符合"5 种程度，其中完全不符合为 1 分，基本不符合为 2 分，无法确定为 3 分，基本符合为 4 分，完全符合为 5 分。整个量表共计 28 个题目，其中天主信仰分量表包括 6 个题目，超然体验分量表包括 7 个题目，价值追求分量表包括 7 个题目，制度性参与分量表包括 8 个题目。

下面摘要披露中国天主教徒个体宗教心理发展量表效度检验和信度检验的主要结果。

(1) 效度检验的主要结果

在结构效度的检验中，由于被试者样本人数大于 200 人，因此使用了验证性因素分析作为基本的检验手段，同时运用量表维度的相关矩阵分析加以佐证。验证性因素分析的参数估计结果见图 2—3。对模型拟合度的进一步考察结果见表 2—11。

表 2—11　　　　　　　　量表模型的主要拟合指标

RMSEA	CFI	IFI	GFI	AGFI	NFI	NNFI	SRMR
0.078	0.85	0.85	0.73	0.70	0.76	0.84	0.092

量表维度的相关矩阵分析结果见表 2—12。

表 2—12　　　　　　　量表维度的相关矩阵分析（r）

	天主信仰	超然体验	价值追求	制度性参与
超然体验	0.448**			
价值追求	0.145**	0.426**		
制度性参与	0.256**	0.410**	0.419**	
量表总分	0.538**	0.720**	0.767**	0.769**

注：** $p < 0.01$。

在内容效度的检验中，邀请心理学专业的教授和研究生对量表题目进行了评估，并请天主教神父和教友对题目内容加以审定，随后在反馈信息的基础上对量表题目作了修改和补充，确保了量表内容的可靠性。

在实证效度的检验中，课题组向神父询问被测查教友的日常表现，如是否按时做弥撒，是否经常参加教会组织的活动等，神父对此认真进行了比对，证明量表中的回答与日常宗教生活中的表现吻合，从而证明了量表测查的有效性。

(2) 信度检验的主要结果

本量表内部一致性信度检验的结果见表 2—13。

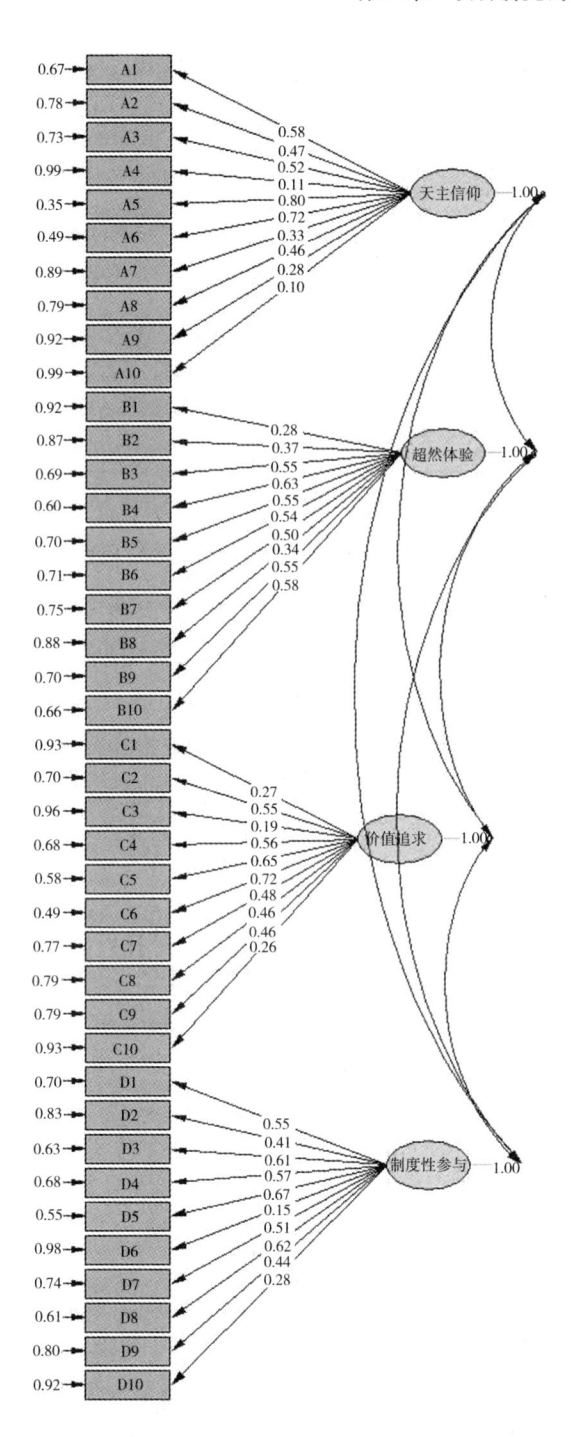

图 2—3 验证性因素分析的参数估计

表 2—13　　　　　　　内部一致性信度的检验结果

	量表总分	天主信仰	超然体验	价值追求	制度性参与
α	0.726	0.550	0.504	0.437	0.593

注：$N = 154$。

本量表间隔两周的重测信度检验结果见表 2—14。

表 2—14　　　　　　间隔两周的重测相关系数 (r)

n	量表总分	天主信仰	超然体验	价值追求	制度性参与
32	0.723**	0.658**	0.621**	0.579**	0.575**

注：** $p < 0.01$。

总之，以上心理测量学主要指标的检验结果证明，课题组编制的中国天主教徒个体宗教心理发展量表，是一个符合中国天主教文化背景和标准化程度较高的测量工具，其施测的适宜对象为具有小学高年级以上阅读能力的信仰天主教人群。

下面是中国天主教徒个体宗教心理发展量表的全文。

国家社科基金调查问卷

指导语

尊敬的教友：

现在请您参加国家社科基金关于宗教心理学项目的一项研究，恳请得到您的协助。问卷中的答案没有对错、好坏之分，所得信息仅供学术研究使用。请您仔细阅读问卷的描述，按照完全符合、基本符合、无法确定、基本不符合、完全不符合5个等级，在备选答案中打钩（√）。下面是一个例子。

完全　基本　无法　基　本　完　全
符合　符合　确定　不符合　不符合

我相信天主是圣父、圣子、圣神三位一体。

（　）（√）（　）（　）　（　）

下面开始答题，请一定不要漏掉其中的题目。

完全　基本　无法　基　本　完　全
符合　符合　确定　不符合　不符合

天主信仰

1. 我相信天主是圣父、圣子、圣神三位一体。

（　）（　）（　）（　）　（　）

2. 我相信圣父是宇宙万物的创造者和主宰。

（　）（　）（　）（　）　（　）

3. 我相信圣子耶稣能拯救世人摆脱原罪，死后永生。

（　）（　）（　）（　）　（　）

4. 我相信圣神来自圣父、圣子，是赋予生命之神。

（　）（　）（　）（　）　（　）

5. 我相信耶稣基督由童贞玛利亚取得肉身而成为人。

（　）（　）（　）（　）　（　）

6. 我相信有罪罚的人经过炼狱受苦可以升入天堂。

（　）（　）（　）（　）　（　）

超然体验

7. 我在坚振礼时感受到圣神降临到自己身上。

（　）（　）（　）（　）　（　）

8. 我在望弥撒时感受到天主的仁慈和大爱。

（　）（　）（　）（　）　（　）

9. 我在告解忏悔时感受到天主的宽恕和期待。

（　）（　）（　）（　）　（　）

10. 我在集体诵经时感受到天主的威严与神圣。
　　　　　　　　　　　　　　　（　）（　）（　）（　）　（　）
11. 我在为亡灵祈祷时感受到他（或她）已经得到天主救赎。
　　　　　　　　　　　　　　　（　）（　）（　）（　）　（　）
12. 我在凝视耶稣苦像时感受到灵魂在泪水中流淌。
　　　　　　　　　　　　　　　（　）（　）（　）（　）　（　）
13. 我在瞻仰玛丽亚像时感受到圣母的纯洁与谦逊。
　　　　　　　　　　　　　　　（　）（　）（　）（　）　（　）

价值追求

14. 我信靠天主是为了消除人世间的丑恶。
　　　　　　　　　　　　　　　（　）（　）（　）（　）　（　）
15. 我信靠天主是为了弃恶扬善，净化心灵。
　　　　　　　　　　　　　　　（　）（　）（　）（　）　（　）
16. 我信靠天主是为了内心平衡，保持安宁。
　　　　　　　　　　　　　　　（　）（　）（　）（　）　（　）
17. 我信靠天主是为了效法圣母玛利亚的榜样。
　　　　　　　　　　　　　　　（　）（　）（　）（　）　（　）
18. 我信靠天主是为了分享兄弟姊妹的帮助。
　　　　　　　　　　　　　　　（　）（　）（　）（　）　（　）
19. 我信靠天主是为了修心养性，获得幸福。
　　　　　　　　　　　　　　　（　）（　）（　）（　）　（　）
20. 我信靠天主是为了得到庇护，摆脱苦难。
　　　　　　　　　　　　　　　（　）（　）（　）（　）　（　）

制度性参与

21. 我按时参加教堂主日弥撒祭典。（　）（　）（　）（　）（　）
22. 我经常参加教堂月首星期五敬礼。（　）（　）（　）（　）（　）
23. 我积极参加教堂复活节圣周典礼。（　）（　）（　）（　）（　）
24. 我虔诚地参加教堂圣体降福仪式。（　）（　）（　）（　）（　）
25. 我庄重地参加教会组织的丧葬礼仪。（　）（　）（　）（　）（　）
26. 我按照教会的礼仪年举行追思弥撒。（　）（　）（　）（　）（　）

27. 我定期参加教会组织的行善功活动。（ ）（ ）（ ）（ ）　（ ）
28. 我在家中供奉圣像。　　　　　　　（ ）（ ）（ ）（ ）　（ ）

最后请您匿名填写个人的基本资料（除自填项目外，其他均在选项后打钩）：

1. 您的民族（请自填）：
2. 您父亲的民族（请自填）：
3. 您母亲的民族（请自填）：
4. 您的性别：①男　　②女
5. 您的户籍所在地：①城镇　　②农村
6. 您的年龄：①10岁以下　②11—20岁　③21—30岁　④31—40岁
　　　　　　⑤41—50岁　⑥51—60岁　⑦61—70岁　⑧71—80岁
　　　　　　⑨81—90岁　⑩90岁以上
7. 您的身份或职业：①农民　　②工业企业员工　③商贸企业员工
　　　　　　　　　④教师　　⑤科研人员　　⑥医护人员
　　　　　　　　　⑦律师　　⑧文化事业单位员工
　　　　　　　　　⑨军人或警务人员　　　⑩公务员
　　　　　　　　　⑪自由职业者　　　　　⑫学生
　　　　　　　　　⑬城镇失业人员　　　　⑭教职人士
　　　　　　　　　⑮其他
8. 您父亲的身份或职业（请自填）：
9. 您母亲的身份或职业（请自填）：
10. 您的婚姻状况：①未婚　　②已婚　　③离异　　④丧偶
11. 您的受教育程度：①小学以下　　②小学　　③初中
　　　　　　　　　④高中（含中专、职高）　⑤大专　⑥本科
　　　　　　　　　⑦研究生
12. 您父亲的受教育程度（请自填）：
13. 您母亲的受教育程度（请自填）：

14. 您的皈依年限：①5年以下　②6—10年　③11—15年　④16—20年
　　　　　　　　　⑤21—25年　⑥26—30年　⑦31—35年　⑧36—40年
　　　　　　　　　⑨41—45年　⑩45年以上

15. 您父亲的宗教信仰：①道教　　②佛教　　③天主教
　　　　　　　　　　④基督（新）教　　⑤伊斯兰教
　　　　　　　　　　⑥其他宗教　　　　⑦无宗教信仰

16. 您母亲的宗教信仰：①道教　　②佛教　　③天主教
　　　　　　　　　　④基督（新）教　　⑤伊斯兰教
　　　　　　　　　　⑥其他宗教　　　　⑦无宗教信仰

17. 您的政治面貌：　　①无党派人士　　②民主党派　　③中共党员
　　　　　　　　　　④共青团员

18. 您父亲的政治面貌：①无党派人士　　②民主党派　　③中共党员
　　　　　　　　　　④共青团员

19. 您母亲的政治面貌：①无党派人士　　②民主党派　　③中共党员
　　　　　　　　　　④共青团员

　　　　＊　　　　＊　　　　＊　　　　＊　　　　＊

如果您对调查问卷中涉及的问题有需要说明的地方或改进建议，请您填写在下面的空白处：

非常感谢您对国家社科基金项目研究工作的支持！

　　　　　　　　　　　　　　　国家社科基金项目
　　　　　　　　　　　　"中国特色个体宗教心理发展研究"课题组

　　　　　　　　　　　　　　　　　　2012年11月

5. 中国基督徒个体宗教心理发展量表的编制

中国基督徒个体宗教心理发展量表，将上帝信仰、超然体验、价值追求和制度性参与设定为测量的主要维度,分别考察基督徒在这 4 个维度的个体宗教心理发展水平。该量表采用累加正向计分方式,分值为 1—5 分,依次对应"完全不符合""基本不符合""无法确定""基本符合"和"完全符合"5 种程度,其中完全不符合为 1 分,基本不符合为 2 分,无法确定为 3 分,基本符合为 4 分,完全符合为 5 分。整个量表共计 28 个题目,其中上帝信仰分量表包括 7 个题目,超然体验分量表包括 7 个题目,价值追求分量表包括 7 个题目,制度性参与分量表包括 7 个题目。

下面摘要披露中国基督徒个体宗教心理发展量表效度检验和信度检验的主要结果。

(1) 效度检验的主要结果

在结构效度的检验中,由于被试者样本人数大于 100 人(N = 118),因此使用了验证性因素分析作为基本的检验手段,[①] 同时运用量表维度的相关矩阵分析加以佐证。验证性因素分析的参数估计结果见图 2—4。对模型拟合度的进一步考察结果见表 2—15。

表 2—15　　　　　　　　量表模型的主要拟合指标

RMSEA	CFI	IFI	GFI	AGFI	NFI	PGFI	NNFI	SRMR
0.078	0.91	0.89	0.90	0.87	0.83	0.60	0.90	0.042

量表维度的相关矩阵分析结果见表 2—16。

表 2—16　　　　　　　量表维度的相关矩阵分析 (r)

	上帝信仰	超然体验	价值追求	制度性参与
超然体验	0.474**			
价值追求	0.379**	0.524**		
制度性参与	0.482**	0.545**	0.607**	
量表总分	0.681**	0.791**	0.833**	0.848**

注：**p < 0.01。

[①] 通常认为验证性因素分析的样本人数在 200 人以上,统计处理的效果更为理想;但也有学者认为,验证性因素分析样本的最低人数只要达到 100 人,便可达到统计检验的要求。本研究采纳了后者的意见。

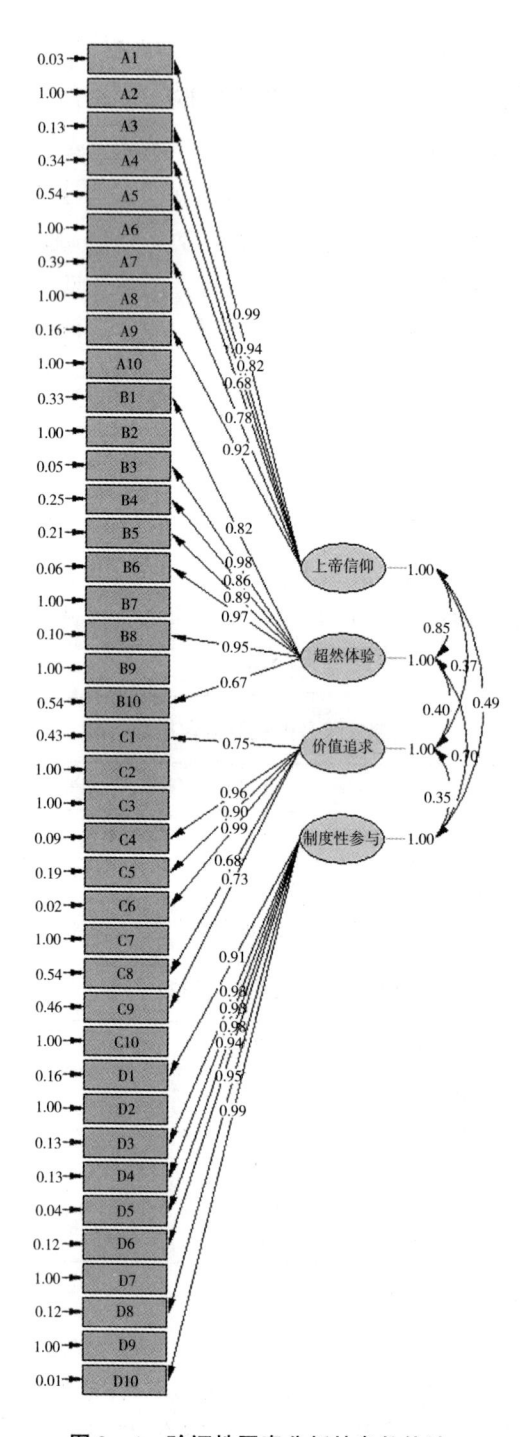

图 2—4　验证性因素分析的参数估计

在内容效度的检验中，邀请心理学专家和同专业研究生对量表题目进行了评估，并请基督教牧师和团契中的教友对题目内容加以审核，随后在反馈信息的基础上，对量表题目做了修改和补充。

在实证效度的检验中，除了由牧师对照受测教友的分数进行吻合度评估外，还使用浙江师范大学沈洋 2007 年翻译的"圣克拉克宗教信仰强度问卷"，① 进行效标效度的检验，结果发现本量表和圣克拉克宗教信仰强度问卷之间的相关系数为 0.822（$n = 20, p < 0.001$），达到非常显著的水平。

（2）信度检验的主要结果

本量表内部一致性信度检验的结果见表 2—17。

表 2—17　　　　　　　　内部一致性信度的检验结果

	量表总分	上帝信仰	超然体验	价值追求	制度性参与
α	0.891	0.704	0.765	0.747	0.802

注：$N = 118$。

本量表间隔 3 周的重测信度检验结果见表 2—18。

表 2—18　　　　　　　　间隔 3 周的重测相关系数（r）

n	量表总分	上帝信仰	超然体验	价值追求	制度性参与
36	0.917**	0.839**	0.588**	0.610**	0.815**

注：**$p < 0.01$。

总之，以上心理测量学主要指标的检验结果证明，课题组编制的中国基督徒个体宗教心理发展量表，是一个符合中国基督教文化背景和标准化程度较高的测量工具，其施测的适宜对象为具有小学高年级以上阅读能力的信仰基督教人群。

下面是中国基督徒个体宗教心理发展量表的全文。

---

① 沈洋：《基督徒的宗教性：概念、结构和测量》，硕士学位论文，浙江师范大学，2007年，第 66 页。

国家社科基金调查问卷

指导语

尊敬的教友：

　　现在请您参加国家社科基金关于宗教心理学项目的一项研究，恳请得到您的协助。问卷中的答案没有对错、好坏之分，所得信息仅供学术研究使用。请您仔细阅读问卷的描述，按照完全符合、基本符合、无法确定、基本不符合、完全不符合5个等级，在备选答案中打钩（√）。下面是一个例子。

　　　　　　　　　　　　　　　　　　完全　基本　无法　基　本　完　全
　　　　　　　　　　　　　　　　　　符合　符合　确定　不符合　不符合

我相信上帝是宇宙万物的创造者和主宰。

　　　　　　　　　　　　　　　　　　（　）（√）（　）（　）　（　）

下面开始答题，请一定不要漏掉其中的题目。

　　　　　　　　　　　　　　　　　　完全　基本　无法　基　本　完　全
　　　　　　　　　　　　　　　　　　符合　符合　确定　不符合　不符合

上帝信仰

1. 我相信上帝是宇宙万物的创造者和主宰。
　　　　　　　　　　　　　　　　　　（　）（　）（　）（　）　（　）
2. 我相信上帝是圣父、圣子、圣灵三位一体。
　　　　　　　　　　　　　　　　　　（　）（　）（　）（　）　（　）
3. 我相信耶稣基督能拯救世人摆脱原罪，死后永生。
　　　　　　　　　　　　　　　　　　（　）（　）（　）（　）　（　）
4. 我相信因信称义，凭恩典就可得救。（　）（　）（　）（　）　（　）
5. 我相信《圣经》是教义的唯一来源。（　）（　）（　）（　）　（　）

6. 我相信上帝会在每个人死后审判他们。
　　　　　　　　　　　　　　( ) ( ) ( ) ( )　　( )
7. 我相信有罪罚的人经过地狱受苦能升入天堂。
　　　　　　　　　　　　　　( ) ( ) ( ) ( )　　( )

超然体验

8. 我在受洗时感受到自己罪恶解脱并获得重生。
　　　　　　　　　　　　　　( ) ( ) ( ) ( )　　( )
9. 我在领圣餐时感受到与上帝同在。　( ) ( ) ( ) ( )　　( )
10. 我在团契时感受到上帝的仁慈和大爱。
　　　　　　　　　　　　　　( ) ( ) ( ) ( )　　( )
11. 我在忏悔时感受到上帝的宽恕和期待。
　　　　　　　　　　　　　　( ) ( ) ( ) ( )　　( )
12. 我在读经时感受到上帝的威严与神圣。
　　　　　　　　　　　　　　( ) ( ) ( ) ( )　　( )
13. 我在听布道时感受到人生得到拯救。( ) ( ) ( ) ( )　　( )
14. 我在唱赞美诗时感受到上帝的荣耀。( ) ( ) ( ) ( )　　( )

价值追求

15. 我信靠上帝是为了分享上帝永恒的生命。
　　　　　　　　　　　　　　( ) ( ) ( ) ( )　　( )
16. 我信靠上帝是为了寻找生命的意义。( ) ( ) ( ) ( )　　( )
17. 我信靠上帝是为了拯救沉沦的人类。( ) ( ) ( ) ( )　　( )
18. 我信靠上帝是为了内心宁静，得到安慰。
　　　　　　　　　　　　　　( ) ( ) ( ) ( )　　( )
19. 我信靠上帝是为了得到上帝恩惠。　( ) ( ) ( ) ( )　　( )
20. 我信靠上帝是为了获得兄弟姊妹的帮助。
　　　　　　　　　　　　　　( ) ( ) ( ) ( )　　( )
21. 我信靠上帝是为了解决生活中的困惑。
　　　　　　　　　　　　　　( ) ( ) ( ) ( )　　( )

制度性参与

22. 我每周去教堂做礼拜。　　　　　（　）（　）（　）（　）（　）
23. 我经常在教堂唱圣歌和赞美诗。　（　）（　）（　）（　）（　）
24. 我积极参加受难节感恩聚会。　　（　）（　）（　）（　）（　）
25. 我积极参加复活节庆祝活动。　　（　）（　）（　）（　）（　）
26. 我定期去听《圣经》讲解。　　　（　）（　）（　）（　）（　）
27. 我坚持参加教会的侍奉工作。　　（　）（　）（　）（　）（　）
28. 我经常参加教会组织的慈善活动。（　）（　）（　）（　）（　）

最后请您匿名填写个人的基本资料（除自填项目外，其他均在选项后打钩）：

1. 您的民族（请自填）：
2. 您父亲的民族（请自填）：
3. 您母亲的民族（请自填）：
4. 您的性别：①男　②女
5. 您的户籍所在地：①城镇　②农村
6. 您的年龄：①10岁以下　②11—20岁　③21—30岁　④31—40岁　⑤41—50岁　⑥51—60岁　⑦61—70岁　⑧71—80岁　⑨81—90岁　⑩90岁以上
7. 您的身份或职业：①农民　②工业企业员工　③商贸企业员工　④教师　⑤科研人员　⑥医护人员　⑦律师　⑧文化事业单位员工　⑨军人或警务人员　⑩公务员　⑪自由职业者　⑫学生　⑬城镇失业人员　⑭教职人士　⑮其他
8. 您父亲的身份或职业（请自填）：

9. 您母亲的身份或职业（请自填）：
10. 您的婚姻状况： ①未婚 ②已婚 ③离异 ④丧偶
11. 您的受教育程度：①小学以下 ②小学 ③初中
　　　　　　　　　④高中（含中专、职高） ⑤大专 ⑥本科
　　　　　　　　　⑦研究生
12. 您父亲的受教育程度（请自填）：
13. 您母亲的受教育程度（请自填）：
14. 您的皈依年限：①5年以下 ②6—10年 ③11—15年 ④16—20年
　　　　　　　　　⑤21—25年 ⑥26—30年 ⑦31—35年 ⑧36—40年
　　　　　　　　　⑨41—45年 ⑩45年以上
15. 您父亲的宗教信仰：①道教 ②佛教 ③天主教
　　　　　　　　　　④基督（新）教 ⑤伊斯兰教
　　　　　　　　　　⑥其他宗教 ⑦无宗教信仰
16. 您母亲的宗教信仰：①道教 ②佛教 ③天主教
　　　　　　　　　　④基督（新）教 ⑤伊斯兰教
　　　　　　　　　　⑥其他宗教 ⑦无宗教信仰
17. 您的政治面貌： ①无党派人士 ②民主党派 ③中共党员
　　　　　　　　　④共青团员
18. 您父亲的政治面貌：①无党派人士 ②民主党派 ③中共党员
　　　　　　　　　　④共青团员
19. 您母亲的政治面貌：①无党派人士 ②民主党派 ③中共党员
　　　　　　　　　　④共青团员

　　　　＊　　　　＊　　　　＊　　　　＊　　　　＊

　　如果您对调查问卷中涉及的问题有需要说明的地方或改进建议，请您填写在下面的空白处：

非常感谢您对国家社科基金项目研究工作的支持！

国家社科基金项目
"中国特色个体宗教心理发展研究"课题组

2012 年 11 月

6. 中国民间信仰个体宗教心理发展量表的编制

中国民间信仰个体宗教心理发展量表,将神灵信仰、神秘体验、价值追求和开放式参与设定为测量的主要维度,分别考察民间信仰者在这 4 个维度的个体宗教心理发展水平。该量表采用累加计分方式,分值为 1—5 分,依次对应"完全不符合""基本不符合""无法确定""基本符合"和"完全符合"5 种程度。按照正向题(肯定性叙述题目)和反向题(否定性叙述题目)两种不同的方向分别计算分数,即正向题中,完全符合为 5 分,基本符合为 4 分,无法确定为 3 分,基本不符合为 2 分,完全不符合为 1 分;反向题中,完全符合为 1 分,基本符合为 2 分,无法确定为 3 分,基本不符合为 4 分,完全不符合为 5 分。整个量表共计 28 个题目,其中神灵信仰分量表包括 8 个题目,神秘体验分量表包括 6 个题目,价值追求分量表包括 6 个题目,开放式参与分量表包括 8 个题目。

下面摘要披露中国民间信仰个体宗教心理发展量表效度检验和信度检验的主要结果。

(1)效度检验的主要结果

在本量表的结构效度检验中,由于被试者样本人数大于 200 人($N = 245$),因此使用了验证性因素分析作为基本的检验手段,同时运用量表维度的相关矩阵分析加以佐证。验证性因素分析的参数估计结果见图 2—5。对模型拟合度的进一步考察结果见表 2—19。

表 2—19　　　　　量表模型的主要拟合指标

$X^{2/df}$	NNFI	CFI	IFI	PGFI	GFI	SRMR
1.12	0.96	0.96	0.96	0.67	0.87	0.04

量表维度的相关矩阵分析结果见表 2—20。

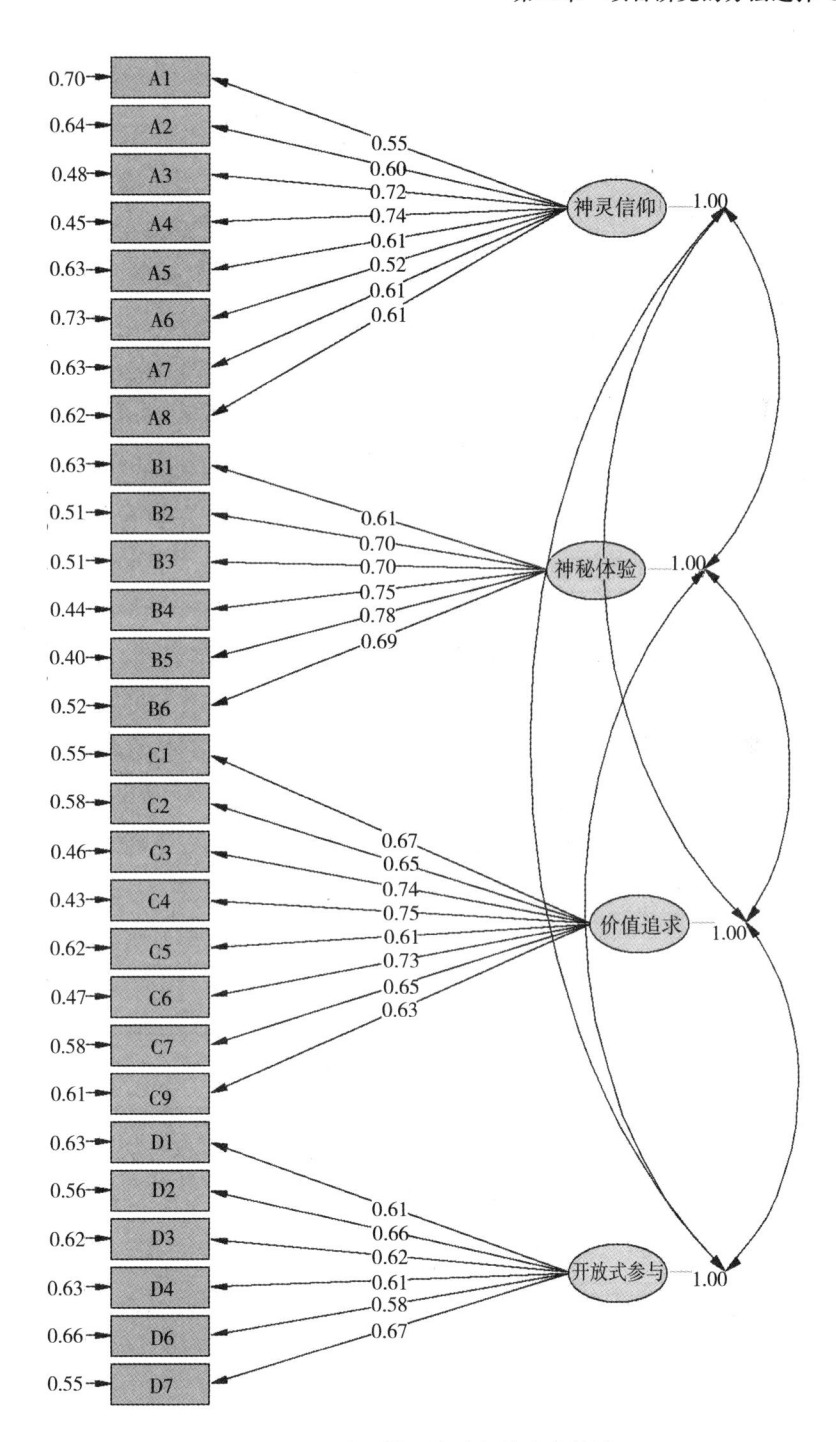

图 2—5 验证性因素分析的参数估计

表 2—20　　　　　　　　量表维度的相关矩阵分析 (r)

	神灵信仰	神秘体验	价值追求	开放式参与
神秘体验	0.775**			
价值追求	0.690**	0.849**		
开放式参与	0.599**	0.704**	0.761**	
量表总分	0.872**	0.931**	0.927**	0.837**

注：**$p < 0.01$。

在内容效度的检验中，最大限度地利用了国内外民间信仰方面的研究成果，借助浙江师范大学心理学系专家、研究生及随机抽取的被试者对量表的内容进行有效分析，随后在反馈信息的基础上对量表题目做了修改和补充。

在效标效度的检验中，使用浙江师范大学汪艺晴 2009 年编制的"中学生民间信仰量表",[1] 考察该量表与中国民间信仰个体宗教心理发展量表之间的相关程度，结果发现二者之间的相关系数达到 0.6 以上，差异非常显著（$n = 50, p < 0.01$）。

（2）信度检验的主要结果

本量表内部一致性信度检验的结果见表 2—21。

表 2—21　　　　　　　　内部一致性信度的检验结果

	量表总分	神灵信仰	神秘体验	价值追求	开放式参与
α	0.946	0.839	0.852	0.868	0.797

注：$N = 245$。

本量表间隔 3 周的重测信度检验结果见表 2—22。

表 2—22　　　　　　　　间隔 3 周的重测相关系数 (r)

n	量表总分	神灵信仰	神秘体验	价值追求	开放式参与
50	0.720**	0.805**	0.816**	0.832**	0.658**

注：**$p < 0.01$。

---

[1] 汪艺晴：《中学生的民间信仰：结构与测量》，硕士学位论文，浙江师范大学，2009 年，第 62—63 页。

总之，以上心理测量学主要指标的检验结果证明，本课题组编制的中国民间信仰个体宗教心理发展量表是一个符合中国民间信仰文化背景和标准化程度较高的测量工具，其施测的适宜对象为具有小学高年级以上阅读能力的民间信仰人群。

下面是中国民间信仰个体宗教心理发展量表的全文。

国家社科基金调查问卷

指导语

尊敬的受访者：

现在请您参加国家社科基金关于宗教心理学项目的一项研究，恳请得到您的协助。问卷中的答案没有对错、好坏之分，所得信息仅供学术研究使用。请您仔细阅读问卷的描述，按照完全符合、基本符合、无法确定、基本不符合、完全不符合5个等级，在备选答案中打钩（√）。下面是一个例子。

完全 基本 无法 基 本 完 全
符合 符合 确定 不符合 不符合

我相信各种神灵无处不有，无时不在。

( ) (√) ( ) ( ) ( )

下面开始答题，请一定不要漏掉其中的题目。

完全 基本 无法 基 本 完 全
符合 符合 确定 不符合 不符合

神灵信仰

1. 我相信各种神灵无处不有，无时不在。

( ) ( ) ( ) ( ) ( )

2. 我相信有一种神圣力量在主宰人类命运。
　　　　　　　　　　　　　　　（　）（　）（　）（　）　（　）
3. 我相信世间的一切是老天爷事先安排的。
　　　　　　　　　　　　　　　（　）（　）（　）（　）（　）
4. 我相信上苍是无所不能的。　（　）（　）（　）（　）（　）
5. 我相信上天会关爱我、照顾我。（　）（　）（　）（　）（　）
6. 我相信世界上存在鬼魂现象。（　）（　）（　）（　）（　）
7. 我相信阴间有鬼，不能得罪。（　）（　）（　）（　）（　）
8. 我相信祖先在天之灵能保佑自己。（　）（　）（　）（　）（　）

神秘体验

9. 我在睡梦中感受到苍天的保佑。（　）（　）（　）（　）（　）
10. 我在失败时感受到老天爷的惩罚。（　）（　）（　）（　）（　）
11. 我在成功时感受到上天的恩赐。（　）（　）（　）（　）（　）
12. 我在悲痛时感受到神灵的安慰。（　）（　）（　）（　）（　）
13. 我在迷茫时感受到老天爷的强大威力。
　　　　　　　　　　　　　　　（　）（　）（　）（　）（　）
14. 我在失意时感受到祖先在天之灵的指点。
　　　　　　　　　　　　　　　（　）（　）（　）（　）（　）

价值追求

15. 我依靠神灵指点，寻求生存意义。（　）（　）（　）（　）（　）
16. 我依靠老天爷判断人间是非。（　）（　）（　）（　）（　）
17. 我依靠祖先之灵解决人生道德难题。（　）（　）（　）（　）（　）
18. 我依靠上苍保持心理平衡。（　）（　）（　）（　）（　）
19. 我依靠上天净化个人心灵。（　）（　）（　）（　）（　）
20. 我依靠老天爷铲除社会上的不公。（　）（　）（　）（　）（　）

开放式参与

21. 我定期到寺庙、宫观、教堂参加诵经活动。
　　　　　　　　　　　　　　　（　）（　）（　）（　）（　）

22. 我不信世界上有各种神灵。　　（　）（　）（　）（　）（　）
23. 我自觉遵守佛教、基督教等多种教派教规。

　　　　　　　　　　　　　　　　（　）（　）（　）（　）（　）
24. 我既去教堂礼拜，也去寺庙抽签。（　）（　）（　）（　）（　）
25. 我既烧香请神，也唱赞美诗。　　（　）（　）（　）（　）（　）
26. 我依靠神灵保佑，发财致富。　　（　）（　）（　）（　）（　）
27. 我积极参加民间组织的宗教活动。（　）（　）（　）（　）（　）
28. 我依靠苍天助力、积德行善。　　（　）（　）（　）（　）（　）

最后请您匿名填写个人的基本资料（除自填项目外，其他均在选项后打钩）：

1. 您的民族（请自填）：
2. 您父亲的民族（请自填）：
3. 您母亲的民族（请自填）：
4. 您的性别：①男　　②女
5. 您的户籍所在地：①城镇　　②农村
6. 您的年龄：①10 岁以下　②11—20 岁　③21—30 岁　④31—40 岁
　　　　　　⑤41—50 岁　⑥51—60 岁　⑦61—70 岁　⑧71—80 岁
　　　　　　⑨81—90 岁　⑩90 岁以上
7. 您的身份或职业：①农民　　②工业企业员工　③商贸企业员工
　　　　　　　　　④教师　　⑤科研人员　　　⑥医护人员
　　　　　　　　　⑦律师　　⑧文化事业单位员工
　　　　　　　　　⑨军人或警务人员　　　　　⑩公务员
　　　　　　　　　⑪自由职业者　　　　　　　⑫学生
　　　　　　　　　⑬城镇失业人员　　　　　　⑭教职人士
　　　　　　　　　⑮其他
8. 您父亲的身份或职业（请自填）：

9. 您母亲的身份或职业（请自填）：
10. 您的婚姻状况： ①未婚 ②已婚 ③离异 ④丧偶
11. 您的受教育程度：①小学以下 ②小学 ③初中
　　　　　　　　　④高中（含中专、职高） ⑤大专 ⑥本科
　　　　　　　　　⑦研究生
12. 您父亲的受教育程度（请自填）：
13. 您母亲的受教育程度（请自填）：
14. 您的皈依年限：①5年以下 ②6—10年 ③11—15年 ④16—20年
　　　　　　　　　⑤21—25年 ⑥26—30年 ⑦31—35年 ⑧36—40年
　　　　　　　　　⑨41—45年 ⑩45年以上
15. 您父亲的宗教信仰：①道教 ②佛教 ③天主教
　　　　　　　　　　　④基督（新）教 ⑤伊斯兰教
　　　　　　　　　　　⑥其他宗教 ⑦无宗教信仰
16. 您母亲的宗教信仰：①道教 ②佛教 ③天主教
　　　　　　　　　　　④基督（新）教 ⑤伊斯兰教
　　　　　　　　　　　⑥其他宗教 ⑦无宗教信仰
17. 您的政治面貌： ①无党派人士 ②民主党派 ③中共党员
　　　　　　　　　④共青团员
18. 您父亲的政治面貌：①无党派人士 ②民主党派 ③中共党员
　　　　　　　　　　　④共青团员
19. 您母亲的政治面貌：①无党派人士 ②民主党派 ③中共党员
　　　　　　　　　　　④共青团员

　　　　＊　　　　＊　　　　＊　　　　＊　　　　＊

　　如果您对调查问卷中涉及的问题有需要说明的地方或改进建议，请您填写在下面的空白处：

非常感谢您对国家社科基金项目研究工作的支持！

国家社科基金项目
"中国特色个体宗教心理发展研究"课题组

2012 年 11 月

(二) 横断研究法

在以测量为基础的个体发展心理研究中,通常采用横断研究的方法。

所谓横断研究,"就是在同一时间内对某一年龄(年级)或某几个年龄(年级)的被试者的心理发展水平进行测查并进行比较"。[1] 横断研究的优点是可在较短时间内收集大样本的数据资料,成本低,省时省力。其不足之处是缺乏系统性、连续性。如果不与其他方法配合使用(例如访谈等质性方法),便很难对有关年龄特征和影响因素做出深刻解释。

在本项目的研究中,课题组以测量和不同年龄组的数据搜集为基础,例如按照 21—30 岁、31—40 岁、41—50 岁、51—60 岁、61—70 岁、71—80 岁的年龄组划分,依据不同年龄组的平均测量数值,来数量化地描述个体宗教心理的发展趋势。在对年龄特征特别是影响因素的探讨中,主要通过访谈和个案资料提供具体论据。这样就起到了扬长补短的作用。

(三) 实验法

实验法"一般是指在严密控制条件下的实验室实验"[2] 方法。在宗教心理学和发展心理学领域,由于实验室实验的局限性,研究者往往采用准实验设计的方法。所谓"准实验设计"是指在"真实验和非实验设计之间的一种实验设计"。"准实验研究虽然不需要采用随机化的方法来分配被试者,但是能够严格地操纵自变量和控制无关变量,适合更广泛的研究目的。"[3]

在本项目研究中,课题组选择了准实验设计的方法,进行了多项关于

---

[1] 林崇德主编:《发展心理学》,人民教育出版社 1995 年版,第 75 页。
[2] 杨治良:《实验心理学》,浙江教育出版社 1998 年版,第 3 页。
[3] 黄希庭、张志杰主编:《心理学研究方法》,高等教育出版社 2005 年版,第 122 页。

信仰基督教儿童和信仰天主教儿童宗教认知发展、宗教情感发展、宗教行为发展的实验研究。虽然这些研究带有探索的性质，但已经取得的成果表明，西方宗教心理学中的实验研究特别是准实验方法，在中国文化背景下同样是可行的，关键是要解决好实验材料的准确选择和有关变量的控制问题。①

本课题组进行的准实验设计采用被试内和被试间混合设计。参与实验的儿童年龄为3—11岁。实验材料为根据宗教教义自行研制的宗教文化刺激图片、指导语或视频（自变量）；受试者的反应水平（因变量）由主试计分，计分的等级经由神职人员进行专业评定。实验结果运用多变量统计方法进行处理，主要考察任务、年龄和性别的主效应及其交互效应。详细的实验结果可参考浙江师范大学刘亚洁、纪念和陈洁的硕士学位论文，题目分别是《中国信仰基督教的儿童宗教心理发展特点与影响因素研究》②《中国信仰天主教儿童个体宗教心理发展特点和影响因素研究》③《穆斯林儿童真主认知的发展：对人类和超自然者心理的理解》。④

现以课题组成员纪念的硕士学位论文为例，对实验的具体情况作简要介绍。

纪念的硕士学位论文共包括3个相互衔接的实验，其中实验1探讨的是任务、年龄和性别对信仰天主教儿童宗教认知的影响，实验2探讨的是任务、年龄和性别对信仰天主教儿童宗教体验的影响，实验3探讨的是任务、年龄和性别对信仰天主教儿童宗教行为的影响。在该系列实验中，信仰天主教的儿童被界定为从小生活在天主教家庭（直接抚养者中有1人为天主教徒）并连续参加宗教活动1年以上的儿童。参加实验的60名儿童全部来自山东省济南市洪家楼天主教堂唱诗班。其中，3岁组、5岁组、7岁组、9岁组、11岁组各12人，男女各半。实验材料为自编的具有天

---

① 陈永胜、陈晓娟：《中国宗教心理学实验研究的可行性和重大主题》，载金泽、梁恒豪主编《宗教心理学》第二辑，社会科学文献出版社2015年版，第51—56页。

② 刘亚洁：《中国信仰基督教的儿童宗教心理发展特点与影响因素研究》，硕士学位论文，浙江师范大学，2014年。

③ 纪念：《中国信仰天主教儿童个体宗教心理发展特点和影响因素研究》，硕士学位论文，浙江师范大学，2014年。

④ 陈洁：《穆斯林儿童真主认知的发展：对人类和超自然者心理的理解》，硕士学位论文，浙江师范大学，2015年。

主教文化刺激作用的视频、音频和图片。下面是实验1采用的实验设计类型、实验程序和实验得到的主要结果。实验设计为6（任务：天主认知、圣母认知、创物认知、死亡认知、天堂地狱认知、祈祷认知）×5（年龄：3岁组、5岁组、7岁组、9岁组、11岁组）×2（性别：男、女）三因素混合设计。自变量中的任务属于被试内变量，年龄和性别属于被试间变量；因变量为儿童对宗教文化刺激的认知反应评定总分。在实验过程中，由主试使用PPT显示有关实验材料，然后询问儿童对有关宗教认知任务的理解；根据儿童的回答记录，请修女按照里克特5点计分评定其反应水平。实验数据运用多变量统计方法进行处理。结果发现：（1）任务、年龄因素的主效应显著，性别因素的主效应不显著。（2）天主认知任务和圣母认知任务得分显著低于创物认知任务得分。（3）5岁组与7岁组儿童得分存在显著差异，其他相邻组儿童之间无显著差异。

以上举例说明，采用准实验设计方法研究中国人的宗教心理（包括儿童的个体宗教心理发展特点和影响因素）是完全可行的，其间并不存在所谓的"东西方"文化障碍。

二 本项目质性研究采用的主要方法

（一）访谈法

访谈法是"研究者通过口头谈话的方式从研究者那里收集（或者说'建构'）第一手资料的一种研究方法。"[①] 访谈法通常分为结构型访谈、开放型访谈和半结构型访谈三种类型。

在本课题的质性研究中，采取了半结构的访谈类型，即课题组编制了统一的访谈提纲，作为访谈时的基本提问线索，同时鼓励受访者提出自己关心的问题，根据访谈的具体进展适当调整访谈的程序和内容。在编制访谈提纲时，课题组曾吸收了美国信仰发展理论家福勒编制的《信仰发展访谈指南》中的部分适用内容。分别列出本课题组编制的访谈提纲和福勒编制的《信仰发展访谈指南》的全文，以兹对照。

---

① 陈向明：《质的研究方法与社会科学研究》，教育科学出版社2000年版，第165页。

国家社科基金访谈提纲

（"中国特色个体宗教心理发展研究"课题组，2012年11月）

第一部分　成长环境

1. 基本数据

   （本人：出生日期和地点、性别、民族、身份或职业、文化程度、政治面貌、宗教信仰）

   （父亲：年龄、职业、民族、文化程度、政治面貌、宗教信仰；母亲：年龄、职业、民族、文化程度、政治面貌、宗教信仰；兄弟姐妹：年龄、职业、民族、文化程度、政治面貌、宗教信仰）

2. 在家庭，对你成长影响最重要的人是谁？请举例说明。
3. 在学校，对你成长影响最重要的人是谁？请举例说明。
4. 在社会上，对你成长影响最重要的人是谁？请举例说明。

第二部分　人生经历

1. 按照自己人生成长的重大转折点，尝试着把个人的人生经历分成若干明显不同的阶段。
2. 在每一重大转折前，对你影响最重要的事情是什么？
3. 你在成长过程中遇到过哪些重大不幸或危机？
4. 你在成长过程中遇到过哪些重大惊喜或突破？
5. 你在日常生活中有禁忌吗？如果有，这些禁忌是怎样伴随你生活的？或者这些禁忌是怎样得到改变的？

第三部分　信仰生活

1. 你从什么时候开始相信神灵（大道/佛陀/真主/天主/上帝）真的存在？
2. 什么原因使你相信神灵（大道/佛陀/真主/天主/上帝）真的存在？
3. 什么力量使你的上述信仰坚持下来，没有发生动摇？
4. 什么原因使你的上述信仰发生了改变？
5. 你从信仰生活中满足了哪些精神（心理）需要？
6. 你从信仰生活中满足了哪些精神（心理）之外的需要？
7. 有些人认为，没有宗教信仰，社会的道德规范就会瓦解。你对此有何看法？

信仰发展访谈指南[①]

（福勒，1981 年）

第一部分：人生回顾

1. 真实的数据：出生日期和地点？兄弟姐妹的数量和年龄？抚养人或父母职业？种族，民族和宗教身份？社会阶层的特点——最初的与现在的家庭？
2. 把人生分为几段：由变化或经历所划分的（重要）部分——"转折点"或一般事件。
3. 为了让我了解你人生的起伏变化以及你感受和思考人生的方式，对我要了解的情况来说，其他什么样的人物或经历是重要的？
4. 思考一下此时的你自己：赋予你人生意义的是什么，对你来说，什么人生值得拥有。

第二部分：人生塑造经历及其人际关系

1. 对你的人生来说，此时什么样的人际关系似乎是最重要的？（例如，亲密关系、家庭或工作关系）
2. 在你提到的重要人际关系中，你有没有提到你的父亲？
   当你想到你童年时期的父亲时，什么会凸显出来？他的职业是什么？他的特殊兴趣是什么？他是个宗教徒吗？请加以解释。
   当你想起你的母亲时……（像先前那样的相同问题）？
   从你童年时期以来，你对你父母的看法改变过吗？如何改变的？
3. 在人生早期或现在，还有对塑造你的人生观重要的其他人吗？
4. 你经历过以特殊方式"影响"或改变你人生的失落、危机或苦难吗？
5. 你有过塑造或改变你人生欢乐、狂喜、高峰体验或突破的时刻吗？（例如，在大自然中、在性体验中或者在令人兴奋的优美呈现或交

---

① Fowler, J. W., *Stages of Faith: The Psychology of Human Development and the Quest for Meaning*, New York: HarperOne, 1981, pp. 310−312.

流中？）

6. 你早期生活中的禁忌是什么？你是如何伴随这些禁忌生活或者摆脱这些禁忌的？你能指出你生活中的禁忌是如何改变的吗？现在的禁忌是什么？

7. 什么样的经历证实了你在人生中的意义感？什么样的经历动摇或者摧毁了你的意义感？

第三部分：当前的价值观与信奉

1. 你能描述在指导你自己的生活中最重要的信仰、价值观或态度吗？
2. 人生的目的是什么？
3. 你觉得对人生的某些方式比其他方式更加"真实"或正确吗？存在所有人或大多数人应该坚持并实践的某些信仰或价值观吗？
4. 存在对你来说是重要的符号、形象或仪式吗？
5. 对你的价值观和信仰的支持而言，什么样的人际关系或团体是最重要的？
6. 你已经描述了某些对你而言开始变得重要的信仰和价值观。它们有多么重要呢？这些信仰和价值观是以怎样的方式在你的生活中得到表达的？你能给我一些它们是怎样以及何时产生影响的具体例子吗？（例如，危机的次数，决定，隶属的团体，卷入其中的原因，信仰的危险和代价。）
7. 当你做出关于你人生的重要决定或选择时，你是怎样做的？举例说明。
8. 对于人生而言，具有某个"计划"吗？在生活中，我们（个体或者作为某一物种）是被超越人类控制的力量所控制或影响吗？
9. 当人生似乎最令人沮丧并且无望时，是什么支持你或者重新燃起你的希望？举例说明。
10. 当你想到未来时，什么使你感到非常焦虑或不安（你自己和你所爱的那些人、社会或习俗、世界）？
11. 对你而言，死亡意味着什么？当我们死亡时，我们会变成什么？
12. 为什么某些人或群体比其他人或群体遭受更多的痛苦？
13. 一些人相信，我们当中永远都会有穷人，并且一般来说，生活是按照人们的努力给予其回报的吗？关于这个问题，你的意见是什么？

14. 你觉得在这个地球上，人类的生命会无限存在下去吗？或者你认为人类的生命将要结束？

第四部分：宗教
1. 你是否有过重要的宗教经验？
2. 当你想到上帝时，你有什么样的感受？
3. 你认为自己是一名教徒吗？
4. 如果你祈祷的话，当你祈祷时，你觉得将会发生什么？
5. 你觉得你的宗教观念是"真实的"吗？在什么意义上是"真实的"？除了你自己的"真实"之外，宗教传统是"真实的"吗？
6. 什么是罪（或罪恶）？你对罪的感受是如何变化的？作为一名儿童、一名青少年，你是如何感受和思考罪（或罪恶）的？
7. 有些人认为，没有宗教，道德就瓦解了。关于这个问题，你的看法是什么？
8. 毫无疑问，在你的生活中，你会感受到你的变化、成长、挣扎或探寻，那么你的成长界限在哪里？
9. 你对成熟信仰的印象（或概念）是什么？

（二）个案法

在心理学中，个案研究通常被划分为描述型个案研究和实验型个案研究两种类型。"描述型个案研究是指搜集单个被试者各方面的资料并进行分析的方法。"① "个案研究设计也可以与实验研究设计相结合。在个案研究中，根据研究的假设，通过操纵自变量，控制无关变量和对因变量的观测，来推断自变量对因变量的效果。"②

在本项目研究中，课题组选择了描述型个案研究的方法，倾向于质性研究规范，以便符合国家社科基金的现实要求。

下面是课题组进行描述型个案研究的一个具体实例。

不信教也未参加过任何党派的普通民企女工，退休后为何如此迷恋耶

---

① 黄希庭、张志杰主编：《心理学研究方法》，高等教育出版社 2005 年版，第 160 页。
② 同上书，第 163 页。

稣基督？通过对一位50多岁民企退休女工的个案研究，课题组研究人员弄清了其中的原委。这位退休女工在岗时工作认真，埋头苦干，性格开朗，乐于助人。退休后，闲暇时间增多；独生女儿已经长大成人，无须自己更多呵护；丈夫依然在职，三班倒轮岗，夫妻之间交流的机会并非很多。于是，她的孤独感越来越强烈，有时甚至觉得非常苦闷。一次偶然的机会，见到一起退休的女友谈论自己参加基督教团契的体会，说姐妹们在一起读《圣经》，唱赞美诗，有时还帮助有困难的老人，觉得很新鲜，很充实，很有意义，很开心。姐妹们邀请她参加，与大家一起分享退休生活的快乐。就这样，这位退休女工来到了这个新的团体之中，在这里找到了归属感，重新有了成就感，并且开始相信这是自己晚年在精神上有所寄托的地方。凭着她一向的踏实认真，真诚慷慨，很快她就成为团体中的骨干，而且每次祈祷时都要跪在地上，格外虔诚。这位基督教团体的新成员，每月都要拿出自己退休金的十分之一，交给所在团体。为此，丈夫开始不高兴，婆婆很不理解，甚至连她最贴心的女儿也觉得过分。即便如此，她依然我行我素，并不后悔。在她看来，奉献是自愿的事，教会并未强迫。自己有稳定的退休金，退休前参股的股权回报每年也有几万块钱，家里生活没有问题。从这个例子中，课题组研究人员找到了50岁以前不信教的中年女性加入基督教团体的主要原因：退休后没有归属感、成就感导致的空虚苦闷，是这位以前不信教的退休女工加入基督教的主要原因，而同伴群体的交流互动和教会团体的新鲜刺激，是不可忽视的外部因素。

  通过上述个案研究的案例可以发现，在个体宗教心理发展研究中，使用个案法是很有益的。个案法有助于从现象中发现问题，借助个体的动态成长经历揭示隐藏在现象背后的本质原因乃至规律。当然，个案的选择必须典型，个案的挖掘一定要深，对于个案的解释千万不可牵强附会，特别是在使用个案资料说明理论时，这一点显得尤为重要。这些都是本课题组在实际应用中获得的感悟。

第三章 儿童期个体宗教心理的发展

从本章开始，作者将运用课题组量化研究取得的大量数据和质性研究获得的丰富资料，系统阐述在中国当代的独特背景下，宗教信仰人群在童年期（出生至12岁）、青少年时期（13—35岁）、中年期（36—60岁）和老年期（60岁以上）个体宗教心理的发展趋势、年龄特征和影响因素问题。其中，第三章将按照宗教认知发展、宗教情感发展、宗教行为发展的内在逻辑依次展开论证，第四章、第五章和第六章，除了阐述宗教认知发展、宗教情感发展、宗教行为发展的规律外，还增加了对宗教人格发展（主要聚焦于价值追求层面）规律的探讨，这是在本章伊始必须加以说明的。

此外，在社会主义初级阶段，儿童期个体宗教心理的发生与发展，不是由遗传因素决定的，而是在社会环境，特别是家庭因素的主导作用下，经由家庭宗教信仰的环境熏陶与儿童个人身心发展尚未成熟的主要矛盾推动，通过被动性、模仿性、好奇性、表层性等年龄特征表现出来的。

鉴于本课题是按照国家社科基金重点项目进行申报的，批准时确立为一般项目，所以在研究经费、组织协调等方面受到很大限制。因此，对于儿童期个体宗教心理发展特征的概括，仅仅有依据信仰基督教儿童、信仰天主教儿童和信仰伊斯兰教儿童少量样本的研究结果。关于这些研究结果的适用性乃至局限性，将在本书的最后一章具体说明。

一 儿童期个体宗教认知的发展

在儿童期个体宗教心理的发展中，宗教认知处于基础地位。宗教认知包括感知、记忆、思维、想象等成分或要素，其中思维是宗教认知的核心成分。皮亚杰对于认知心理学的最大贡献是从个体思维的发生、发展入手，第一次用实验数据揭示了儿童思维发展的客观规律，即按照感知运动、前运算、具体运算和形式运算4个阶段，从低级向高级发展。那么，从宗教思维这一宗教认知的核心要素去考察，儿童期的个体宗教认知是怎样发展的呢？其发展的趋势如何？

（一）儿童期个体宗教认知的发展趋势

根据本课题组的准实验研究，儿童期个体宗教认知的发展趋势可用以下表述进行概括：儿童期的个体宗教认知发展趋势是随着年龄增长从低级向高级发展的，也就是说，是从对宗教现实的直观表象理解，向具体形象理解的水平提升；在这种发展趋势中，有一个质变的关键期，即5—7岁，这个时期儿童宗教认知的发展速度最快，其根本原因在于儿童对于宗教现象的理解水平有了质的飞跃。

上述概括性的结论在课题组成员纪念（2014）对山东省济南市60名信仰天主教儿童的准实验研究中表现得最明显（见图3—1）。① 从图3—1可以看出，信仰天主教的儿童在天主信仰方面的发展呈现先快后慢的趋势，其中5岁组到7岁组的增长最为明显，说明5—7岁是儿童宗教认知发展的关键年龄。

课题组的其他两项准实验研究也发现了相似的结果。

课题组成员刘亚杰（2014）对河南省洛阳市、三门峡市60名信仰基督教儿童的准实验研究发现，这些儿童在上帝创世的认知得分上普遍较高，在天堂地狱的认知得分上明显偏低。其中，3岁组儿童在创世认知任务上的得分，显著高于对上帝认知、祷告认知、死亡认知、天堂地狱认知任务上的得分（$p < 0.05$）；5岁组儿童在创世认知任务上的得分，显著高于其他几个任务的得分（$p < 0.05$），在上帝认知、死亡认知任务上的得分，显著高于天堂地狱认知任务上的得分（$p < 0.05$）；7岁组儿童在祷告认知、创世认知、死亡认知任务上的得分，显著高于天堂地狱任务上的认知得分（$p < 0.05$）；9岁组儿童在上帝认知、祷告认知、创世认知、

---

① 纪念：《中国信仰天主教儿童个体宗教心理发展特点和影响因素研究》，硕士学位论文，浙江师范大学，2014年，第30页。

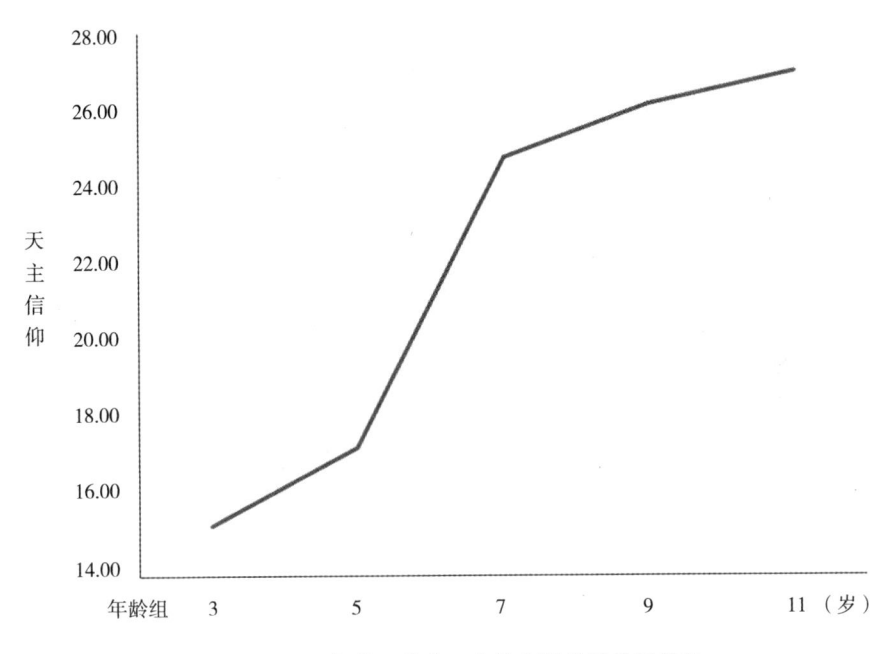

图 3—1　不同年龄组儿童天主信仰得分的发展趋势

死亡认知任务上的得分，显著高于天堂地狱认知任务上的得分（$p <$ 0.05）；11 岁组儿童在上帝认知、祷告认知、创世认知、死亡认知任务上的得分，显著高于天堂地狱认知任务上的得分（$p < 0.05$），在创世认知任务上的得分，显著高于死亡认知任务上的得分（$p < 0.05$）。[1]

课题组成员陈洁（2015）对浙江省义乌市 51 名 3—5 岁穆斯林儿童的准实验研究发现：

第一，穆斯林儿童对人类心理理解的能力随年龄增长不断提高，4 岁是儿童理解人类感知觉局限的转折点。3 岁的穆斯林儿童认为，人类能看见暗盒子和密封盒子里的东西，4—5 岁的儿童认为人类看不见。

第二，穆斯林儿童区别人类和超自然者的关键年龄是 4 岁。3 岁的儿童认为，人类、神、超人都能正确回答，不会犯错。4—5 岁的穆斯林儿童认为，人类更有可能犯错，而仍然认为，超人和真主具有正确的信念。

第三，随着年龄增长，穆斯林儿童将超凡能力归于超自然者的能力在

---

[1] 刘亚洁：《中国信仰基督教的儿童宗教心理发展特点与影响因素研究》，硕士学位论文，浙江师范大学，2014 年，第 26 页。

不断增强。4岁以前，大部分穆斯林儿童对超自然者能正确回答的归因主要是基于事实或无法提供理由的。4—5岁的大部分穆斯林儿童，能够将超自然者的正确回答归因于他们的超凡特性（超常视觉或超常心理能力）。5岁的穆斯林儿童已经能够正确归因，认为超人是因为拥有超常视觉而能正确回答；神具有超常的心理能力因而能够正确回答。

第四，穆斯林儿童对真主的认知存在三类倾向：拟人化、超凡化和区别化。这三种倾向在4—5岁的穆斯林儿童中存在，而3岁穆斯林儿童几乎无法对真主进行描述。拟人化倾向是指穆斯林儿童将真主类比为人，将人类的属性赋予真主。超凡化倾向是指穆斯林儿童认识到真主的特殊身份或特殊能力。具有区别化倾向的穆斯林儿童，能够认识到真主和人类的不一样属性。①

（二）儿童期个体宗教认知发展的年龄特征

儿童期个体宗教认知发展的主要特征是被动性、好奇性和表层性。

例如，在对信仰天主教儿童的访谈中，4岁信仰天主教儿童对于宗教现实的理解是：

> 这里有小朋友一起玩，还有圣母娘娘……是漂亮的人。②

9岁信仰天主教儿童对于宗教现实的理解是：

> 我一开始的时候不懂，也不大想来。后来，我爸爸妈妈都在家里祈祷，我也跟他们一起祈祷，但是我觉得在教堂里祈祷的时候感觉不一样，在教堂感觉特别神圣。这么多人一起祈祷，我感觉主很伟大，能让这么多人信服他。③

---

① 陈洁：《穆斯林儿童真主认知的发展：对人类和超自然者心理的理解》，硕士学位论文，浙江师范大学，2015年，第42页。
② 纪念：《中国信仰天主教儿童个体宗教心理发展特点和影响因素研究》，硕士学位论文，浙江师范大学，2014年，第45页。
③ 同上。

11岁信仰天主教儿童对于宗教现实的理解是：

奶奶去年去世了，我从小是跟奶奶长大的，后来爸爸妈妈把我接回家就不跟奶奶住在一起了。我是在电话里听说奶奶去世的。当时爸爸跟我说奶奶走了，我还以为奶奶去了哪里，就问爸爸奶奶什么时候回来？后来爸爸说奶奶到主那里去了，我才知道奶奶死了。我先是觉得再也见不到奶奶了，本来打算过年的时候去奶奶家的，奶奶还会给我做好吃的蒸糕。可是再也见不到奶奶了，再也吃不到奶奶做的蒸糕了，我当时特别伤心，我就哭了……我和爸爸妈妈一起去了奶奶家，那里有个小教堂。大家一起在教堂里给奶奶祷告，我觉得很神圣，奶奶好像很舒服地躺在那里。后来爸爸跟我说，奶奶是回到了主的身边，她生前是信主的，也一直在侍奉主，所以她会上天堂，会永生的。我听了这些话，觉得奶奶挺幸福的。我觉得主很了不起，如果我一直信主的话，多做善事，将来也一定会上天堂，就可以见到奶奶了。①

在对信仰基督教儿童的访谈中，研究者也发现了儿童在宗教认知方面的被动性、好奇性和表层性特征。

例如，在3岁组信仰基督教儿童中，有的儿童说：

跟妈妈一起到教堂，不跟妈妈到教堂，妈妈会不高兴，和妈妈一起去可以得到妈妈的奖励。②

有的儿童说：

喜欢到主日学校，因为那里有好吃的东西。③

---

① 纪念：《中国信仰天主教儿童个体宗教心理发展特点和影响因素研究》，硕士学位论文，浙江师范大学，2014年，第47页。
② 刘亚洁：《中国信仰基督教的儿童宗教心理发展特点与影响因素研究》，硕士学位论文，浙江师范大学，2014年，第49页。
③ 同上。

有的儿童说：

　　因为教堂有好玩的游戏。①

还有的儿童很难准确地表达自己的想法，需要家长的帮助。下面是一位家长的回答：

　　去过主日学校一次之后，总是心心念念还想再去，孩子觉得小伙伴们一起唱歌跳舞很好玩。②

其他年龄组的儿童比 3 岁组儿童的回答在内容上有所丰富，但仍呈现表层性的特征。例如，一位 5 岁儿童说：

　　我喜欢上帝，因为上帝是好人，他是好人表现在他会让我好好长大，长高。③

一位 7 岁儿童说：

　　上帝可以让我比别人聪明。④

一位 9 岁儿童说：

　　基督可以帮助我解决困难。⑤

一位 11 岁儿童说：

---

① 刘亚洁：《中国信仰基督教的儿童宗教心理发展特点与影响因素研究》，硕士学位论文，浙江师范大学，2014 年，第 49 页。
② 同上。
③ 同上书，第 50 页。
④ 同上。
⑤ 同上书，第 50 页。

信基督之后我和朋友的关系变好了,我的脾气也变好了。①

(三) 儿童期个体宗教认知发展的影响因素

采用准实验法研究儿童宗教认知发展的影响因素十分困难,因而本课题组仅仅探讨了任务、年龄和性别因素对儿童宗教认知发展的影响问题。

对基督教儿童个体宗教认知发展的准实验研究发现,任务、年龄和性别因素对儿童个体宗教认知发展的主效应非常显著($p < 0.01$),② 任务和年龄因素之间的交互作用显著($p < 0.05$),③ 任务、年龄和性别因素之间,任务和性别因素之间,以及年龄与性别因素之间的交互作用不显著(详见表3—1)。④

表3—1 任务、年龄和性别因素对信仰基督教儿童个体宗教认知发展的影响

	变异来源	均方	df	F
被试内	任务×年龄×性别	0.55	12.91	1.00
	任务×性别	0.05	3.23	0.09
	任务×年龄	1.00	12.91	1.80*
	任务	11.10	3.23	20.18**
被试间	年龄×性别	0.23	4	0.32
	年龄	26.11	4	36.24**
	性别	21.93	1	30.43**

注:*$p < 0.05$,**$p < 0.01$。

对信仰天主教儿童个体宗教认知发展的准实验研究发现,任务和年龄

---

① 刘亚洁:《中国信仰基督教的儿童宗教心理发展特点与影响因素研究》,硕士学位论文,浙江师范大学,2014年,第50页。

② 主效应是实验心理学中的一个常用术语,指某一因素平均差数的差异。参见张厚粲、徐建平《现代心理与教育统计学》,北京师范大学出版社2004年版,第389页。

③ 交互作用也是实验心理学中的一个常用术语,指A和B或更多因素之间的相互影响。如果A和B或更多因素之间有影响,称为有交互作用;如果A和B或更多因素之间没有影响,称为无交互作用。参见张厚粲、徐建平《现代心理与教育统计学》,北京师范大学出版社2004年版,第388页。

④ 刘亚洁:《中国信仰基督教的儿童宗教心理发展特点与影响因素研究》,硕士学位论文,浙江师范大学,2014年,第24页。

因素对信仰天主教儿童个体宗教认知发展的主效应非常显著（$p < 0.01$），性别因素对信仰天主教儿童个体宗教认知发展的主效应不显著；任务、年龄和性别因素，任务和年龄因素，任务和性别因素，以及年龄和性别因素之间的交互作用不显著（详见表3—2）。[①]

表3—2 任务、年龄和性别对信仰天主教儿童个体宗教认知发展的影响

	变异来源	均方	df	F
被试内	任务×年龄×性别	1.472	11.492	1.593
	任务×年龄	0.694	11.492	0.751
	任务×性别	0.271	2.873	0.511
	任务	7.592	2.873	8.215**
被试间	年龄×性别	0.103	4	0.058
	年龄	58.549	4	33.238**
	性别	0.264	1	0.150

注：**$p < 0.01$。

二 儿童期个体宗教情感的发展

宗教情感与宗教认知是相辅相成的两个概念。实际上，在现实生活的宗教信仰者中，宗教情感与宗教认知是不可分割的。只是为了研究方便，这里才把宗教情感单独列出。

（一）儿童期个体宗教情感的发展趋势

儿童期个体宗教情感的发展水平，与儿童期个体宗教认知的发展水平密切相关。因为认知是情感的基础，离开认知的情感是不存在的；同样道理，离开情感的认知也是不存在的，二者紧密地联系在一起。

根据本课题组的准实验研究，儿童期个体宗教情感的发展与个体宗教认知的发展遵循同样的规律，即儿童期的个体宗教情感发展趋势是随着年

---

① 纪念：《中国信仰天主教儿童个体宗教心理发展特点和影响因素研究》，硕士学位论文，浙江师范大学，2014年，第29页。

龄增长从低级向高级发展的。也就是说，是从对宗教现实的直观表象体验水平，向具体形象体验水平提升；在这种发展趋势中，有一个质变的关键期，即5岁左右，这个时期儿童宗教体验的发展水平表现出明显的提升倾向，其根本原因在于儿童对于宗教现象的情感体验水平有了质的飞跃。上述研究结论具体体现在对信仰天主教儿童和信仰基督教儿童个体宗教情感发展的准实验研究结果中。

在信仰天主教儿童个体宗教情感发展的准实验研究结果中，研究者发现，5岁组儿童在听读圣经情感体验任务上的得分，显著低于天主受难图情感体验、圣母像情感体验、赞美诗情感体验和弥撒情感体验，说明5岁组儿童依然停留在对宗教教义的直观表象体验层面。在天主圣心图情感体验、天主受难图情感体验、赞美诗情感体验和弥撒情感体验4项任务中，5岁组儿童的得分显著高于3岁组儿童，7岁组儿童的得分显著高于5岁组儿童的得分；在圣母像情感体验、教堂祈祷情感体验和听读圣经情感体验3项任务中，7岁组儿童的得分显著高于5岁组儿童的得分。上述结果说明，即使在直观表象体验方面，儿童的体验水平也是随着年龄增长逐步提高的。①

在信仰基督教儿童个体宗教情感发展的准实验研究结果中，研究者发现，儿童对耶稣圣心图和受难图的情感体验强烈，其中对受难图的情感体验高于对圣心图的情感体验，而对圣经图的情感体验低于其他几项任务。在对圣经图的情感体验中，9岁组儿童的得分显著高于3岁组儿童的得分；在对礼拜图的情感体验中，9岁组儿童的得分显著高于7岁组儿童的得分；在对赞美诗、祷告、耶稣圣心图、耶稣受难图的情感体验中，5岁组儿童的得分显著高于3岁组儿童的得分。②

(二) 儿童期个体宗教情感发展的年龄特征

由于宗教认知是宗教情感的基础，因而儿童期个体宗教情感发展的主要特征仍然是好奇性和表层性。

---

① 纪念：《中国信仰天主教儿童个体宗教心理发展特点和影响因素研究》，硕士学位论文，浙江师范大学，2014年，第37页。

② 刘亚洁：《中国信仰基督教的儿童宗教心理发展特点与影响因素研究》，硕士学位论文，浙江师范大学，2014年，第39页。

例如，接受访谈的一位信仰基督教的 7 岁儿童说：

> 我喜欢基督，因为基督会帮助我做作业。①

还有一位 7 岁的儿童表示，我喜欢主日学校的某位老师，是因为

> 这个老师特别和蔼，总是对我笑，讲话特别好听，还给我发水果，教我学到了很多东西。②

即使是 11 岁的儿童，在宗教情感的体验方面也仍然具有表层性特征。以下是一个典型的例子：

> 信了基督我就可以不害怕黑夜了，不害怕魔鬼了，我晚上可以一个人上厕所，一个人睡觉了。③

再如，一位信仰天主教的 9 岁儿童接受访谈时说：

> 学校第一次考试的时候我特别紧张。我学习不是很好，班里很多同学上学前都学过好多东西，认字什么的，我都不会……考试时我不能出声，就在心里祷告，希望主能帮我。我觉得主好像真的帮我了，因为我觉得好多了。④

另一位信仰天主教的 12 岁儿童表示：

> 我喜欢到教堂是因为那里有个忏悔室，我有的时候会去那里说心

---

① 刘亚洁：《中国信仰基督教的儿童宗教心理发展特点与影响因素研究》，硕士学位论文，浙江师范大学，2014 年，第 50 页。
② 同上。
③ 同上。
④ 纪念：《中国信仰天主教儿童个体宗教心理发展特点和影响因素研究》，硕士学位论文，浙江师范大学，2014 年，第 46 页。

里话,我觉得我是说给主听的,主也可以听到我说话。说完了我就特舒服……有伟大的主在保护我,一直在我身边。[1]

(三) 儿童期个体宗教情感发展的影响因素

与儿童期个体宗教认知发展的影响因素一样,课题组在准实验研究中也仅仅探讨了任务、年龄和性别因素对儿童个体宗教情感发展的影响。

对信仰基督教儿童个体宗教情感发展的准实验研究发现,任务、年龄和性别因素对儿童个体宗教情感发展的主效应非常显著($p < 0.01$),任务和年龄因素的交互作用非常显著($p < 0.01$),任务和性别因素的交互作用显著($p < 0.05$),任务、年龄和性别因素之间,以及年龄和性别因素之间的交互作用不显著(详见表3—3)。[2]

表3—3　任务、年龄和性别对信仰基督教儿童个体宗教情感发展的影响

	变异来源	均方	df	F
被试内	任务×年龄×性别	0.28	20	1.52
	任务×性别	0.45	5	2.41*
	任务×年龄	0.45	20	2.46**
	任务	4.80	5	25.98**
被试间	年龄×性别	0.11	4	0.30
	年龄	7.96	4	22.65**
	性别	9.74	1	27.70**

注:*$p < 0.05$,**$p < 0.01$。

对信仰天主教儿童个体宗教情感发展的准实验研究发现,年龄因素的主效应非常显著($p < 0.01$),任务和年龄因素之间的交互作用非常显著($p < 0.01$),任务和性别因素的主效应不显著,任务、年龄和性别因素之间,任务和性别因素之间,以及年龄和性别因素之间的交互作用不显著

---

[1] 纪念:《中国信仰天主教儿童个体宗教心理发展特点和影响因素研究》,硕士学位论文,浙江师范大学,2014年,第46页。

[2] 刘亚洁:《中国信仰基督教的儿童宗教心理发展特点与影响因素研究》,硕士学位论文,浙江师范大学,2014年,第31页。

(详见表 3—4)。①

表 3—4　任务、年龄和性别对信仰天主教儿童个体宗教情感发展的影响

	变异来源	均方	df	F
被试内	任务×年龄×性别	0.507	16.567	1.100
	任务×年龄	0.987	16.567	2.141**
	任务×性别	0.432	4.142	0.938
	任务	0.945	4.142	2.050
被试间	年龄×性别	3.470	4	1.226
	年龄	150.562	4	53.208**
	性别	1.780	1	1.780

注：**$p < 0.01$。

三　儿童期个体宗教行为的发展

宗教行为是宗教认知与宗教情感的外在表现。对儿童的宗教行为进行观察、分析是宗教心理学中最早使用的方法之一，尤其是在以实证为特征的西方主流宗教心理学中，这样的研究数据积累较多。课题组对儿童期个体宗教行为发展的研究，主要是用准实验方法进行的，并且通过必要的访谈，对准实验研究的结果加以验证乃至丰富和深化。至于准实验数据的统计处理结果，大体上遵循前述宗教认知、宗教情感的表达方式。

（一）儿童期个体宗教行为的发展趋势

儿童期个体宗教行为的发展趋势与宗教认知、宗教情感的发展趋势是一致的，即从容易理解、短期效仿的宗教行为，向较难理解、长期坚持的宗教行为方向发展。这一趋势已经得到课题组准实验研究的证实。

对信仰天主教儿童个体宗教行为的准实验研究发现，3岁组儿童在祷告频率、弥撒或主日学校频率任务中的平均得分，显著高于参加宗教聚会

---

① 纪念：《中国信仰天主教儿童个体宗教心理发展特点和影响因素研究》，硕士学位论文，浙江师范大学，2014年，第34页。

频率任务的得分；听读圣经频率任务的平均得分，显著高于唱赞美诗频率、参加宗教聚会频率任务的平均得分。5 岁组儿童在祷告频率、弥撒或主日学校频率、唱赞美诗频率任务中的平均得分，显著高于参加宗教聚会频率任务的得分，在听读圣经频率任务中的得分，显著高于唱赞美诗频率、参加宗教聚会频率任务的得分。7 岁组儿童在祷告频率、弥撒或主日学校频率、听读圣经频率任务中的平均得分，显著高于唱赞美诗频率、参加宗教聚会频率任务的平均得分。9 岁组儿童在祷告频率、弥撒或主日学校频率任务中的平均得分，显著高于听读圣经频率、唱赞美诗频率、参加宗教聚会频率任务的平均得分；听读圣经频率任务的平均得分，显著高于唱赞美诗频率、参加宗教聚会频率任务的平均得分。11 岁组儿童在祷告频率、弥撒或主日学校频率、听读圣经频率任务中的平均得分，显著高于唱赞美诗频率、参加宗教聚会频率任务的平均得分（具体数据见表3—5）。[①]

表3—5　信仰天主教儿童在各年龄水平上宗教参与行为的差异比较

任务（I）	任务（J）	3岁组	5岁组	7岁组	9岁组	11岁组
祷告	弥撒主日	0.000	0.063	-0.25	0.271	-0.063
	听读圣经	-0.458	-0.042	0.104	0.896*	0.167
	唱赞美诗	0.458	0.875	1.375*	1.854*	2.604*
	参加宗教聚会	1.250*	1.876*	1.895*	2.354*	2.125*
弥撒主日	祷告	0.000	-0.063	0.25	-0.271	0.063
	听读圣经	-0.458	-0.104	0.354	0.625*	0.229
	唱赞美诗	0.458	0.813	1.625*	1.583*	2.667*
	参加宗教聚会	1.250*	1.813*	2.146*	2.083*	2.188*
听读圣经	祷告	0.458	0.042	-0.104	-0.896*	-0.167
	弥撒主日	0.458	0.104	-0.354	-0.625*	-0.229
	唱赞美诗	0.917*	0.917*	1.271*	0.958*	2.438*
	参加宗教聚会	1.708*	1.917*	1.792*	1.458*	1.958*

[①] 纪念：《中国信仰天主教儿童个体宗教心理发展特点和影响因素研究》，硕士学位论文，浙江师范大学，2014年，第41页。

续表

任务（I）	任务（J）	均值差异（I—J）				
		3岁组	5岁组	7岁组	9岁组	11岁组
唱赞美诗	祷告	-0.458	-0.875	-1.375*	-1.854*	-2.604*
	弥撒主日	-0.458	-0.813	-1.625*	-1.583*	-2.667*
	听读圣经	-0.917*	-0.917*	-1.271*	-0.958*	-2.438*
	参加宗教聚会	0.792	1.000*	0.521	0.5	-0.479
参加宗教聚会	祷告	-1.250*	-1.876*	-1.895*	-2.354*	-2.125*
	弥撒主日	-1.250*	-1.813*	-2.146*	-2.083*	-2.188*
	听读圣经	-1.708*	-1.917*	-1.792*	-1.458*	-1.958*
	唱赞美诗	-0.792	-1.000*	-0.521	-0.5	0.479

注：*$p < 0.05$。

从各年龄组之间的比较来看，3岁组与5岁组儿童在祷告频率、弥撒或主日学校频率两个任务中的平均得分存在显著差异，其他相邻年龄组儿童的平均得分之间没有发现显著差异；3岁组与11岁组儿童在听读圣经频率任务中的平均得分存在显著差异，其他年龄组儿童的平均得分之间没有发现显著差异（详见表3—6）。[①]

表3—6　　　　　　　　不同年龄组平均得分的归类比较

任务	年龄组	同质子集1均值	同质子集2均值
祷告	3岁组	1.875	
	5岁组		3.417
	7岁组		3.917
	9岁组		4.354
	11岁组		4.542

① 纪念：《中国信仰天主教儿童个体宗教心理发展特点和影响因素研究》，硕士学位论文，浙江师范大学，2014年，第42页。

续表

任务	年龄组	同质子集1均值	同质子集2均值
弥撒主日	3岁组	2.250	
	5岁组		3.453
	7岁组		4.083
	9岁组		4.167
	11岁组		4.604
听读圣经	3岁组	2.708	
	5岁组	3.458	3.458
	7岁组	3.458	3.458
	9岁组	3.813	3.813
	11岁组		4.375

注：以上归类比较是按照 $p < 0.05$ 的显著性水平进行的。

对信仰基督教儿童个体宗教行为的准实验研究发现，3岁组儿童的祷告频率显著高于唱赞美诗、听读圣经和参加团契的频率，做礼拜的频率显著高于唱赞美诗、听读圣经和参加团契的频率。5岁组儿童的祷告频率显著高于听读圣经和参加团契的频率，做礼拜的频率显著高于唱赞美诗、听读圣经和参加团契的频率，唱赞美诗的频率显著高于听读圣经和参加团契的频率。7岁组儿童的祷告频率显著高于其他几项活动的频率，做礼拜的频率显著高于唱赞美诗、听读圣经和参加团契的频率，唱赞美诗的频率显著高于参加团契的频率。9岁组儿童的祷告频率显著高于唱赞美诗和听读圣经的频率，做礼拜的频率显著高于唱赞美诗、听读圣经和参加团契的频率。11岁组儿童祷告的频率显著高于听读圣经和参加团契的频率（具体数据见表3—7）。[①]

[①] 刘亚洁：《中国信仰基督教的儿童宗教心理发展特点与影响因素研究》，硕士学位论文，浙江师范大学，2014年，第43—44页。

表3—7　信仰基督教儿童在各年龄水平上宗教参与行为的差异比较

I	J	均值差值（I—J）					
		3岁组	5岁组	7岁组	9岁组	11岁组
祷告	做礼拜	0.06	-0.19	0.67*	0.08	0.21
	唱赞美诗	0.94*	0.42	1.13*	0.38*	0.15
	听读圣经	0.92*	0.92*	1.42*	0.54*	0.46*
	参加团契	1.27*	1.06*	1.48*	0.48	0.52*
做礼拜	祷告	-0.06	0.19	-0.67*	-0.08	-0.21
	唱赞美诗	0.88*	0.60	0.46*	0.29*	-0.06
	听读圣经	0.85*	1.10*	0.75*	0.46*	0.25
	参加团契	1.21*	1.25*	0.81*	0.40	0.31
唱赞美诗	祷告	-0.94*	-0.42	-1.13*	-0.38*	-0.15
	做礼拜	-0.88*	-0.60*	-0.46*	-0.29*	0.06
	听读圣经	-0.02	0.50*	0.29	0.17	0.31
	参加团契	0.33	0.65*	0.35*	0.10	0.38
听读圣经	祷告	-0.92*	-0.92*	-1.42*	-0.54*	-0.46*
	做礼拜	-0.85*	-1.10*	-0.75*	-0.46*	-0.25
	唱赞美诗	0.02	-0.50*	-0.29	-0.17	-0.31
	参加团契	0.35	0.15	0.06	-0.06	0.06

注：*$p < 0.05$。

从各年龄组之间的比较来看，在祷告、唱赞美诗、听读圣经这些宗教行为方面，5岁组儿童和7岁组儿童之间存在显著差异；在做礼拜方面，几个年龄组之间的平均得分均未发现显著差异；在参加团契方面，3岁组和7岁组、5岁组和9岁组儿童之间的平均得分存在显著差异（详见表3—8）。[①]

[①] 刘亚洁：《中国信仰基督教的儿童宗教心理发展特点与影响因素研究》，硕士学位论文，浙江师范大学，2014年，第45页。

表 3—8　　　　　　　不同年龄组平均得分的归类比较

任务	年龄组	同质子集 1 均值	同质子集 2 均值	同质子集 3 均值
祷告	3 岁组	3.46		
	5 岁组	3.47		
	7 岁组		4.00	
	9 岁组		4.16	
	11 岁组		4.43	
做礼拜	3 岁组	3.42		
	5 岁组	3.64		
	7 岁组	3.77		
	9 岁组	3.91		
	11 岁组	3.95		
唱赞美诗	3 岁组	2.54		
	5 岁组	3.04		
	7 岁组		3.51	
	9 岁组		3.63	
	11 岁组		4.02	
听读圣经	3 岁组	2.54		
	5 岁组	2.56		
	7 岁组		3.22	
	9 岁组		3.46	
	11 岁组		3.70	
参加团契	3 岁组	2.21		
	5 岁组	2.40	2.40	
	7 岁组		2.96	2.96
	9 岁组			3.52
	11 岁组			3.65

注：以上归类比较是按照 $p < 0.05$ 的显著性水平进行的。

(二) 儿童期个体宗教行为发展的年龄特征

儿童期个体宗教行为发展的主要特征是被动性和模仿性。

从课题组对信仰天主教儿童个体宗教行为发展的研究中可以发现，11岁组的儿童在听读圣经频率任务中的平均得分显著高于3岁组儿童，其原因在于：儿童在低龄阶段，家庭中的养育者对于儿童的宗教信仰并没有提出明确要求，儿童自身也不理解信仰天主的意义，因此在行为上以被动参与和表面模仿为主。随着年龄增长，家庭中的养育者对于儿童制度性参与宗教活动的期待和要求逐步提高，并且通过督促孩子参加日常祷告、送孩子去主日学校等方法，逐步使儿童养成了制度性参与宗教活动的习惯。此时的儿童虽然无法理解宗教教义的复杂内容和象征意义，但是由于养成了制度性参与宗教活动的习惯，宗教行为的主动性和模仿能力也有所提高，因而在宗教行为的平均得分上显著高于低龄儿童。[①]

儿童期个体宗教行为发展的被动性和模仿性特征，在课题组对信仰基督教儿童个体宗教行为发展的研究中同样得到了证实。例如，3岁组儿童在教堂的祷告行为仅限于"阿门"等简短词汇，缺少实质性内容，其祷告模式以被动模仿为主。随着年龄增长，特别是随着参与宗教活动年限的增加，其祷告的内容主动转向与上帝的交流，感恩的成分明显增加。在访谈中，有些7岁以上儿童的家长也反映，孩子"像是长大了一样，在去教堂参加礼拜的前一天，会主动要求家长为他准备第二天去教堂要携带的物品"。[②]

(三) 儿童期个体宗教行为发展的影响因素

在对儿童期个体宗教行为发展影响因素的准实验研究中，课题组着重探讨了任务、年龄和性别因素对信仰基督教、天主教儿童个体宗教行为发展的影响。

对信仰基督教儿童个体宗教行为发展的准实验研究发现，任务、年龄和性别因素对儿童个体宗教行为发展的主效应非常显著（$p < 0.01$），任务

[①] 纪念：《中国信仰天主教儿童个体宗教心理发展特点和影响因素研究》，硕士学位论文，浙江师范大学，2014年，第51页。

[②] 刘亚洁：《中国信仰基督教的儿童宗教心理发展特点与影响因素研究》，硕士学位论文，浙江师范大学，2014年，第58页。

与年龄因素之间的交互作用也非常显著（$p < 0.01$），但任务、年龄与性别因素，以及任务与性别因素之间的交互作用不显著（详见表3—9）。①

表3—9　任务、年龄和性别对信仰基督教儿童个体宗教行为发展的影响

	变异来源	均方	df	F
被试内	任务×年龄×性别	0.23	16	1.04
	任务×性别	0.51	4	2.28
	任务×年龄	0.66	16	2.94**
	任务	10.60	4	47.00**
被试间	年龄×性别	0.91	4	2.04
	年龄	11.46	4	25.69**
	性别	3.63	1	8.14**

注：**$p < 0.01$。

对信仰天主教儿童个体宗教行为发展的准实验研究发现，任务和年龄因素对儿童个体宗教行为发展的主效应非常显著（$p < 0.01$），任务与年龄因素之间的交互作用也非常显著（$p < 0.01$），但性别因素的主效应，任务、年龄与性别因素，以及任务与性别因素之间的交互作用不显著（详见表3—10）。②

表3—10　任务、年龄和性别对信仰天主教儿童个体宗教行为发展的影响

	变异来源	均方	df	F
被试内	任务×年龄×性别	1.824	13.023	1.878
	任务×年龄	2.208	13.023	2.273**
	任务×性别	0.393	3.256	0.404
	任务	60.318	3.256	62.073**
被试间	年龄×性别	2.999	4	0.600
	年龄	22.688	4	4.541**
	性别	1.080	1	0.216

注：**$p < 0.01$。

① 刘亚洁：《中国信仰基督教的儿童宗教心理发展特点与影响因素研究》，硕士学位论文，浙江师范大学，2014年，第41页。
② 纪念：《中国信仰天主教儿童个体宗教心理发展特点和影响因素研究》，硕士学位论文，浙江师范大学，2014年，第43页。

第四章 青少年时期个体宗教心理的发展

青少年时期（13—35岁）是一个人身心发展逐步走向成熟的时期，也是宗教信仰人群的个体宗教心理发展逐步走向成熟的时期。

在我国目前的国情下，青少年时期个体宗教心理发展的主要矛盾是个体已经形成的宗教心理结构与主流意识形态的要求之间的矛盾。探寻性、波动性、效仿性和务实性构成了这一时期个体宗教心理发展的主要年龄特征。在影响青少年时期个体宗教心理发展的诸因素中，家庭教育、居住环境、同伴交往、教职人员和参加培训等因素的影响值得重视。

一 青少年时期个体宗教认知的发展

（一）青少年时期个体宗教认知的发展趋势

根据课题组的测量研究，青少年时期个体宗教认知的发展趋势，总体来看是随着年龄增长逐步提高的，但在对不同信仰人群的测量研究中，也发现了一些独特的趋向。

课题组对87名道教徒[1]仙道信仰分量表的测量研究发现，11—20岁组道教徒受测者（样本人数7人）的平均得分为35.571，标准差为2.935；21—30岁组道教徒受测者（样本人数44人）的平均得分为

---

[1] 接受测量的87名道教徒，分别来自浙江省金华市三清宫、金华市黄大仙祖宫、金华市赤松黄大仙道院、金华市玉溪宫、河北省石家庄市十方院、邯郸市黄粱梦吕洞宾仙祠、成安县城隍庙、北京市白云观。接受测量者除了在宗教管理机构正式备案的道士之外，还包括部分已经皈依道教但并未住观的在家居士。下同。参见王雪华《道教徒个体宗教性的发展特点及影响因素研究》，硕士学位论文，浙江师范大学，2013年，第29页。

36.159，标准差为3.375；31—40岁组道教徒受测者（样本人数36人）的平均得分为37.277，标准差为2.7。①

从以上数据可以看出，青少年时期的道教徒仙道信仰分量表的平均得分，呈现出随年龄增长逐步提高的发展趋势（见图4—1）。

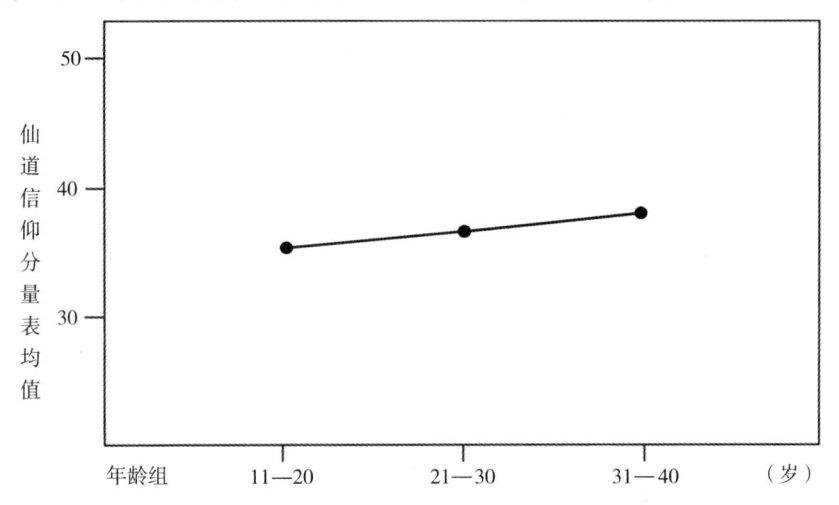

图4—1 青少年时期道教徒仙道信仰分量表平均得分的发展趋势

课题组对93名佛教徒②佛法信仰分量表的测量研究发现，16—20岁组佛教徒受测者（样本人数10人）的平均得分为39.9，标准差为3.071；21—30岁组佛教徒受测者（样本人数38人）的平均得分为39.763，标准差为6.687；31—40岁组佛教徒受测者（样本人数45人）的平均得分为41.755，标准差为3.868。③

从以上数据可以看出，青少年时期的佛教徒佛法信仰分量表的平均得分，呈现出先高、后低、然后升至最高的发展趋势，说明这一时期的佛教徒对个体宗教认知的发展水平不够稳定（见图4—2）。

---

① 王雪华：《道教徒个体宗教性的发展特点及影响因素研究》，硕士学位论文，浙江师范大学，2013年，第37页。

② 接受测量的253名佛教徒，主要来自浙江省和江苏省，包括出家僧人和在家居士。下同。参见包涵《中国佛教徒宗教性发展特点和影响因素研究》，硕士学位论文，浙江师范大学，2013年，第27页。

③ 包涵：《中国佛教徒宗教性发展特点和影响因素研究》，硕士学位论文，浙江师范大学，2013年，第35页。

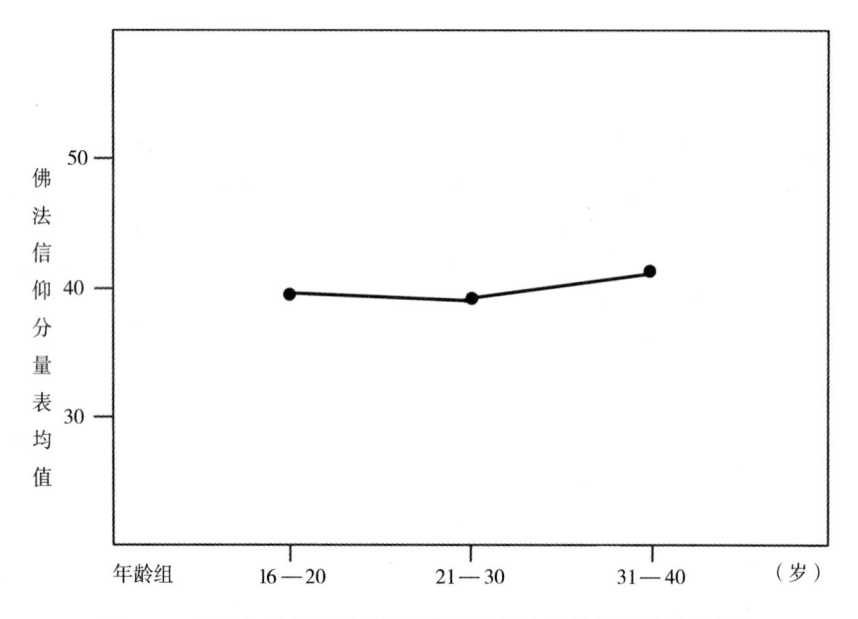

图 4—2　青少年时期佛教徒佛法信仰分量表平均得分的发展趋势

课题组对 361 名穆斯林①真主信仰分量表的测量研究发现，11—20 岁组穆斯林受测者（样本人数 107 人）的平均得分为 37.7，标准差为 6.688；21—30 岁组穆斯林受测者（样本人数 201 人）的平均得分为 41.814，标准差为 5.199；31—40 岁组穆斯林受测者（样本人数 43 人）的平均得分为 44.674，标准差为 3.538。②

从以上数据可以看出，青少年时期的穆斯林真主信仰分量表的平均得分，呈现出随年龄增长逐步提升的发展趋势，即 21—30 岁组的平均得分显著高于 11—20 岁组，31—40 岁组的平均得分显著高于 21—30 岁组（见图 4—3）。

课题组对 264 名天主教徒③天主信仰分量表的测量研究发现，11—20

---

① 接受测量的 428 名穆斯林，分别来自浙江省和青海省。下同。参见翁浩然《伊斯兰教徒个体宗教性的发展特点及影响因素研究》，硕士学位论文，浙江师范大学，2013 年，第 23 页。
② 翁浩然：《伊斯兰教徒个体宗教性的发展特点及影响因素研究》，硕士学位论文，浙江师范大学，2013 年，第 28 页。
③ 接受测量的 264 名天主教徒，分别来自浙江省杭州市和嘉兴市。下同。参见王佳琦《中国天主教徒宗教性的发展特点和影响因素研究》，硕士学位论文，浙江师范大学，2013 年，第 31 页。

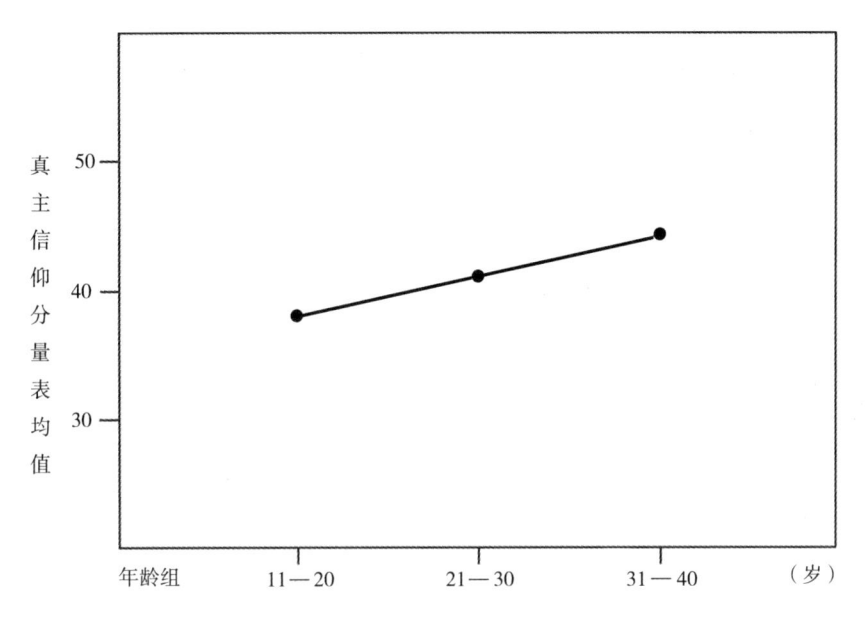

图 4—3 青少年时期穆斯林真主信仰分量表平均得分的发展趋势

岁组天主教徒受测者（样本人数 21 人）的平均得分为 28.142，标准差为 2.056；21—30 岁组天主教徒受测者（样本人数 92 人）的平均得分为 27.717，标准差为 2.198；31—40 岁组天主教徒受测者（样本人数 62 人）的平均得分为 27.822，标准差为 2.364。[1]

从以上数据可以看出，青少年时期的天主教徒天主信仰分量表的平均得分，呈现出先高、后低、再走平的发展趋势，说明青少年时期的天主教徒在个体宗教认知的发展水平上不够稳定（见图 4—4）。

课题组对 156 名基督徒[2]上帝信仰分量表的测量研究发现，11—20 岁组基督徒受测者（样本人数 43 人）的平均得分为 31.14，标准差为 3.204；21—30 岁组基督徒受测者（样本人数 69 人）的平均得分为 32.45，标准差为 2.207；31—40 岁组基督徒受测者（样本人数 44 人）的

---

[1] 王佳琦：《中国天主教徒宗教性的发展特点和影响因素研究》，硕士学位论文，浙江师范大学，2013 年，第 41 页。

[2] 接受测量的 352 名基督徒来自浙江省金华市、温州市，湖南省邵阳市、长沙市。下同。参见曾凯《基督徒个体宗教心理发展研究》，硕士学位论文，浙江师范大学，2015 年，第 29 页。

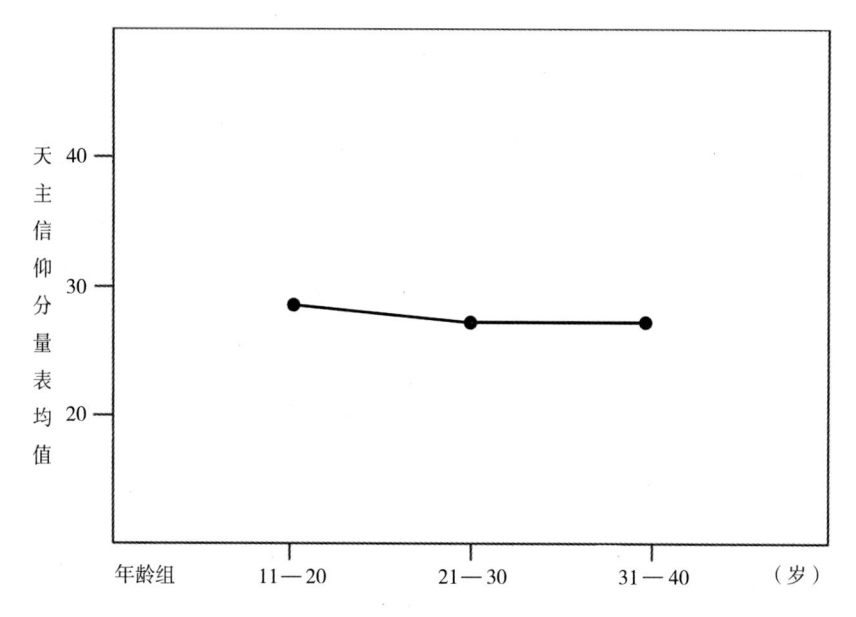

图4—4　青少年时期天主教徒天主信仰分量表平均得分的发展趋势

平均得分为31.887,标准差为2.822。[1]

从以上数据可以看出,青少年时期的基督徒上帝信仰分量表的平均得分,呈现出先低、后高、再略有回落的发展趋势,说明青少年时期的基督徒在个体宗教认知的发展水平上不够稳定（见图4—5）。

课题组对346名民间信仰者[2]神灵信仰分量表的测量研究发现,11—15岁组民间信仰受测者（样本人数69人）的平均得分为21.682,标准差为6.972；16—20岁组民间信仰受测者（样本人数173人）的平均得分为19.723,标准差为7.611；21—25岁组民间信仰受测者（样本人数173人）的平均得分为18.16,标准差为6.57；26—30岁组民间信仰受测者（样本人数104人）的平均得分为18.571,标准差为6.57。[3]

---

[1]　曾凯：《基督徒个体宗教心理发展研究》,硕士学位论文,浙江师范大学,2015年,第33页。

[2]　接受测量的688名民间信仰者来自浙江省金华市、安徽省合肥市和上海市。下同。参见项先红：《民间信仰者个体宗教性的发展特点及影响因素研究》,硕士学位论文,浙江师范大学,2013年,第26页。

[3]　项先红：《民间信仰者个体宗教性的发展特点及影响因素研究》,硕士学位论文,浙江师范大学,2013年,第28页。

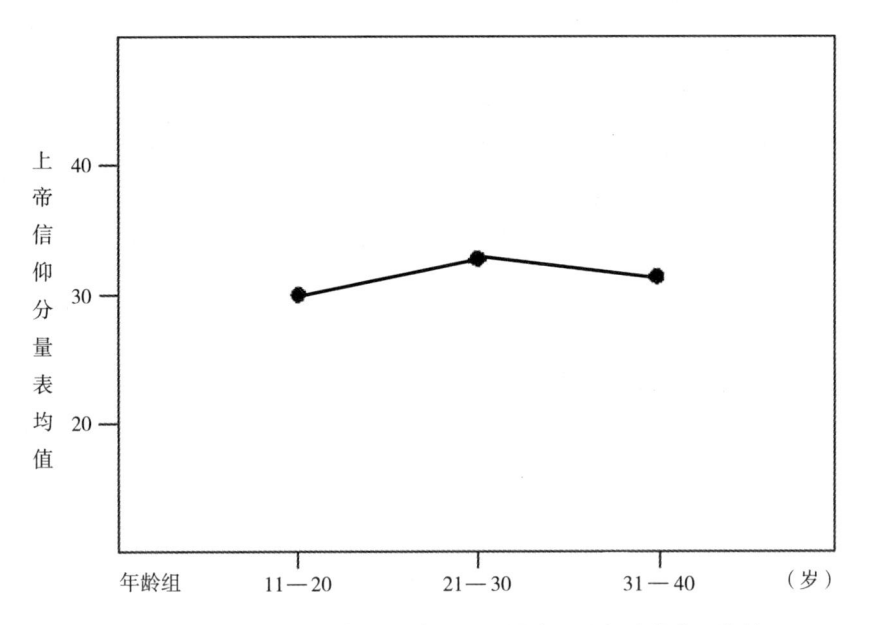

图4—5　青少年时期基督徒上帝信仰分量表平均得分的发展趋势

从以上数据可以看出，11—15岁的民间信仰者更相信神灵现象，其神灵信仰分量表的平均得分最高，以后随着年龄增长以及受教育程度的提高，其神灵信仰的水平逐步走低，但在26—30岁期间又有所回升（见图4—6）。

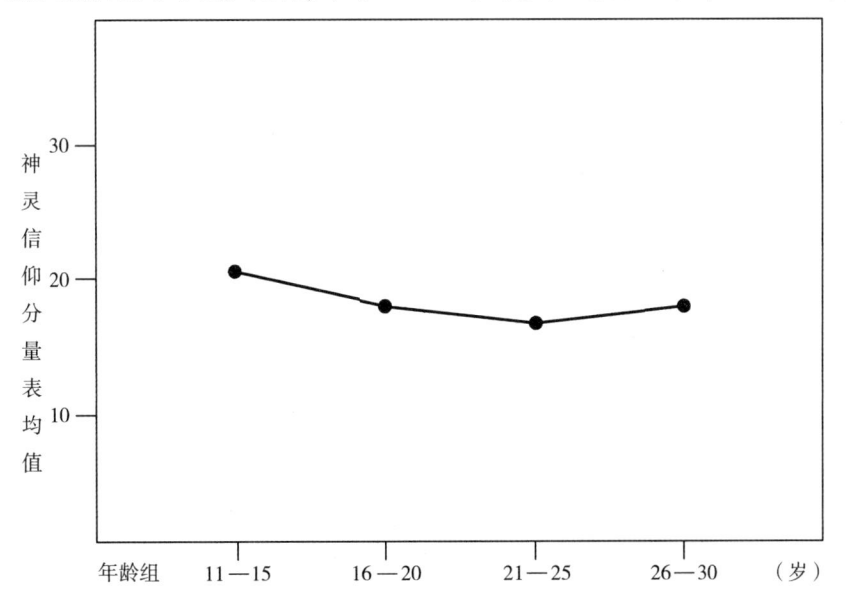

图4—6　青少年时期民间信仰者神灵信仰分量表平均得分的发展趋势

总之，通过对青少年时期道教徒、佛教徒、穆斯林、天主教徒、基督徒和民间信仰者个体宗教认知发展趋势的测量结果和比较，可以发现，道教徒、佛教徒和穆斯林青少年个体宗教认知随年龄增长的发展趋势较为一致，天主教徒和民间信仰青少年个体宗教认知的发展趋势为先高后低，基督徒青少年个体宗教认知的发展趋势则是从低向高然后再走低。

（二）青少年时期个体宗教认知发展的年龄特征

根据课题组的访谈研究，青少年时期个体宗教认知发展的突出特征是探寻性。

在对一位39岁乾道道长的访谈中，这位道长提到，道教徒出家一般有三种情况：一是身体本身有病；二是跟道教有缘；三是寻求精神上的解脱。他自己属于身体本身有病，精神上也寻求解脱。他举例说明了自己的探寻情况：

> 大概在2008年、2009年，我陷入了低谷，觉得自己不管怎么努力，都没有什么希望了。我们的最终目的是要成仙，希望在道门里面能更进一步。后来遇到了一位老修行者说，人长多高是由骨头架子决定的，但长胖长瘦要靠自己努力。功德和罪孽是自己找的。你要想过好生活，就得多积功德。就这样，自己找到了发展的方向。①

另一位受访的乾道道长也说道：

> 二十七八岁的时候，自己开始思考人为什么要活着？人的生命很短暂，就像流星从天空划过一样一闪即逝，个人觉得应该做一些有意义的事。于是就在庙里帮忙，帮着帮着自己也进去了。②

---

① 王雪华：《道教徒个体宗教性发展的特点及影响因素研究》，硕士学位论文，浙江师范大学，2013年，第66页。

② 同上书，第57—58页。

一位 26 岁的佛教女居士，在访谈中如此叙述自己的探寻经历：

> 我有一个长辈，没什么钱，也没结婚，他是吃斋的，人也热心肠，而且脾气特别好，看到谁都笑眯眯的。我以前觉得他好像挺没出息的，现在想想很敬佩他。学佛我觉得就应该像他那样。①

一位受访的穆斯林男青年在回答信仰是否有过动摇的问题时，坦率地说，自己曾经有过怀疑，但坚持过来就没再动摇。②

一位受访的基督徒女研究生，在回忆自己的探寻过程时说：

> 我之所以会信仰主耶稣，是由于大学毕业时面临找工作、做毕业论文设计、父母催促我谈男朋友等众多事情的压力……那个时候的我很压抑，一次偶然的机会在网上认识了我的男朋友，他是一名基督教徒。我相信是上帝安排我们相遇的。他对我无微不至的关心，让我豁然开朗，好像我所遇到的所有难题都一下子解决了。③

一位离异的浙江省金华市民间信仰女受访者，这样描述了自己在民间信仰问题上的探寻过程：

> 我是 1982 年出生的，我家就住在尖峰山脚下……我刚离婚，孩子归我，因为那个负心汉在外面有女人。我没有什么文化，我兄弟姐妹 3 个都已经结婚生子，只有我离婚了。我知道我以前做了很多亏心事，我认为这是老天对我的惩罚，是我前辈子欠的债。在我成长中，对我影响最大的是我的母亲，我之所以争强好胜，之所以离婚，很大一部分是因为我母亲。对我来说，没有什么比离婚对我的打击大了。自从

---

① 包涵：《中国佛教徒宗教性发展特点和影响因素研究》，硕士学位论文，浙江师范大学，2013 年，第 45 页。
② 翁浩然：《伊斯兰教徒个体宗教性的发展特点及影响因素研究》，硕士学位论文，浙江师范大学，2013 年，第 43 页。
③ 曾凯：《基督徒个体宗教心理发展研究》，硕士学位论文，浙江师范大学，2015 年，第 45 页。

离婚后，我失去了生活奋斗的目标。我现在很痛苦，要不是看在孩子的份上，我真想去做尼姑算了，那样就清净了。①

（三）青少年时期个体宗教认知发展的影响因素

影响青少年时期个体宗教认知发展的主要因素有哪些呢？从课题组访谈研究的结果来看，最主要的影响因素是家庭因素，其次是宗教团体中的榜样人物。

一位29岁的道教道长说：

> 自己从小就受爷爷的影响，对道教这些东西比较感兴趣……在家庭里面，我妈对我的影响最大，在各方面受她的影响比较深，尤其是拜神方面。②

在对一位19岁道教徒的访谈中，他的回答是：

> 对我成长影响最重要的人是杨师父，她是我认识的一个贵人。她虽然没有什么文化，但是从她身上散发着一种力量。③

另一位33岁的穆斯林餐馆员工，也非常看重父亲对自己的帮助：

> 以前在家里，父亲礼拜后都会给我讲授关于伊斯兰的知识。现在看来，对我了解和相信真主都十分重要。④

一位35岁的天主教神父在叙述家庭对自己的影响时说：

---

① 项先红：《民间信仰者个体宗教性的发展特点及影响因素研究》，硕士学位论文，浙江师范大学，2013年，第40页。
② 王雪华：《道教徒个体宗教性发展的特点及影响因素研究》，硕士学位论文，浙江师范大学，2013年，第55—56页。
③ 同上书，第57页。
④ 翁浩然：《伊斯兰教徒个体宗教性的发展特点及影响因素研究》，硕士学位论文，浙江师范大学，2013年，第40页。

我出生在一个信仰天主教的家庭，一出生就领洗了。刚开始的时候也不懂，只是跟着家人一起做，懂了之后，就一直很坚持……高中毕业后，我进入备修院学习，准备成为神父。在备修院的3年时间里，我接受了灵修和深入的圣经教育。[①]

二 青少年时期个体宗教情感的发展

(一) 青少年时期个体宗教情感的发展趋势

根据课题组的测量研究，青少年时期个体宗教情感的发展趋势，总体来看是随着年龄增长逐步提高的，但在对佛教徒、天主教徒和民间信仰者的测量研究中，发现了一些不够稳定的现象。

课题组对87名道教徒超然体验分量表的测量研究发现，11—20岁组道教徒受测者（样本人数7人）的平均得分为31.714，标准差为5.219；21—30岁组道教徒受测者（样本人数44人）的平均得分为32.409，标准差为3.294；31—40岁组道教徒受测者（样本人数36人）的平均得分为33.388，标准差4.518。[②]

从以上数据可以看出，青少年时期的道教徒在超然体验分量表的平均得分上，呈现出随年龄增长稳步上升的发展趋势，即21—30岁组的平均得分高于11—20岁组，31—40岁组的平均得分高于21—30岁组（见图4—7）。

课题组对93名佛教徒宗教体验分量表的测量研究发现，16—20岁组佛教徒受测者（样本人数10人）的平均得分为27.8，标准差为5.138；21—30岁组佛教徒受测者（样本人数38人）的平均得分为25.868，标准差为6.405；31—40岁组佛教徒受测者（样本人数45人）的平均得分为26.577，标准差5.145。[③]

[①] 王佳琦：《中国天主教徒宗教性的发展特点和影响因素研究》，硕士学位论文，浙江师范大学，2013年，第48页。

[②] 王雪华：《道教徒个体宗教性发展的特点及影响因素研究》，硕士学位论文，浙江师范大学，2013年，第37页。

[③] 包涵：《中国佛教徒宗教性发展特点和影响因素研究》，硕士学位论文，浙江师范大学，2013年，第35页。

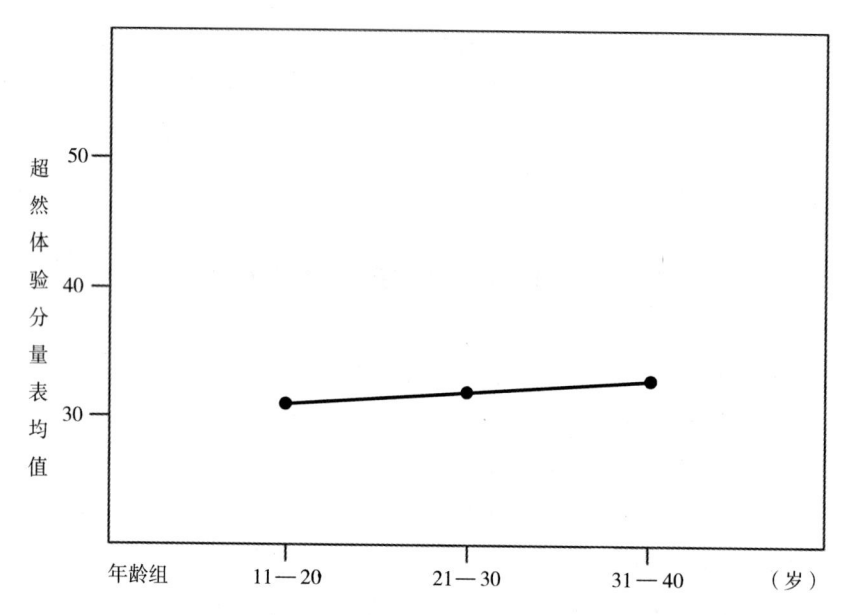

图 4—7　青少年时期道教徒超然体验分量表平均得分的发展趋势

从以上数据可以看出，青少年时期的佛教徒在宗教体验的发展水平上呈现出先高、后低、再略有回升的发展趋势，其中 16—20 岁组宗教体验分量表的平均得分最高，说明青少年时期的佛教徒在宗教体验分量表的发展水平上不够稳定（见图 4—8）。

课题组对 351 名穆斯林神秘体验分量表的测量研究发现，11—20 岁组穆斯林受测者（样本人数 107 人）的平均得分为 26.504，标准差为 4.545；21—30 岁组穆斯林受测者（样本人数 201 人）的平均得分为 28.125，标准差为 4.034；31—40 岁组穆斯林受测者（样本人数 43 人）的平均得分为 29.837，标准差 2.348。[①]

从以上数据可以看出，青少年时期的穆斯林神秘体验分量表上的平均得分，呈现出随年龄增长逐步上升的发展趋势，即 21—30 岁组的平均得分明显高于 11—20 岁组，31—40 岁组的平均得分明显高于 21—30 岁组（见图 4—9），青少年时期的穆斯林在神秘体验分量表上的发展趋势，与真主信仰分量表上的发展趋势是一致的。

---

① 翁浩然：《伊斯兰教徒个体宗教性的发展特点及影响因素研究》，硕士学位论文，浙江师范大学，2013 年，第 28 页。

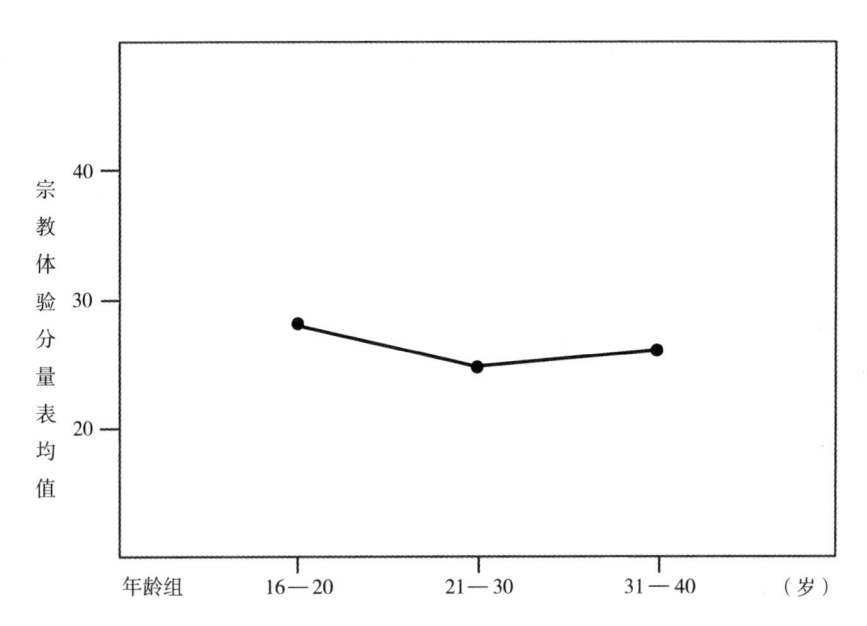

图 4—8　青少年时期佛教徒宗教体验分量表平均得分的发展趋势

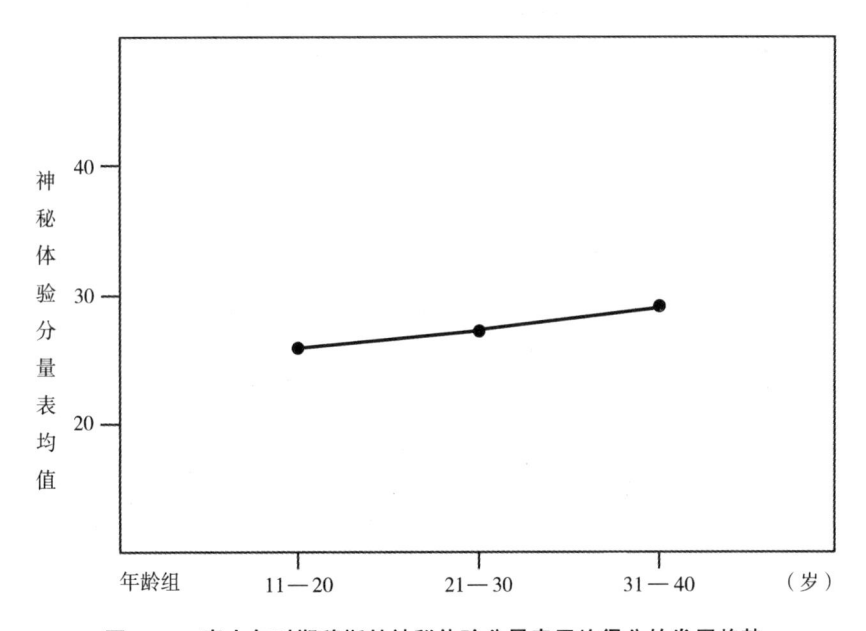

图 4—9　青少年时期穆斯林神秘体验分量表平均得分的发展趋势

课题组对 264 名天主教徒超然体验分量表的测量研究发现，11—20 岁组天主教徒受测者（样本人数 21 人）的平均得分为 27.285，标准差为 3.451；21—30 岁组天主教徒受测者（样本人数 92 人）的平均得分为

26.413，标准差为3.419；31—40岁组天主教徒受测者（样本人数62人）的平均得分为28.193，标准差为3.258。①

从以上数据可以看出，青少年时期天主教徒超然体验分量表的平均得分，呈现出先高、后低、然后达到更高的发展趋势（见图4—10）；青少年时期的天主教徒在超然体验分量表上的发展趋势，与天主信仰分量表上的不稳定状态也有所不同，即31—40岁组的平均得分达到青少年时期的最高水平，其总体趋势是起伏向上的。

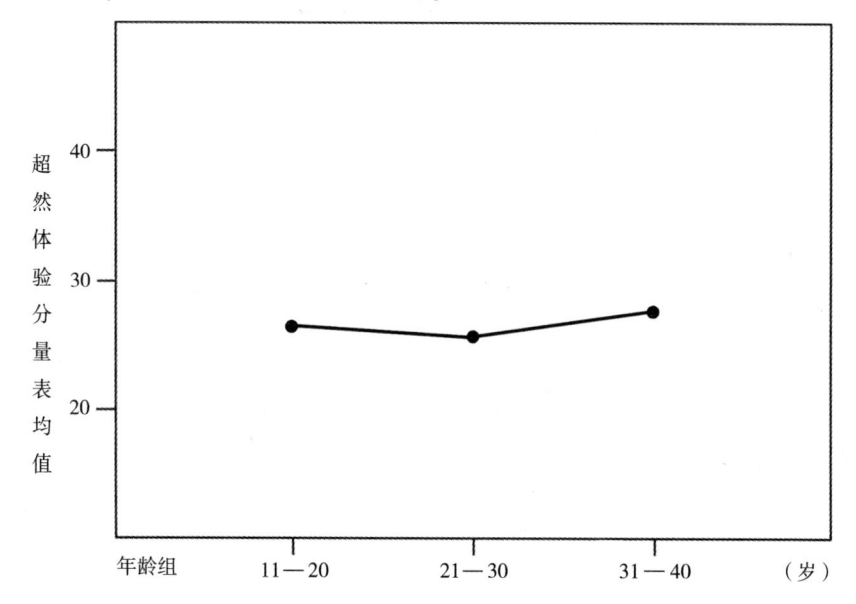

图4—10　青少年时期天主教徒超然体验分量表平均得分的发展趋势

课题组对156名基督徒超然体验分量表的测量研究发现，11—20岁组基督徒受测者（样本人数43人）的平均得分为30.07，标准差为2.89；21—30岁组基督徒受测者（样本人数69人）的平均得分为30.696，标准差为4.184；31—40岁组基督徒受测者（样本人数44人）的平均得分为31.023，标准差为3.474。②

---

① 王佳琦：《中国天主教徒宗教性的发展特点和影响因素研究》，硕士学位论文，浙江师范大学，2013年，第41页。

② 曾凯：《基督徒个体宗教心理发展研究》，硕士学位论文，浙江师范大学，2015年，第33页。

第四章　青少年时期个体宗教心理的发展　131

从以上数据可以看出，青少年时期的基督徒在超然体验分量表上的平均得分，呈现出随年龄增长略有提升的发展趋势，各个年龄组之间的平均得分差异并不显著（见图4—11）；青少年时期的基督徒在超然体验分量表上的发展趋势，与上帝信仰分量表的不稳定状态有所不同，上帝信仰分量表的不稳定状态是先低、后高、再略有回落，超然体验分量表的不稳定状态是先平走、然后再走高。

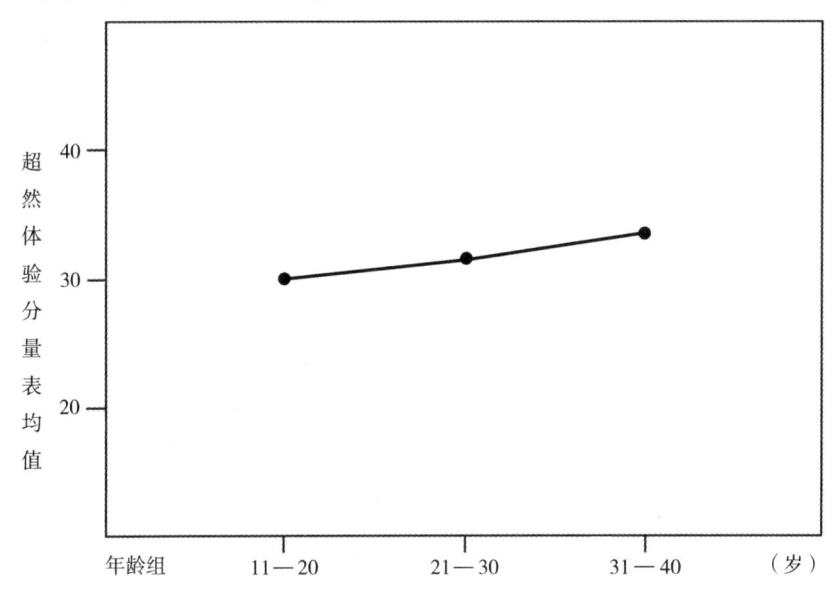

图4—11　青少年时期基督徒超然体验分量表平均得分的发展趋势

课题组对346名民间信仰者神秘体验分量表的测量研究发现，11—15岁组民间信仰受测者（样本人数69人）的平均得分为15.943，标准差为5.267；16—20岁组民间信仰受测者（样本人数173人）的平均得分为11.858，标准差为5.137；21—25岁组民间信仰受测者（样本人数173人）的平均得分为11.6，标准差为4.606；26—30岁组民间信仰受测者（样本人数104人）的平均得分为12.755，标准差4.802。[①]

从以上数据可以看出，青少年时期的民间信仰者在神秘体验分量表的平均得分上，呈现出先高、回落、走平、然后略有回升的发展趋势（见

---

① 项先红：《民间信仰者个体宗教性的发展特点及影响因素研究》，硕士学位论文，浙江师范大学，2013年，第28页。

图4—12），说明青少年时期的民间信仰者在超然体验分量表的发展水平上不够稳定。

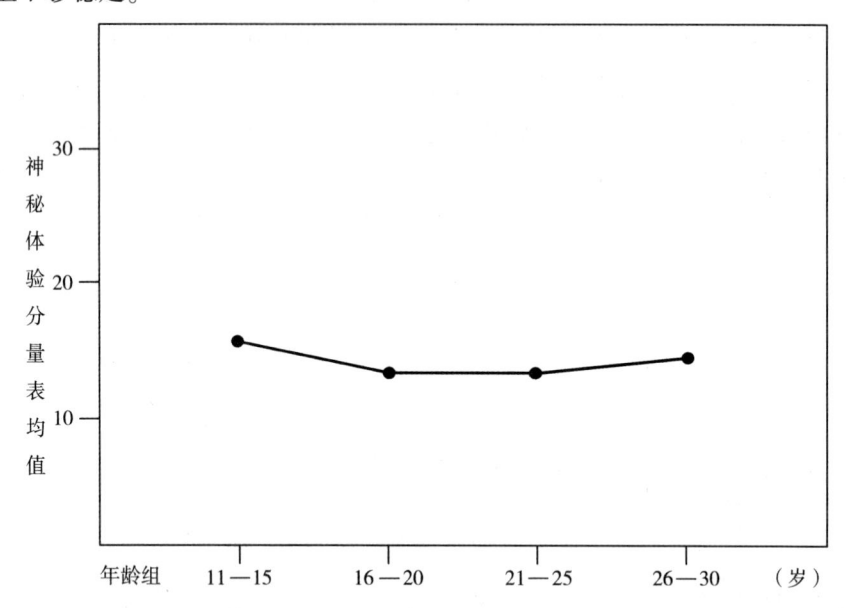

图4—12 青少年时期民间信仰者神秘体验分量表平均得分的发展趋势

总之，通过对青少年时期道教徒、佛教徒、穆斯林、天主教徒、基督徒和民间信仰者个体宗教情感发展趋势的测量结果和比较对照，可以发现，道教徒、基督徒和穆斯林青少年的个体宗教情感水平是随着年龄增长逐步提升的，佛教徒、天主教徒和民间信仰青少年个体宗教情感的发展趋势则不够稳定，其起伏状态具有一定的不确定性。

(二) 青少年时期个体宗教情感发展的年龄特征

根据课题负责人积累的案例和课题组成员的访谈研究，青少年时期个体宗教情感发展的突出特征是波动性。

一位19岁的道教徒，对自己宗教体验的描述是：

> 之前性情比较急躁，现在没有那么多杂念，可以安定下来了。[①]

[①] 王雪华：《道教徒个体宗教性发展的特点及影响因素研究》，硕士学位论文，浙江师范大学，2013年，第62页。

一位32岁的比丘尼，较为详细地诉说了自己出家前后的情绪波动：

> 家里兄弟姐妹多，自己的身体又弱，后来偶然遇到寺庙里的师父，觉得她们待人善良，于是便有了出家的念头。当时家里人并不赞成自己出家，但自己已经长大成人，家里人也管不了。来到寺庙后，真正进入这种单调枯燥、吃斋念佛的生活环境中，自己的情绪被压抑其实是蛮大的。有时自己晚上睡不着觉，反复在想，过一辈子这样的生活，到底值不值呀？后来自己有机会参加了佛学院的进修，了解到系统的佛学知识，自己的佛学修养不断提升，情绪才慢慢地稳定下来。现在，自己已经从日常修行中找到了快乐，这种快乐是一般人无法理解的。①

一位25岁的穆斯林男性研究生，谈到了自己在信仰生活中的情绪波动：

> 现实生活中有很多难以避免的问题。比如朋友聚会时喝酒，这显然不符合穆斯林教义的要求，但碍于朋友的情面，自己又不得不喝。这时候，个人的内心冲突其实是很明显的，有时甚至会很烦闷。不过，事情过去后，自己又会这样安慰自己：这次喝酒其实是碍于朋友情面的一次妥协，以后自己还是会听从真主教诲的，不再做违背教义的事情。这样一想，情绪就安稳了许多。再比如，在恋爱交友的过程中，也经常会碰到这种矛盾冲突带来的情绪困扰问题。②

(三) 青少年时期个体宗教情感发展的影响因素

本课题组在访谈研究时发现，同伴、居住地氛围和家庭教育的环境，对青少年时期个体宗教情感的发展具有重要影响。

一位年轻的道长是这样叙述同伴的长辈对自己宗教情感发展的影

---

① 本案例来自课题负责人2012年年底在广东省东莞市调研时，与一位比丘尼的面谈。
② 这个案例来自课题负责人2017年4月与浙江师范大学一位穆斯林研究生的微信交流。

响的：

> 我父母很早就离异了。我是跟随一个初中同学的父亲接触的道教。他父亲是我们那里一个道观的职业道士，后来也是在他的影响下，把我介绍到道观做道长。①

一位穆斯林大学生在谈到影响自己宗教情感发展的因素时，特别强调身边的穆斯林同伴对自己的影响。他说：

> 进入大学之前，我的脾气很差，但是随着在大学里结识不同的伊斯兰朋友，一同参加各种学习活动，让我学到了很多，并且很多时候自己也会思考一些问题，渐渐地让自己变得越来越成熟。②

一位30多岁的农村天主教神父，非常看重居住地氛围对自己宗教情感发展的影响。他说：

> 我所在的村里宗教氛围（村里全部都是信天主教的）很浓，每当有重大节日（复活节、圣诞节等）的时候，村里就会张灯结彩，搭牌楼，非常漂亮。我很喜欢。我从小是在这样的环境里长大的。③

一位在主日学校承担讲经任务的35岁基督教牧师，在访谈中提到家庭对自己宗教情感发展的重要影响：

> 自己之所以会成为一名牧师，是奶奶和妈妈一直在向上帝祷告，

---

① 王雪华：《道教徒个体宗教性发展的特点及影响因素研究》，硕士学位论文，浙江师范大学，2013年，第56页。
② 翁浩然：《伊斯兰教徒个体宗教性的发展特点及影响因素研究》，硕士学位论文，浙江师范大学，2013年，第45页。
③ 王佳琦：《中国天主教徒宗教性的发展特点和影响因素研究》，硕士学位论文，浙江师范大学，2013年，第50页。

主耶稣才接纳我的。①

三 青少年时期个体宗教行为的发展

(一) 青少年时期个体宗教行为的发展趋势

根据本课题组的测量研究,青少年时期个体宗教行为的发展趋势,除了道教徒、穆斯林和基督徒是随着年龄增长而逐步提高外,其他信仰者都发现了波浪起伏的不确定现象。

课题组对87名道教徒宫观参与分量表的测量研究发现,11—20岁组道教徒受测者(样本人数7人)的平均得分为32.571,标准差为4.197;21—30岁组道教徒受测者(样本人数44人)的平均得分为32.613,标准差为4.344;31—40岁组道教徒受测者(样本人数36人)的平均得分为33.388,标准差2.610。②

从以上数据可以看出,青少年时期的道教徒在宫观参与分量表的平均得分上,呈现出先接近平走、然后再有所上升的发展趋势,即21—30岁组的平均得分略高于11—20岁组,31—40岁组的平均得分明显高于21—30岁组(见图4—13)。

课题组对93名佛教徒宗教行为分量表的测量研究发现,16—20岁组佛教徒受测者(样本人数10人)的平均得分为31.9,标准差为6.64;21—30岁组佛教徒受测者(样本人数38人)的平均得分为28.447,标准差为7.096;31—40岁组佛教徒受测者(样本人数45人)的平均得分为32.000,标准差5.8425③。

从以上数据可以看出,青少年时期的佛教徒在宗教行为的发展水平上呈现出先高、后低、然后再升至更高的发展趋势,其中31—40岁组宗教行为分量表的平均得分最高(见图4—14)。

---

① 曾凯:《基督徒个体宗教心理发展研究》,硕士学位论文,浙江师范大学,2015年,第44页。
② 王雪华:《道教徒个体宗教性发展的特点及影响因素研究》,硕士学位论文,浙江师范大学,2013年,第37页。
③ 包涵:《中国佛教徒宗教性发展特点和影响因素研究》,硕士学位论文,浙江师范大学,2013年,第35页。

136 中国特色个体宗教心理发展研究

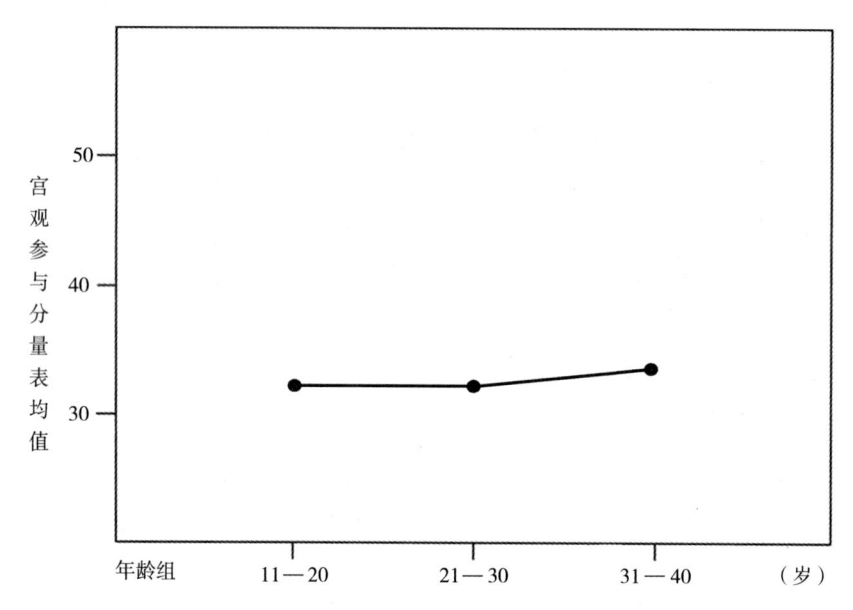

图 4—13 青少年时期道教徒宫观参与分量表平均得分的发展趋势

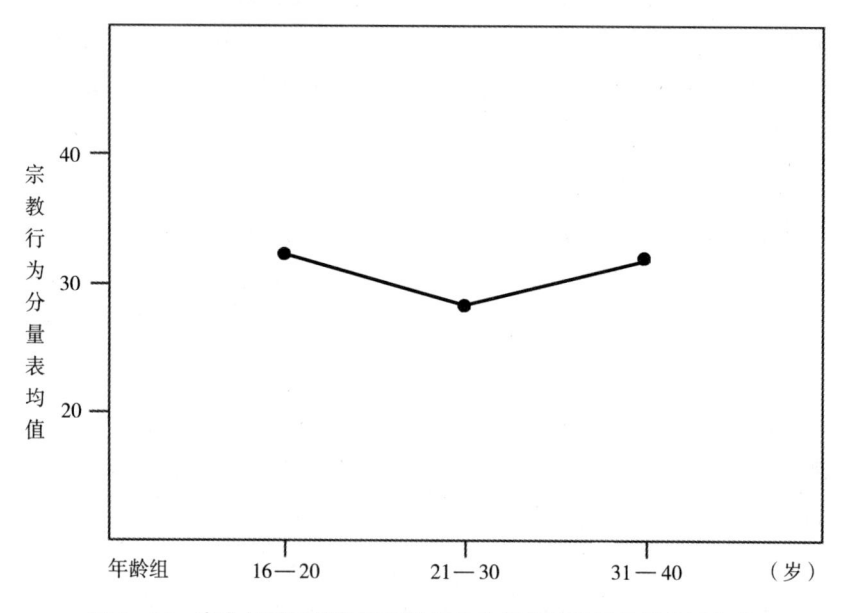

图 4—14 青少年时期佛教徒宗教行为分量表平均得分的发展趋势

课题组对 351 名穆斯林寺院参与分量表的测量研究发现，11—20 岁组穆斯林受测者（样本人数 107 人）的平均得分为 28.611，标准差为 4.486；21—30 岁组穆斯林受测者（样本人数 201 人）的平均得分为

31.153，标准差为4.242；31—40岁组穆斯林受测者（样本人数43人）的平均得分为33.873，标准差1.876。[①]

从以上数据可以看出，青少年时期的穆斯林在寺院参与分量表上的平均得分，呈现出随年龄增长逐步提升的发展趋势，即21—30岁组的平均得分明显高于11—20岁组，31—40岁组的平均得分明显高于21—30岁组（见图4—15）。

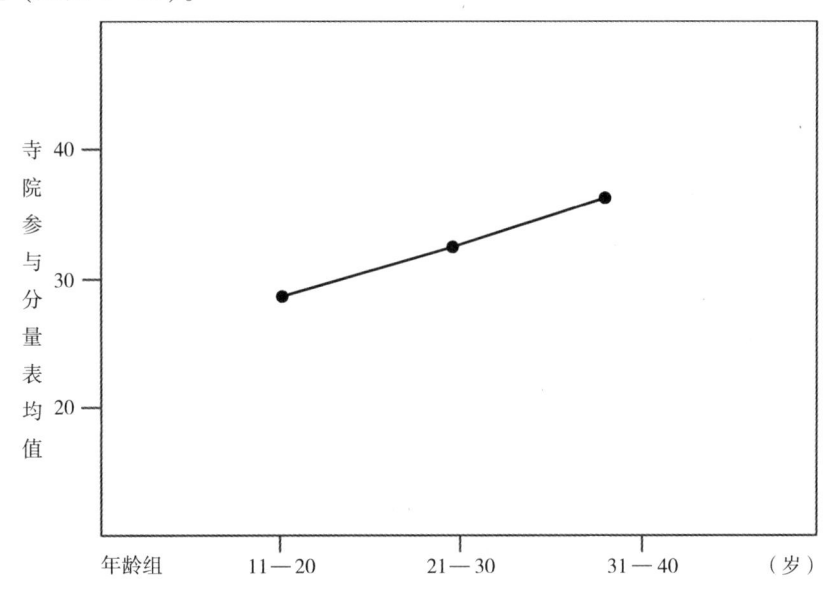

图4—15　青少年时期穆斯林寺院参与分量表平均得分的发展趋势

课题组对175名天主教徒制度性参与分量表的测量研究发现，11—20岁组天主教徒受测者（样本人数21人）的平均得分为29.19，标准差为4.19；21—30岁组天主教徒受测者（样本人数92人）的平均得分为28.913，标准差为3.761；31—40岁组天主教徒受测者（样本人数62人）的平均得分为30.532，标准差为4.183。[②]

从以上数据可以看出，青少年时期天主教徒制度性参与分量表的平均得分，呈现出先高、后低、然后达到更高的发展趋势（见图4—16）。青

[①] 翁浩然：《伊斯兰教徒个体宗教性的发展特点及影响因素研究》，硕士学位论文，浙江师范大学，2013年，第28页。

[②] 王佳琦：《中国天主教徒宗教性的发展特点和影响因素研究》，硕士学位论文，浙江师范大学，2013年，第41页。

少年时期的天主教徒在制度性参与分量表上的发展态势,与超然体验分量表的发展态势相似。

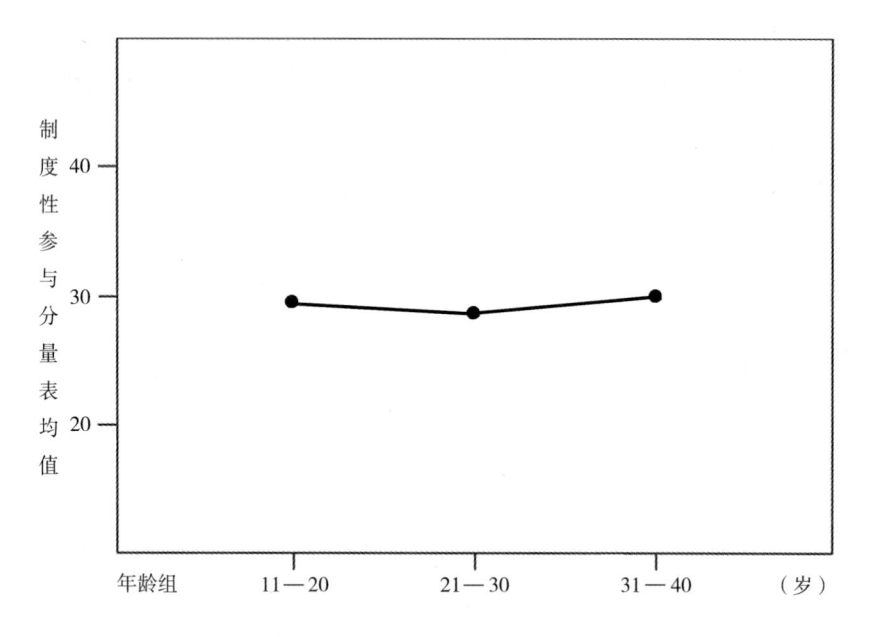

图4—16 青少年时期天主教徒制度性参与分量表平均得分的发展趋势

课题组对156名基督徒制度性参与分量表的测量研究发现,11—20岁组基督徒受测者(样本人数43人)的平均得分为27.628,标准差为3.729;21—30岁组基督徒受测者(样本人数69人)的平均得分为29.681,标准差为3.916;31—40岁组基督徒受测者(样本人数44人)的平均得分为29.568,标准差为4.459。[①]

从以上数据可以看出,青少年时期的基督徒在制度性参与分量表上的平均得分,呈现出先低、后高、然后再走平的发展趋势(见图4—17)。

课题组对346名民间信仰者开放式参与分量表的测量研究发现,11—15岁组民间信仰受测者(样本人数69人)的平均得分为12.196,标准差为4.439;16—20岁组民间信仰受测者(样本人数173人)的平均得分为

[①] 曾凯:《基督徒个体宗教心理发展研究》,硕士学位论文,浙江师范大学,2015年,第33页。

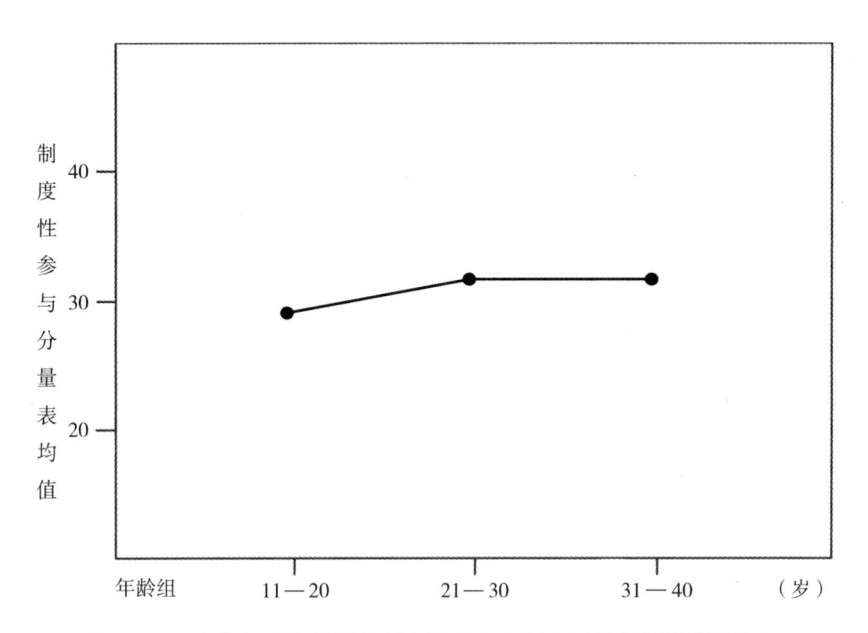

图 4—17 青少年时期基督徒制度性参与分量表平均得分的发展趋势

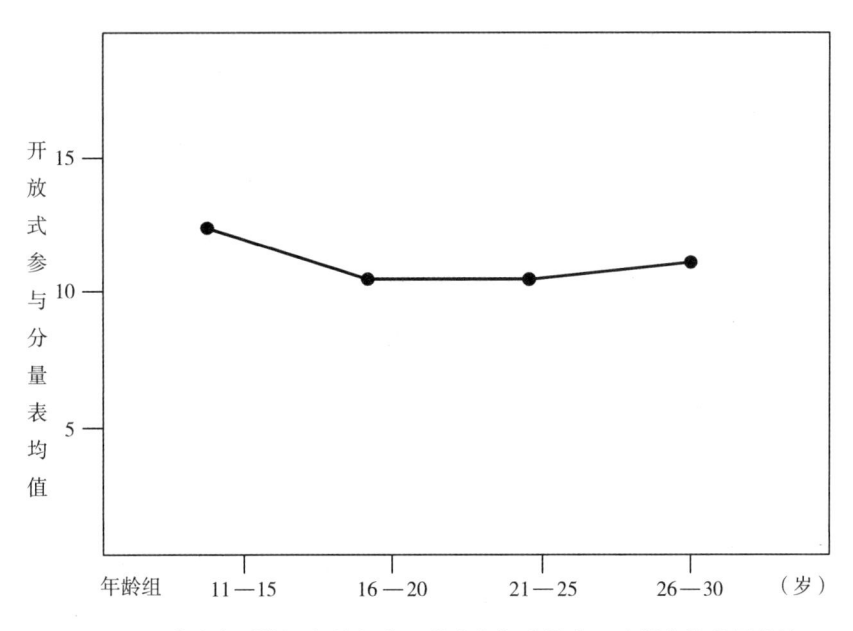

图 4—18 青少年时期民间信仰者开放式参与分量表平均得分的发展趋势

9.514，标准差为 4.344；21—25 岁组民间信仰受测者（样本人数 54 人）的平均得分为 9.793，标准差为 5.454；26—30 岁组民间信仰受测者（样本人数 50 人）的平均得分为 10.551，标准差 3.958。①

从以上数据可以看出，青少年时期的民间信仰者在开放式参与分量表的平均得分上，呈现出先高、后低、平走、然后再略有回升的发展趋势，其中 11—15 岁组处于青少年时期开放式参与的最高发展水平（见图 4—18）。

（二）青少年时期个体宗教行为发展的年龄特征

根据课题负责人积累的案例和课题组成员的访谈研究，青少年时期个体宗教行为发展的突出特征是效仿性。②

一位 25 岁的出家道姑说：

> 道教的学问很深，我了解的教义其实并不是很多，大多是跟着别人在效仿，时间长了，养成了习惯，也就顺其自然了。③

一位 29 岁的比丘坦言：

> 佛教博大精深，自己懂得的都是一些入门的东西，大多数时间是效仿老师父，跟着他们一点一点地长进。④

一位 18 岁的穆斯林高中生，谈到了小时候效仿父亲时的情景：

> 小时候什么都不懂，经常会对父亲所做的礼拜，产生一些奇怪的想法和疑问。总是看见父亲表情很严肃。后来长大了，学习了《古兰经》和伊斯兰知识后，才有所了解。⑤

---

① 项先红：《民间信仰者个体宗教性的发展特点及影响因素研究》，硕士学位论文，浙江师范大学，2013 年，第 28 页。
② 青少年时期宗教信仰者的效仿行为，较之儿童期的表层模仿，已经在理解程度上有了很大进步。
③ 此案例来自课题负责人 2013 年在湖南省长沙市调研时，与一位道姑的面谈。
④ 此案例来自课题负责人 2013 年在山东省济南市调研时，与一位比丘的面谈。
⑤ 翁浩然：《伊斯兰教徒个体宗教性的发展特点及影响因素研究》，硕士学位论文，浙江师范大学，2013 年，第 40 页。

一位22岁的基督徒,曾这样形容自己对长辈宗教行为的效仿:

> 小时候奶奶经常带我去教堂做礼拜。也不懂是在干什么,就觉得挺好玩,有很多小伙伴一起玩,比待在家里写作业什么的要有趣得多,所以总是期盼着礼拜天的到来。①

(三) 青少年时期个体宗教行为发展的影响因素

课题组在访谈研究中发现,家庭因素对青少年时期个体宗教行为的发展影响最突出。

一位喜爱弹奏琵琶的27岁道士,把自己出家修行归之于父亲的影响。他说:

> 从小父亲就找老师教我弹琵琶,还给我讲道教养生的好处。后来自己不知不觉地就喜欢上了这样的生活。现在除了自己按时修行,有时还为前来烧香的信众弹奏古曲,生活很知足。②

一位穆斯林大学生在访谈中说:

> 自己从小就信真主,12岁以后由父母传承,没有动摇过。③

一位20岁的天主教女教徒表示:

> 我的家人都是信教的,但是我没有立即受洗……慢慢长大了,就觉得信这个也挺好的,所以就受洗了,一直坚持下来。④

---

① 曾凯:《基督徒个体宗教心理发展研究》,硕士学位论文,浙江师范大学,2015年,第44页。
② 本案例来自课题负责人2013年在湖南省长沙市调研时,与一位道士的面谈。
③ 翁浩然:《伊斯兰教徒个体宗教性的发展特点及影响因素研究》,硕士学位论文,浙江师范大学,2013年,第47页。
④ 王佳琦:《中国天主教徒宗教性的发展特点和影响因素研究》,硕士学位论文,浙江师范大学,2013年,第49页。

四 青少年时期个体宗教人格的发展

（一）青少年时期个体宗教人格的发展趋势

根据本课题组的测量研究，青少年时期以价值追求为代表的个体宗教人格发展趋势，除了佛教徒、穆斯林和基督徒受测者的平均得分随年龄增长而逐步提高外，其他接受测量的道教徒、天主教徒和民间信仰者的平均得分都呈现出波浪起伏的不稳定现象。

课题组对 87 名道教徒价值追求分量表的测量研究发现，11—20 岁组道教徒受测者（样本人数 7 人）的平均得分为 32.142，标准差为 2.609；21—30 岁组道教徒受测者（样本人数 44 人）的平均得分为 31.09，标准差为 3.131；31—40 岁组道教徒受测者（样本人数 36 人）的平均得分为 31.111，标准 4.254。[1]

从以上数据可以看出，青少年时期的道教徒在价值追求分量表的平均得分上，呈现出先高、后低、再平行的发展态势，其中 11—20 岁组的价值追求平均得分处于青少年时期的最高水平（见图 4—19）。

课题组对 93 名佛教徒价值追求分量表的测量研究发现，16—20 岁组佛教徒受测者（样本人数 10 人）的平均得分为 29.100，标准差为 4.483；21—30 岁组佛教徒受测者（样本人数 38 人）的平均得分为 29.763，标准差为 5.024；31—40 岁组佛教徒受测者（样本人数 45 人）的平均得分为 30.622，标准差 3.785。[2]

从以上数据可以看出，青少年时期的佛教徒在价值追求分量表的发展水平上，呈现出随年龄增长逐步提升的发展态势，其中 31—40 岁组的提升水平较为明显（见图 4—20）。

课题组对 351 名穆斯林价值追求分量表的测量研究发现，11—20 岁组穆斯林受测者（样本人数 107 人）的平均得分为 25.289，标准差为

---

[1] 王雪华：《道教徒个体宗教性发展的特点及影响因素研究》，硕士学位论文，浙江师范大学，2013 年，第 37 页。

[2] 包涵：《中国佛教徒宗教性发展特点和影响因素研究》，硕士学位论文，浙江师范大学，2013 年，第 35 页。

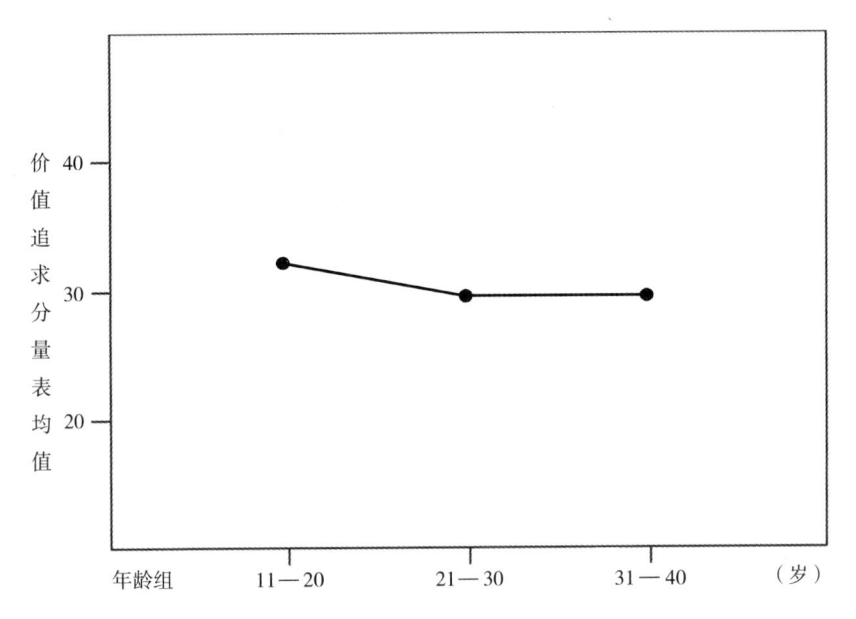

图 4—19　青少年时期道教徒价值追求分量表平均得分的发展趋势

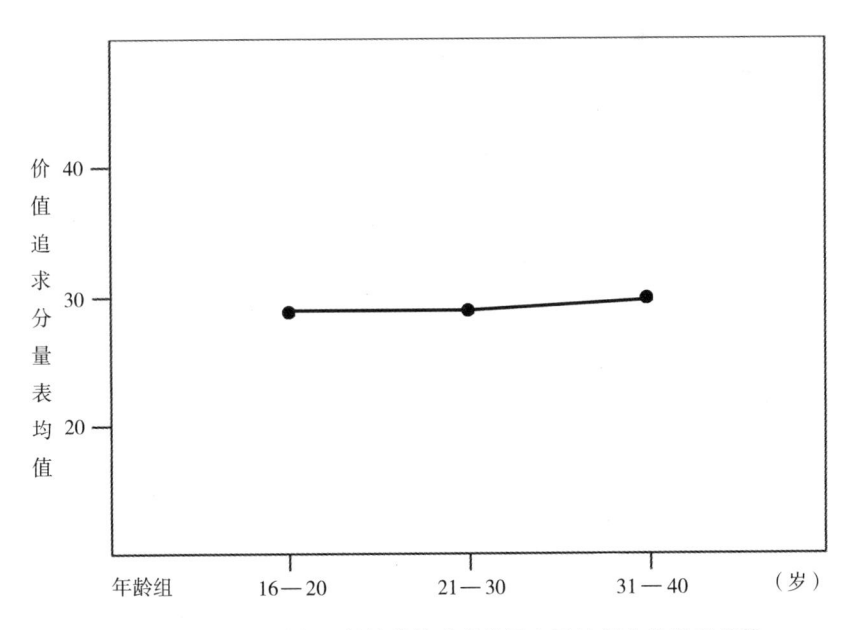

图 4—20　青少年时期佛教徒价值追求分量表平均得分的发展趋势

4.999；21—30 岁组穆斯林受测者（样本人数 201 人）的平均得分为 27.062，标准差为 4.350；31—40 岁组穆斯林受测者（样本人数 43 人）

的平均得分为 29.139，标准差 1.464。①

从以上数据可以看出，青少年时期的穆斯林在价值追求分量表上的平均得分，呈现出随年龄增长逐步提升的发展趋势，即 21—30 岁组的平均得分明显高于 11—20 岁组，31—40 岁组的平均得分明显高于 21—30 岁组（见图 4—21）。青少年时期的穆斯林在价值追求分量表上的发展趋势，与真主信仰分量表、神秘体验分量表和寺院参与分量表的发展趋势一致。

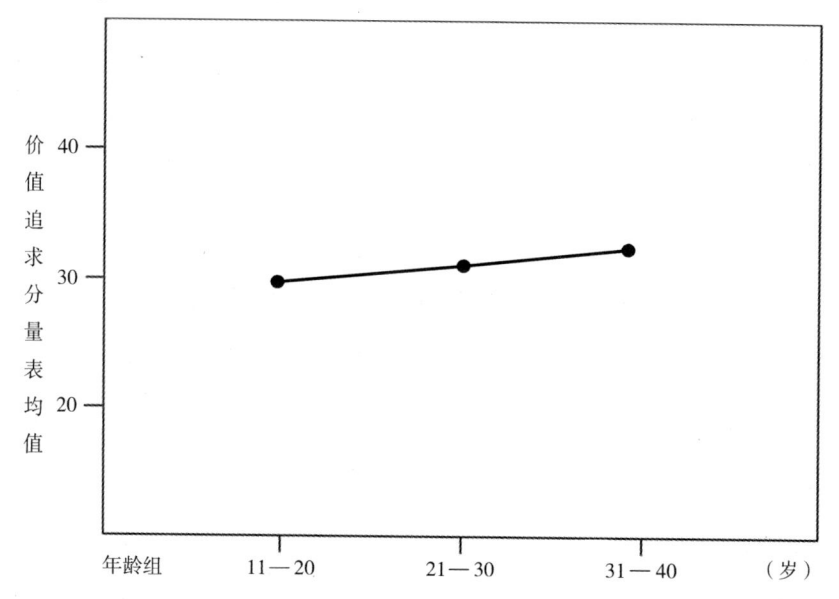

图 4—21 青少年时期穆斯林价值追求分量表平均得分的发展趋势

课题组对 175 名天主教徒价值追求分量表的测量研究发现，11—20 岁组天主教徒受测者（样本人数 21 人）的平均得分为 25.523，标准差为 3.842；21—30 岁组天主教徒受测者（样本人数 92 人）的平均得分为 24.228，标准差为 4.362；31—40 岁组天主教徒受测者（样本人数 62 人）的平均得分为 25.612，标准差为 4.286。②

从以上数据可以看出，青少年时期的天主教徒在价值追求分量表的平

---

① 翁浩然：《伊斯兰教徒个体宗教性的发展特点及影响因素研究》，硕士学位论文，浙江师范大学，2013 年，第 28 页。

② 王佳琦：《中国天主教徒宗教性的发展特点和影响因素研究》，硕士学位论文，浙江师范大学，2013 年，第 41 页。

均得分上，呈现出先高、后低、然后达到更高的发展趋势（见图4—22）。青少年时期的天主教徒在价值追求分量表上的发展趋势，与超然体验分量表和制度性参与分量表的发展趋势相似。

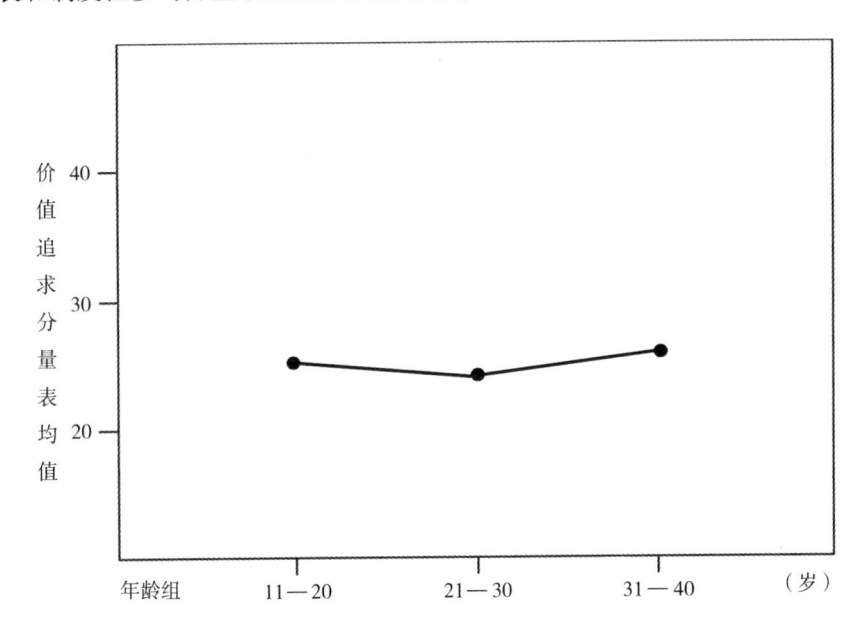

图4—22　青少年时期天主教徒价值追求分量表平均得分的发展趋势

课题组对156名基督徒价值追求分量表的测量研究发现，11—20岁组基督徒受测者（样本人数43人）的平均得分为27.256，标准差为4.007；21—30岁组基督徒受测者（样本人数69人）的平均得分为28.304，标准差为4.963；31—40岁组基督徒受测者（样本人数44人）的平均得分为28.909，标准差为4.220。[①]

从以上数据可以看出，青少年时期的基督徒在价值追求分量表上的平均得分，呈现出随年龄增长逐步提升的发展趋势（见图4—23）。

课题组对346名民间信仰者价值追求分量表的测量研究发现，11—15岁组民间信仰受测者（样本人数69人）的平均得分为19.476，标准差为7.185；16—20岁组民间信仰受测者（样本人数173人）的平均得分为

[①] 曾凯：《基督徒个体宗教心理发展研究》，硕士学位论文，浙江师范大学，2015年，第33页。

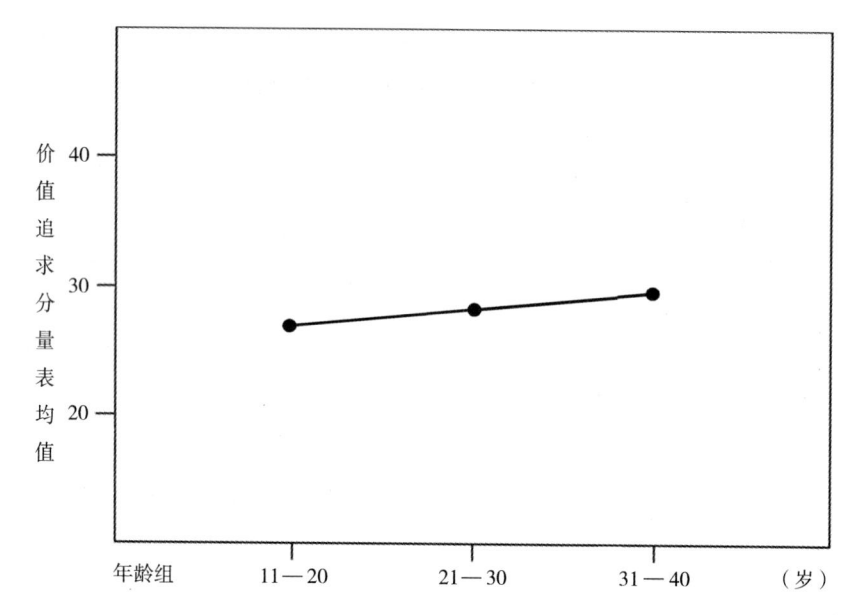

图 4—23 青少年时期基督徒价值追求分量表平均得分的发展趋势

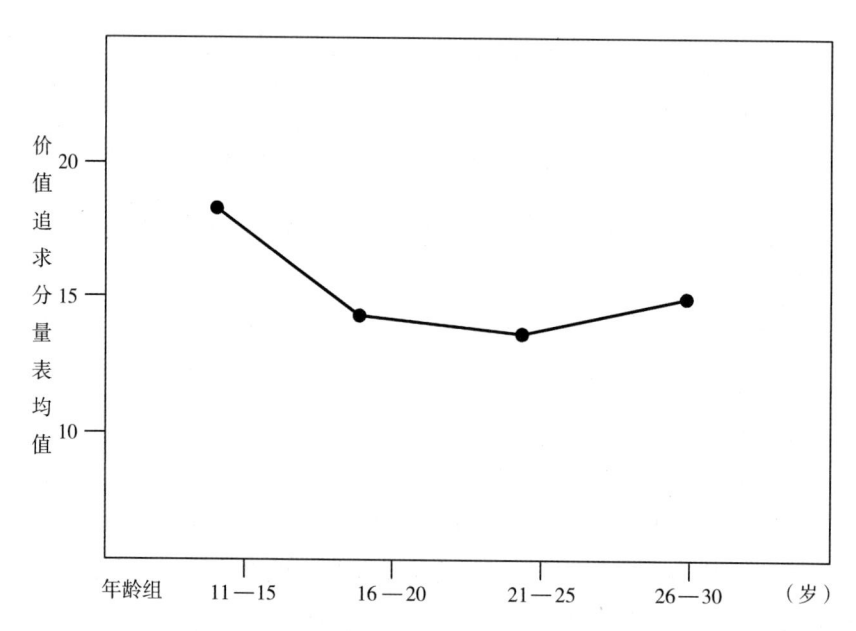

图 4—24 青少年时期民间信仰者价值追求分量表平均得分的发展趋势

14.07，标准差为 5.755；21—25 岁组民间信仰受测者（样本人数 54 人）的平均得分为 13.686，标准差为 5.404；26—30 岁组民间信仰受测者

(样本人数 50 人）的平均得分为 14.489，标准差 5.303。[①]

从以上数据可以看出，青少年时期的民间信仰者在价值追求分量表的平均得分上，呈现出先高、后低、更低、然后再有所回升的发展趋势（见图 4—24）。青少年时期的民间信仰者价值追求分量表的发展趋势与神灵信仰分量表和神秘体验分量表的发展趋势相似。

（二）青少年时期个体宗教人格发展的年龄特征

从课题负责人积累的案例和课题组访谈研究的结果看，青少年时期个体宗教人格发展的突出特征是务实性。

接受访谈的青少年道教徒非常重视道教对于传统道德的传承作用，他（她）们强调，道教讲究义气，重道德。人缺少了道德，那还有什么呢？其中一位 29 岁的女道士，在访谈中并不忌讳自己的务实性追求：

> 通过解签获得一定的收入……还可以认识十方信众和道友，获得一定的人脉，大家偶尔在一起谈谈心，分享一下生活中的烦恼、趣事，相互慰藉，有一种归属感，遇到事情也顺其自然。……支持我坚持下来的力量，如果说现实一点的话，外面风大雨大，觉得社会比较复杂，做道士生活比较简单、单纯一点，没有外面那么复杂。[②]

一位 32 岁、佛学院毕业的比丘尼，这样叙述自己的价值追求：

> 当我看到佛学的弃恶扬善主张不仅在佛门圣地大放光彩，而且对世俗生活也产生很大影响时，我真的觉得自己在佛门的修行是非常值得的。[③]

浙江省金华市接受访谈的一位 31 岁离异的女民间信仰者，对于上天

---

① 项先红：《民间信仰者个体宗教性的发展特点及影响因素研究》，硕士学位论文，浙江师范大学，2013 年，第 28 页。
② 王雪华：《道教徒个体宗教性发展的特点及影响因素研究》，硕士学位论文，浙江师范大学，2013 年，第 63—65 页。
③ 本案例来自课题负责人 2012 年年底在广东省东莞市调研时，与一位比丘尼的面谈。

的求助也带有明显的务实性特点：

> 我现在唯一希望的是，上天不要再惩罚我了，我每天都希望上天能够保佑我的孩子健健康康。①

(三) 青少年时期个体宗教人格发展的影响因素

根据课题负责人积累的案例以及课题组成员的访谈研究，居住环境、同门师兄、参加培训、教职人员，这些因素对个体宗教人格的发展具有重要影响。

一位26岁的农村道士，这样描述居住环境对自己宗教人格的影响：

> 我出生在金华下面的农村，我们那里是黄大仙发源地，金华人对黄大仙是很有感情的。②

另一位年龄稍大的道士，特别强调同门师兄对自己宗教人格的影响：

> 在诵经方面，我那些师兄们对我影响比较大。③

一位参加过省级社会主义学院宗教骨干培训的27岁比丘，在谈到参加这种培训的好处时说：

> 培训期间系统地学习了国家的有关宗教政策，特别是对于在讲经中如何渗透社会主义核心价值观问题，有了全新的认识。自己现在觉得，佛经中有很多讲诚信、积善行的告诫和具体实例。把这些符合社会主义核心价值观的遗产挖掘出来，传承下去，不仅对个人的修行完善有好处，

---

① 项先红：《民间信仰者个体宗教性的发展特点及影响因素研究》，硕士学位论文，浙江师范大学，2013年，第40—41页。

② 王雪华：《道教徒个体宗教性发展的特点及影响因素研究》，硕士学位论文，浙江师范大学，2013年，第55页。

③ 王雪华：《道教徒个体宗教性发展的特点及影响因素研究》，硕士学位论文，浙江师范大学，2013年，第57页。

也有助于提高日常讲经的质量，使讲经活动更好地适应国家要求。①

一位33岁的男性穆斯林，在访谈中提到阿訇和日常学习对自己宗教人格的影响：

> 对我最重要的就是阿訇……通过对伊斯兰文化方面的学习，让我有了很多新的收获。②

一位受访的天主教神父，同样提到神父对自己宗教人格的影响：

> 我出生在1975年，那时候因为"文化大革命"，神父都被抓了。后来，神父被放出来了。我看到他对教友的那种热情，我觉得，自己也要像他那样，用自己的生命为教友服务。③

五 青少年时期个体宗教性的整体发展

在宗教学术领域，对宗教性的界定众说纷纭。在本课题中，宗教性被界定为个体宗教认知、宗教情感、宗教行为和宗教人格的总和，换句话说，宗教性在这里被看成是一个人宗教心理发展的综合性指标，用来考察个体宗教心理发展的整体状况。

（一）青少年时期个体宗教性的整体发展趋势

根据本课题组的测量研究，青少年时期宗教性的整体发展趋势，除了道教徒、穆斯林和基督徒受测者的宗教性总分随年龄增长而逐步提高外，其他接受测量的佛教徒、天主教徒和民间信仰者的宗教性总分，都呈现出起伏不定的现象。

---

① 本案例来自课题负责人2014年在山东省济南市调研时，与一位比丘的面谈。
② 翁浩然：《伊斯兰教徒个体宗教性的发展特点及影响因素研究》，硕士学位论文，浙江师范大学，2013年，第41页。
③ 王佳琦：《中国天主教徒宗教性的发展特点和影响因素研究》，硕士学位论文，浙江师范大学，2013年，第49页。

课题组对 87 名道教徒宗教性量表总分的测量研究发现，11—20 岁组道教徒受测者（样本人数 7 人）的平均得分为 132.000，标准差为 13.403；21—30 岁组道教徒受测者（样本人数 44 人）的平均得分为 132.272，标准差为 10.384；31—40 岁组道教徒受测者（样本人数 36 人）的平均得分为 135.166，标准差为 10.871。[1]

从以上数据可以看出，青少年时期的道教徒在宗教性量表总分上，呈现出随年龄增长逐步提高的发展趋势，其中从 11—20 岁组到 21—30 岁组的增长幅度很小，从 21—30 岁组到 31—40 岁组的增长幅度明显（见图 4—25）。

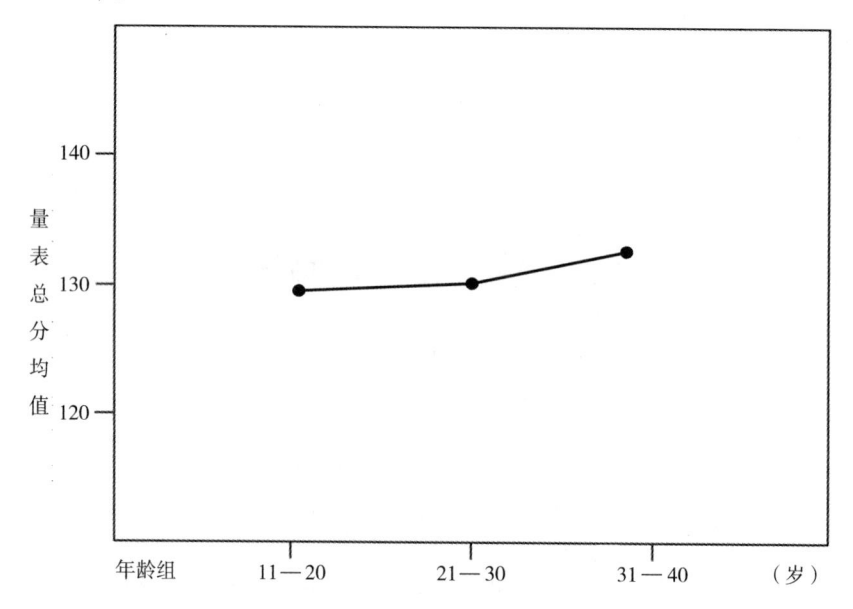

图 4—25 青少年时期道教徒宗教性量表总分的发展趋势

课题组对 93 名佛教徒宗教性量表总分的测量研究发现，16—20 岁组佛教徒受测者（样本人数 10 人）的平均得分为 128.700，标准差为 15.769；21—30 岁组佛教徒受测者（样本人数 38 人）的平均得分为 123.815，标准差为 22.141；31—40 岁组佛教徒受测者（样本人数 45 人）

---

[1] 王雪华：《道教徒个体宗教性发展的特点及影响因素研究》，硕士学位论文，浙江师范大学，2013 年，第 37 页。

的平均得分为 130.955，标准差为 13.343。[①]

从以上数据可以看出，青少年时期的佛教徒在宗教性量表总分上，呈现出先高、后低、再升至更高的发展趋势，这说明佛教徒在青少年时期的宗教性整体发展水平不够稳定（见图 4—26）。

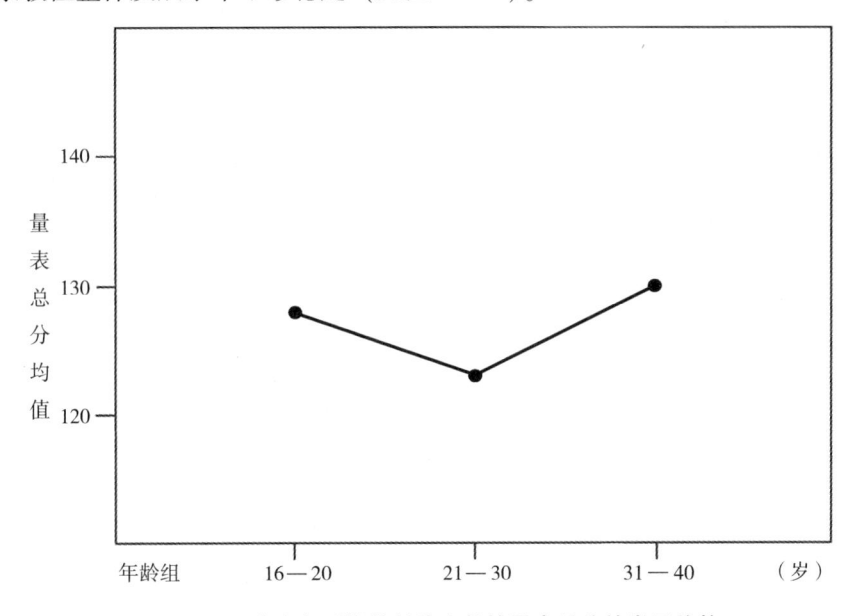

图 4—26　青少年时期佛教徒宗教性量表总分的发展趋势

课题组对 351 名穆斯林宗教性量表总分的测量研究发现，11—20 岁组穆斯林受测者（样本人数 107 人）的平均得分为 117.920，标准差为 16.774；21—30 岁组穆斯林受测者（样本人数 201 人）的平均得分为 128.470，标准差为 16.884；31—40 岁组穆斯林受测者（样本人数 43 人）的平均得分为 137.488，标准差为 7.997。[②]

从以上数据可以看出，青少年时期的穆斯林在宗教性量表总分上，呈现出随年龄增长阶梯式上升的发展趋势，其中，21—30 岁组、31—40 岁组的增长幅度更为明显（见图 4—27）。

课题组对 175 名天主教徒宗教性量表总分的测量研究发现，11—20

---

① 包涵:《中国佛教徒宗教性发展特点和影响因素研究》，硕士学位论文，浙江师范大学，2013 年，第 35 页。

② 翁浩然:《伊斯兰教徒个体宗教性的发展特点及影响因素研究》，硕士学位论文，浙江师范大学，2013 年，第 28 页。

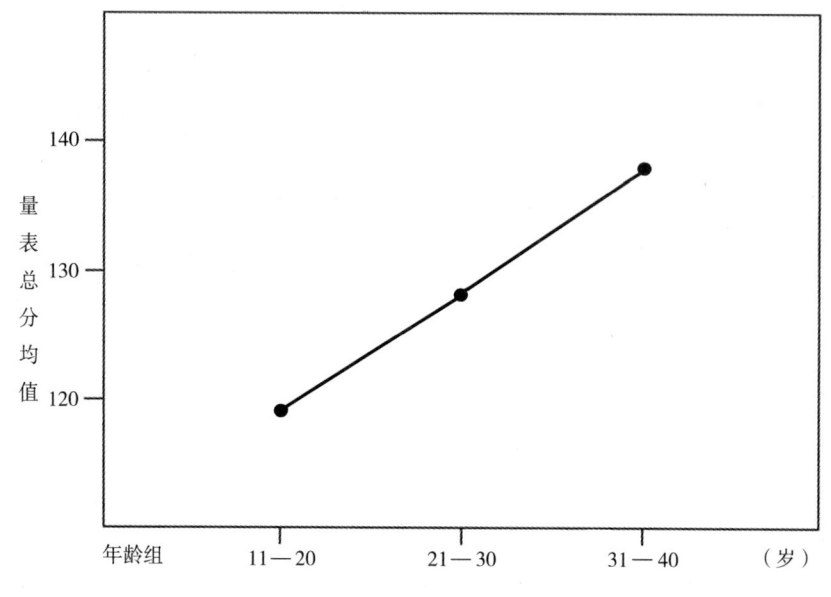

图4—27 青少年时期穆斯林宗教性量表总分的发展趋势

岁组天主教徒受测者（样本人数21人）的平均得分为110.142，标准差为11.319；21—30岁组天主教徒受测者（样本人数92人）的平均得分为107.271，标准差为9.621；31—40岁组天主教徒受测者（样本人数62人）的平均得分为112.161，标准差为10.846。[①]

从以上数据可以看出，青少年时期的天主教徒在宗教性量表总分上，呈现出先高、后低、然后达到更高的发展趋势，说明天主教徒在青少年时期的宗教性整体发展水平不够稳定（见图4—28）。

课题组对156名基督徒宗教性量表总分的测量研究发现，11—20岁组基督徒受测者（样本人数43人）的平均得分为116.093，标准差为10.948；21—30岁组基督徒受测者（样本人数69人）的平均得分为121.130，标准差为13.044；31—40岁组基督徒受测者（样本人数44人）的平均得分为121.386，标准差为12.004。[②]

[①] 王佳琦：《中国天主教徒宗教性的发展特点和影响因素研究》，硕士学位论文，浙江师范大学，2013年，第41页。

[②] 曾凯：《基督徒个体宗教心理发展研究》，硕士学位论文，浙江师范大学，2015年，第33页。

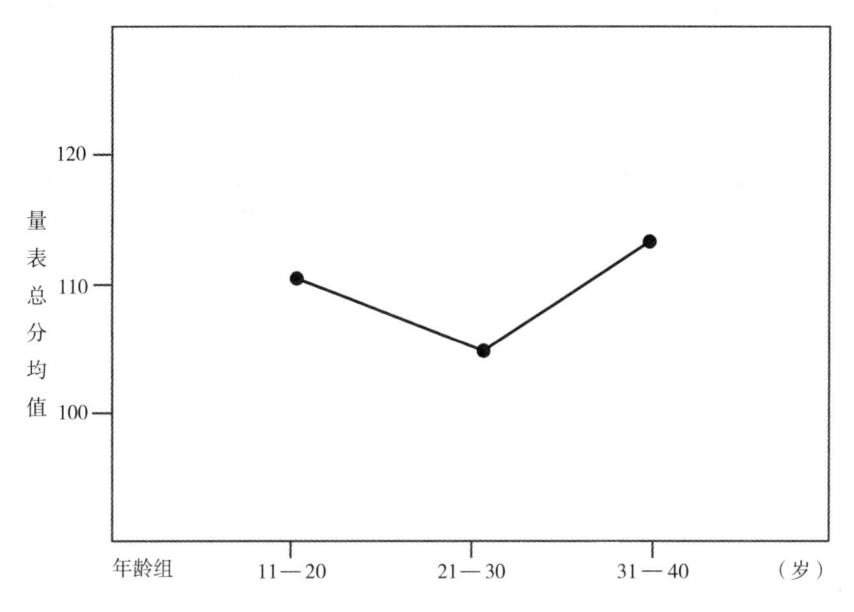

图 4—28　青少年时期天主教徒宗教性量表总分的发展趋势

从以上数据可以看出，青少年时期的基督徒在宗教性量表总分上，呈现出先低、后高、然后略有提升的发展趋势，其中从 11—20 岁组到 21—30 岁组的提升趋势显著（见图 4—29）。

课题组对 346 名民间信仰者宗教性量表总分的测量研究发现，11—15 岁组民间信仰受测者（样本人数 69 人）的平均得分为 69.299，标准差为 9.537；16—20 岁组民间信仰受测者（样本人数 173 人）的平均得分为 55.167，标准差为 8.128；21—25 岁组民间信仰受测者（样本人数 54 人）的平均得分为 53.240，标准差为 7.552；26—30 岁组民间信仰受测者（样本人数 50 人）的平均得分为 56.367，标准差为 7.253。[1]

从以上数据可以看出，青少年时期的民间信仰者在宗教性量表总分上，呈现出先高、后低、再探低、然后有所回升的发展趋势，说明民间信仰者在青少年时期的宗教性整体发展水平不够稳定（见图 4—30）。

---

[1] 项先红：《民间信仰者个体宗教性的发展特点及影响因素研究》，硕士学位论文，浙江师范大学，2013 年，第 28 页。

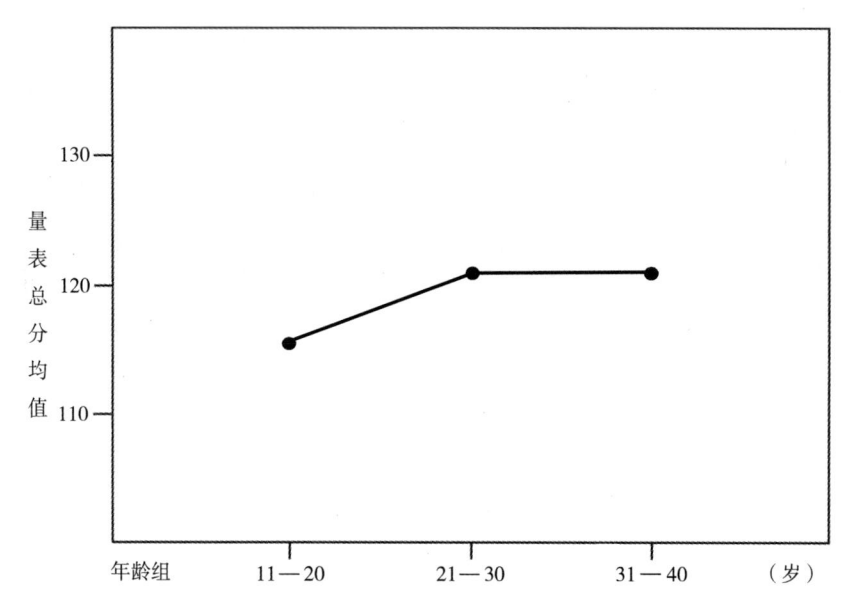

图 4—29　青少年时期基督徒宗教性量表总分的发展趋势

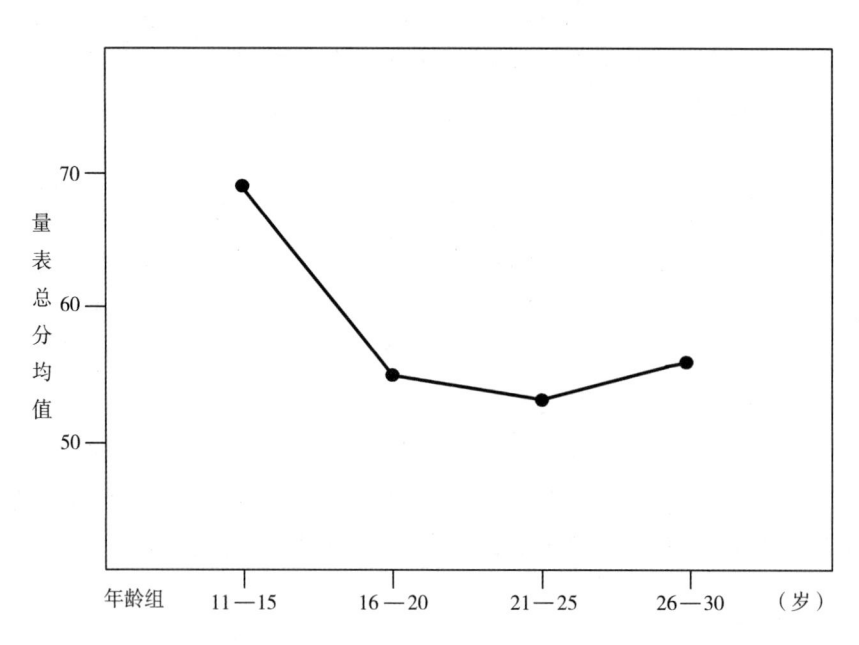

图 4—30　青少年时期民间信仰者宗教性量表总分的发展趋势

（二）青少年时期个体宗教性整体发展的年龄特征

将青少年时期个体宗教认知发展的探寻性、个体宗教情感发展的波动性、个体宗教行为发展的效仿性和个体宗教人格发展的务实性特征整合起来，我们发现，探寻性、波动性、效仿性和务实性这四大特征，构成了青少年时期个体宗教性整体发展的年龄特征。

在这四大特征中，探寻性属于内在认知的基础，波动性属于情感驱动的力量，效仿性属于外在行为的表现，务实性属于人格方向的调节。

通过探寻性特征的描述，我们看到了信仰宗教的青少年对于"人为什么要活着"的思考，对于在信仰过程中"由怀疑到坚持"的反思，对于在信仰生活中"解决人生难题"的探究，以及对于人生挫折借助宗教信仰提供支撑的认知发展特征。

通过波动性特征的描述，我们看到了信仰宗教的青少年"从急躁到安定"的心态调整，从"压抑到快乐"的心态转变，以及从"矛盾冲突到灵活应对"的情感发展特征。

通过效仿性特征的描述，我们看到了信仰宗教的青少年"跟随别人进而养成习惯"的顺其自然路径，通过"效仿师父一点一点长进"的修持经验积累，以及在"对长辈宗教行为效仿"中逐步成长的行为发展特征。

通过务实性特征的描述，我们看到了信仰宗教的青少年"弃恶扬善"的价值追求，"交友慰藉"的归属需要，"规避风险"的现实努力，以及"保佑健康"的人格发展特征。

总之，将个体内在心理过程和外在行为表现结合起来，并且将动态心理过程和静态人格特征整合在一起，有助于我们对于青少年时期个体宗教性整体发展的完整认识，从而更准确地把握这一时期个体宗教心理发展的年龄特征。

（三）青少年时期个体宗教性整体发展的影响因素

影响青少年个体宗教性整体发展的因素是十分复杂的。

从本课题组访谈研究的结果来看，影响青少年时期个体宗教认知发展的最重要因素是家庭因素，其次是宗教团体中的榜样人物。"从小就受爷爷的影响""小时候奶奶经常带我去教堂做礼拜""父亲礼拜后都会给我讲授关于伊斯兰的知识""我妈对我的影响最大"。这些文本记录是对家庭影响因素的具体描述;"对我成长影响最重要的人是杨师父",这一文本记录是对宗教团体中榜样人物影响的具体描述。

影响青少年时期个体宗教情感发展的主要因素是同伴交往、居住地氛围和家庭教育的环境。"随着在大学里结识不同的伊斯兰朋友""渐渐地让自己变得越来越成熟",这一文本记录是对同伴交往现实影响的强调;"我所在的村里宗教氛围(村里全部都是信天主教的)很浓""从小是在这样的环境里长大的",这一文本记录是对居住地氛围潜在影响的诠释;"奶奶和妈妈一直在向上帝祷告,主耶稣才会接纳我的",这一文本记录是对家庭环境具体影响的直白。

影响青少年时期个体宗教行为发展最为突出的因素是家庭教育。"从小父亲就找老师教我弹琵琶,还给我讲道教养生的好处""从小就信真主,12岁以后由父母传承""我的家人都是信教的",这些文本记录都深刻揭示了家庭教育在个体宗教行为发展过程中的直接或潜在教化价值。

影响青少年时期个体宗教人格发展的主要因素是居住环境、同门师兄、参加培训和教职人员。"我们那里是黄大仙发源地,金华人对黄大仙是很有感情的",这一文本记录表达的是居住环境对个体宗教人格发展的影响;"在诵经方面,我那些师兄们对我影响比较大",这一文本记录表达的是同门师兄对个体宗教人格发展的影响;"培训期间系统地学习了国家的有关宗教政策,特别是对于在讲经中如何渗透社会主义核心价值观问题,有了全新的认识",这一文本记录表达的是参加培训对个体宗教人格发展的影响;"对我最重要的就是阿訇""我看到他(注:神父)对教友的那种热情,我觉得,自己也要像他那样,用自己的生命为教友服务",这些文本记录表达的是教职人员对个体宗教人格发展的影响。

总之,综合起来考察青少年时期个体宗教性整体发展的影响因素,我们发现,家庭因素处于最重要的位置,其次是居住环境,再次是同伴交往和教职人员,最后是参加培训。这些研究结果,对于宗教教育和管理部门有的放矢地提高教育和管理质量,显然具有一定的参考价值。

第五章　中年期个体宗教心理的发展

中年期（36—60岁）是一个人身心发展的成熟时期，也是宗教信仰人群个体宗教心理发展的成熟时期。

我们在第一章曾经指出，中年期个体宗教心理发展的主要矛盾是宗教团体的制度性、神圣化要求与现实的世俗生活诱惑性冲击的矛盾。体悟性、稳定性、主动性和利他性，构成了这一时期个体宗教心理发展的主要年龄特征。在影响中年期个体宗教心理发展的诸因素中，最为重要的是家庭因素和居住地环境因素。依据上述基本观点，下面将从个体宗教认知发展、个体宗教情感发展、个体宗教行为发展、个体宗教人格发展和个体宗教性整体发展这5个方面来具体阐述中年期个体宗教心理的发展趋势、年龄特征和影响因素问题。

一　中年期个体宗教认知的发展

（一）中年期个体宗教认知的发展趋势

根据本课题组的测量研究，中年期个体宗教认知随年龄增长逐步提高的发展趋势，在道教徒和民间信仰者中表现得比较明显，但在对其他信仰人群的测量研究中，这种发展趋势并不显著。

课题组对41名中年道教徒仙道信仰分量表的测量研究发现，41—50岁组（样本人数24人）的平均得分为37.125，标准差为2.132；51—60岁组（样本人数17人）的平均得分为38.058，标准差为2.486。[①]

[①] 王雪华：《道教徒个体宗教性的发展特点及影响因素研究》，硕士学位论文，浙江师范大学，2013年，第37页。

从以上数据可以看出，中年时期的道教徒在仙道信仰分量表的平均得分上，呈现出随年龄增长逐步提高的发展趋势（见图 5—1）。与青少年时期相比，中年期道教徒仙道信仰分量表的整体平均得分，显著高于青少年时期仙道信仰分量表的整体平均得分。

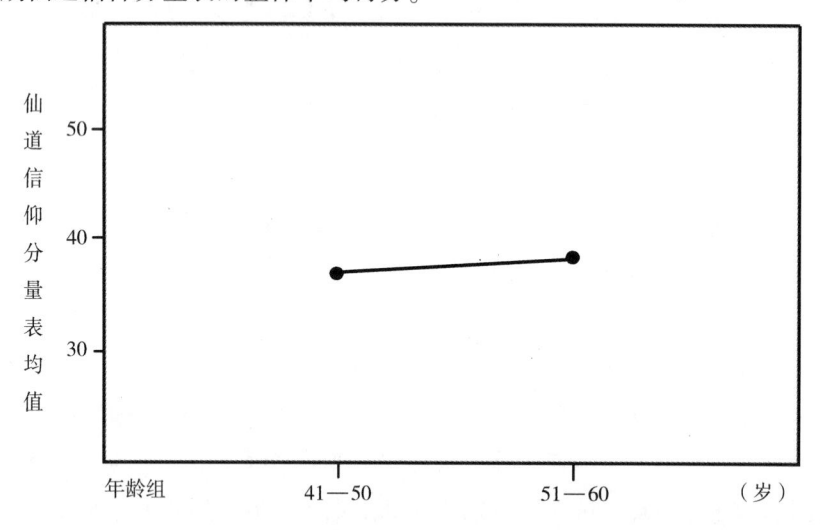

图 5—1 中年期道教徒仙道信仰分量表平均得分的发展趋势

课题组对 65 名中年佛教徒佛法信仰分量表的测量研究发现，41—50 岁组（样本人数 45 人）的平均得分为 42.650，标准差为 3.096；51—60 岁组（样本人数 20 人）的平均得分为 42.782，标准差为 3.463。[①]

从以上数据可以看出，中年时期的佛教徒在佛法信仰分量表的平均得分上，呈现出随年龄增长略有提高的发展趋势（见图 5—2）。与青少年时期相比，中年期佛教徒佛法信仰分量表的整体平均得分，显著高于青少年时期佛法信仰分量表的整体平均得分。

课题组对 61 名中年穆斯林真主信仰分量表的测量研究发现，41—50 岁组（样本人数 36 人）的平均得分为 44.694，标准差为 2.168；51—60 岁组（样本人数 25 人）的平均得分为 44.435，标准差为 2.449。[②]

---

① 包涵：《中国佛教徒宗教性发展特点和影响因素研究》，硕士学位论文，浙江师范大学，2013 年，第 35 页。

② 翁浩然：《伊斯兰教徒个体宗教性的发展特点及影响因素研究》，硕士学位论文，浙江师范大学，2013 年，第 28 页。

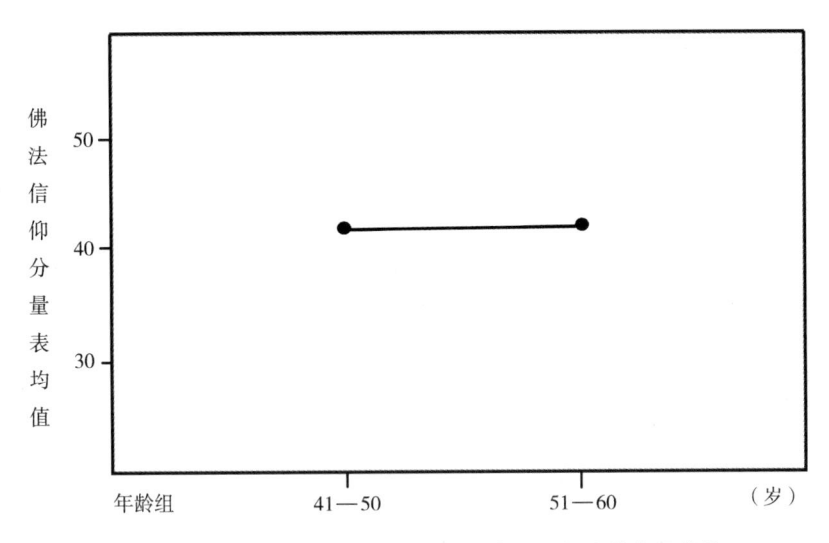

图 5—2　中年期佛教徒佛法信仰分量表平均得分的发展趋势

从以上数据可以看出，中年时期的穆斯林在真主信仰分量表的平均得分上，大体维持在已有的发展水平（见图 5—3）。与青少年时期相比，中年期穆斯林真主信仰分量表的整体平均得分，显著高于青少年时期真主信仰分量表的整体平均得分。

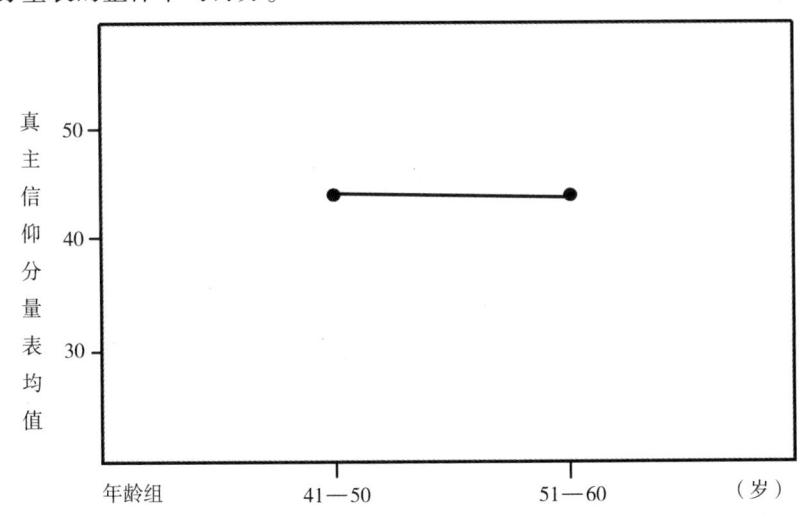

图 5—3　中年期穆斯林真主信仰分量表平均得分的发展趋势

课题组对 50 名中年天主教徒天主信仰分量表的测量研究发现，41—50 岁组（样本人数 35 人）的平均得分为 28.171，标准差为 1.992；51—

60 岁组（样本人数 15 人）的平均得分为 28.600，标准差为 1.843。①

从以上数据可以看出，中年时期的天主教徒在天主信仰分量表的平均得分上，呈现出随年龄增长略有提高的发展趋势（见图 5—4）。与青少年时期相比，中年期天主教徒天主信仰分量表的整体平均得分，显著高于青少年时期天主信仰分量表的整体平均得分。

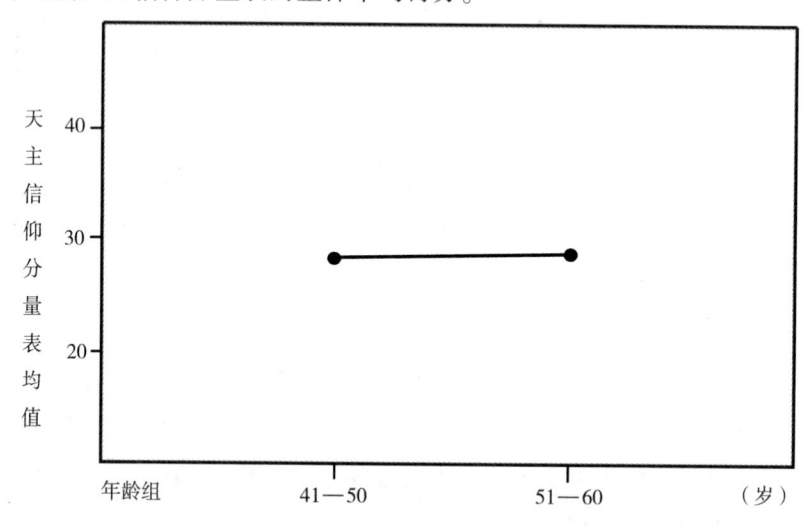

图 5—4　中年期天主教徒天主信仰分量表平均得分的发展趋势

课题组对 77 名中年基督徒上帝信仰分量表的测量研究发现，41—50 岁组（样本人数 37 人）的平均得分为 32.811，标准差为 2.158；51—60 岁组（样本人数 40 人）的平均得分为 32.525，标准差为 2.207。②

从以上数据可以看出，中年时期的基督徒在上帝信仰分量表的平均得分上，大体维持在已有的发展水平（见图 5—5）。与青少年时期相比，中年期基督徒上帝信仰分量表的整体平均得分，显著高于青少年时期上帝信仰分量表的整体平均得分。

课题组对 207 名中年民间信仰者神灵信仰分量表的测量研究发现，31—50 岁组（样本人数 69 人）的平均得分为 29.000，标准差为 7.505；51—60 岁组（样本人数 138 人）的平均得分为 30.418，标准差

---

① 王佳琦：《中国天主教徒宗教性的发展特点和影响因素研究》，硕士学位论文，浙江师范大学，2013 年，第 41 页。

② 曾凯：《基督徒个体宗教心理发展研究》，硕士学位论文，浙江师范大学，2015 年，第 33 页。

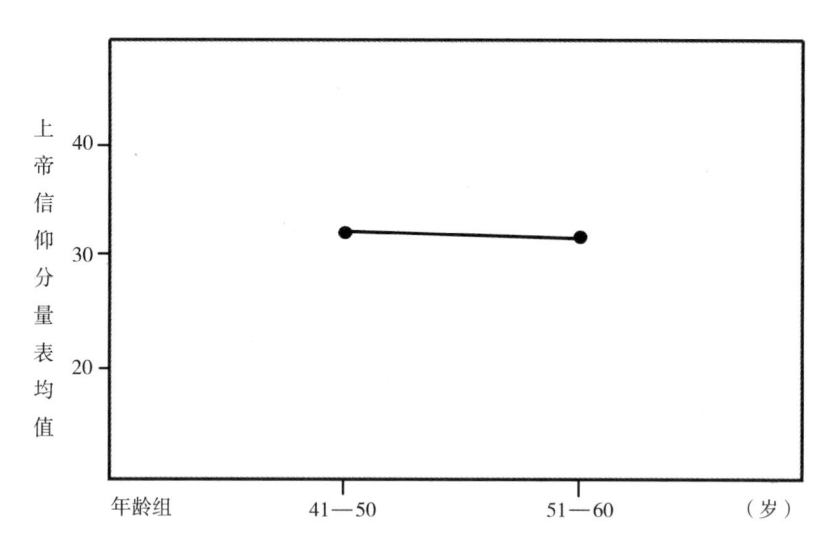

图 5—5　中年期基督徒上帝信仰分量表平均得分的发展趋势

为 4.327。[①]

从以上数据可以看出，中年时期的民间信仰者在神灵信仰分量表的平均得分上，呈现出随年龄增长逐步提高的发展趋势（见图 5—6）。与青少

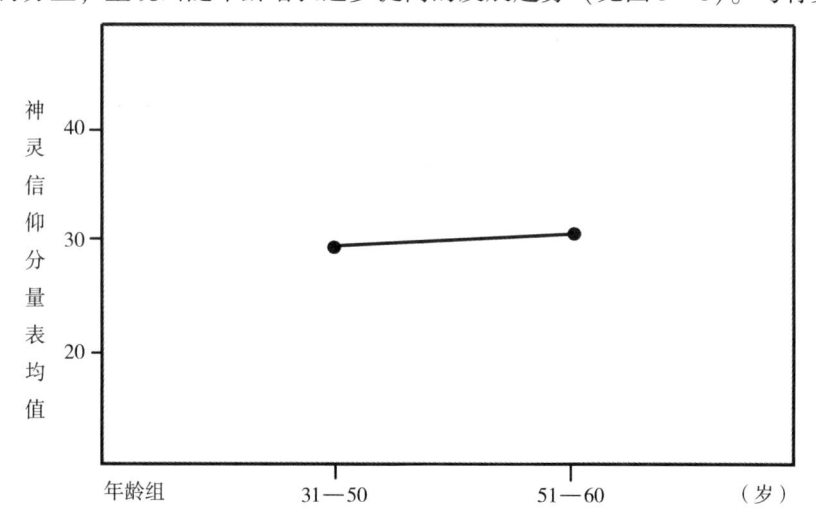

图 5—6　中年期民间信仰者神灵信仰分量表平均得分的发展趋势

---

① 项先红：《民间信仰者个体宗教性的发展特点及影响因素研究》，硕士学位论文，浙江师范大学，2013 年，第 28 页。

年时期相比,中年期民间信仰者神灵信仰分量表的整体平均得分,显著高于青少年时期神灵信仰分量表的整体平均得分。

(二) 中年期个体宗教认知发展的年龄特征

根据本课题组的访谈研究,中年期个体宗教认知发展的突出特征是体悟性。

一位55岁的乾道道长,在访谈中提到了通过读书体悟促使自己成长的经历:

> 我借到了一本书,叫《修真宝筵》,说神仙都是凡人做,只怕凡人心不真,仙夫都是凡夫体,终有凡夫修成的。我一看突然明白了,仙夫都是凡夫体,是人都可以修炼的。①

另一位41岁的乾道道长尤为重视亲身感悟在修炼中的作用,他说:

> 自己这么多年长期的修炼,特别是自己切身的感悟和体会,包括一些神迹感应事件,使我自己坚持我这样的信仰。②

一位46岁、具有大专学历的佛教男法师,这样叙述体悟在个人修行中的作用:

> 皈依之后,在学佛法的过程中一点一滴地深入下去,很自然地就出家了。③

一位52岁男性穆斯林有4个孩子,其中两个儿子都因车祸身亡。在访谈中,这位中年穆斯林特别强调感悟在信仰中的意义,他说:

---

① 王雪华:《道教徒个体宗教性的发展特点及影响因素研究》,硕士学位论文,浙江师范大学,2013年,第60页。
② 同上书,第61页。
③ 包涵:《中国佛教徒宗教性发展特点和影响因素研究》,硕士学位论文,浙江师范大学,2013年,第44页。

我的两个儿子出事之后，一直很伤心，是真主安拉和信仰让我继续支撑下来，渐渐重新感悟信仰。①

一位56岁的女天主教徒在访谈中说道：

我的背上动过3次刀，每天躺在床上都睡不着。可以说，我已经有七八年没有好好睡过觉了……我的腿也不好，抬不起来，每次上车都需要别人帮忙。我很痛苦，有时想想，觉得自己活着就是拖累女儿……女儿经常带我去朝圣，但我每次都想着自己的苦，没有好好听。女儿只能找视频给我看。有一次，我看到一个视频里面有个女的在分享自己的经历……她也很苦，但她说还是要感谢主，赞美主……有一次，女儿要带我去上海，上车的时候，我的腿抬不起来，很痛苦。这时候，我突然说了感谢主，赞美主，然后，我的腿就能抬起来，我就能自己上大巴车了。从那之后，我就经常说感谢主，赞美主，睡不着的时候说，背痛的时候也说……现在，我已经能自己到处走了，也不失眠，甚至连胃口都好了。②

一位40岁出头的男性基督徒，也通过一个具体事例，说明自己中年时期如何在信仰生活中体悟成长的过程：

我最近犯了个错，和邻居因为土地问题打了一架，同村的一位老人来劝架，我却残忍地把他推倒在地，我为此赔了很多钱，还差一点进了监狱。我去探望他，他告诉我，他会原谅我的，因为我是上帝的孩子，上帝要他宽容我。我顿时觉得自己之前是多么残忍，差点酿成大错……我感谢主，以后我一定会好好侍奉主。③

---

① 翁浩然：《伊斯兰教徒个体宗教性的发展特点及影响因素研究》，硕士学位论文，浙江师范大学，2013年，第40页。
② 王佳琦：《中国天主教徒宗教性的发展特点和影响因素研究》，硕士学位论文，浙江师范大学，2013年，第50页。
③ 曾凯：《基督徒个体宗教心理发展研究》，硕士学位论文，浙江师范大学，2015年，第45页。

一位59岁、没有参加任何宗教组织但民间信仰较为深厚的农村妇女坦言：

> 我认为世上是有鬼的，鬼是没有肩膀的。在老家湖北，我晚上亲眼看到过。现在，我对这个越来越相信了，年轻的时候我不怎么信这个。①

（三）中年期个体宗教认知发展的影响因素

根据本课题组的访谈研究，中年期个体宗教认知发展的影响因素主要包括家庭因素和同行因素。

多位受访者谈到了家庭因素对自己宗教认知发展的影响。

一位55岁的乾道道长说：

> 我母亲信仰道教神仙，母亲说天上有神仙，晚上经常讲一些神话故事。我那会儿就觉得，天那么高，神仙是怎么上去的，太神奇了。心里面特别羡慕向往神仙。②

一位46岁的佛教男法师表示：

> 自己从小随家人接触佛教，越长大兴趣越浓。③

一位52岁的男性穆斯林称：

> 在我的成长过程中，母亲对我的教育和帮助最大，母亲对我的爱无微不至，现在我对自己的孩子同样也是关爱有加。④

---

① 项先红：《民间信仰者个体宗教性的发展特点及影响因素研究》，硕士学位论文，浙江师范大学，2013年，第39页。
② 王雪华：《道教徒个体宗教性的发展特点及影响因素研究》，硕士学位论文，浙江师范大学，2013年，第55—56页。
③ 包涵：《中国佛教徒宗教性发展特点和影响因素研究》，硕士学位论文，浙江师范大学，2013年，第45页。
④ 翁浩然：《伊斯兰教徒个体宗教性的发展特点及影响因素研究》，硕士学位论文，浙江师范大学，2013年，第40页。

第五章　中年期个体宗教心理的发展　165

一位47岁的天主教修女这样叙述家人对自己的影响：

> 我的家人都信教。我出生在圣诞节后一天，我觉得这是天主的旨意……我妈妈非常虔诚，每天都会带着我们到教堂祷告，后来教堂被封了，她就带我们在家里祷告。我奶奶也非常虔诚，每天祷告……奶奶年纪大了，别人都记不住经文，但是她还能很清楚地背诵经文……她后来不小心摔了一跤，摔断了骨头。很多人都以为她站不起来了，但经过一年的休养，她又能下床了，而且也没有什么后遗症。我觉得这是主的恩赐……奶奶很高寿，她活了100岁。这应该就是天主的赐福……我从小就看着我的妈妈和奶奶，我觉得我也应该像她们那样。①

一位52岁的基督教女牧师，则念念不忘父亲对她个人成长的影响：

> 我的父亲是一位70多岁的老牧师，礼拜天还要去乡下的教堂传福音，现在身体还十分健康，我相信这一定是主耶稣的安排。小时候我就和父亲很要好，神学院毕业后很自然地就选择了这个职业。②

课题组在访谈中发现，道教徒和佛教徒非常重视同行长辈和同辈对自己的影响。

例如，一位51岁的坤道道长表示：

> 加入道门，遇到那些老道长、老修行，跟他们学最朴素的道理。③

一位57岁的佛教女居士说：

---

① 王佳琦：《中国天主教徒宗教性的发展特点和影响因素研究》，硕士学位论文，浙江师范大学，2013年，第49页。
② 曾凯：《基督徒个体宗教心理发展研究》，硕士学位论文，浙江师范大学，2015年，第44页。
③ 王雪华：《道教徒个体宗教性的发展特点及影响因素研究》，硕士学位论文，浙江师范大学，2013年，第57页。

刚皈依那段时间听师父讲，其他师兄也讲，了解了一点，像要惜福啊，积累功德啊，还知道西方净土不是去享福的，是修行的，最终是要成佛。去那里修行比这里容易，障碍少。知道这些之后，更有动力了，经常往庙里跑，听讲经，做义工。①

二 中年期个体宗教情感的发展

（一）中年期个体宗教情感的发展趋势

根据本课题组的测量研究，中年期个体的宗教情感具有随年龄增长逐步提高的发展趋势，但中年期不同宗教信仰群体个体宗教情感的发展趋势有所差别。

课题组对41名中年道教徒超然体验分量表的测量研究发现，41—50岁组（样本人数24人）的平均得分为34.833，标准差为3.559；51—60岁组（样本人数17人）的平均得分为34.470，标准差为4.887。②

从以上数据可以看出，中年时期的道教徒在超然体验分量表的平均得分上，大体维持在已有的发展水平（见图5—7）。与青少年时期相比，中年时期道教徒超然体验分量表的整体平均得分，显著高于青少年时期超然体验分量表的整体平均得分。

课题组对65名中年佛教徒超然体验分量表的测量研究发现，41—50岁组（样本人数45人）的平均得分为28.266，标准差为5.606；51—60岁组（样本人数20人）的平均得分为28.050，标准差为5.414。③

从以上数据可以看出，中年时期的佛教徒在超然体验分量表的平均得分上，大体维持在已有的发展水平（见图5—8）。与青少年时期相比，中年时期佛教徒超然体验分量表的整体平均得分，显著高于青少年时期超然体验分量表的整体平均得分。

---

① 包涵：《中国佛教徒宗教性发展特点和影响因素研究》，硕士学位论文，浙江师范大学，2013年，第45页。
② 王雪华：《道教徒个体宗教性的发展特点及影响因素研究》，硕士学位论文，浙江师范大学，2013年，第37页。
③ 包涵：《中国佛教徒宗教性发展特点和影响因素研究》，硕士学位论文，浙江师范大学，2013年，第35页。

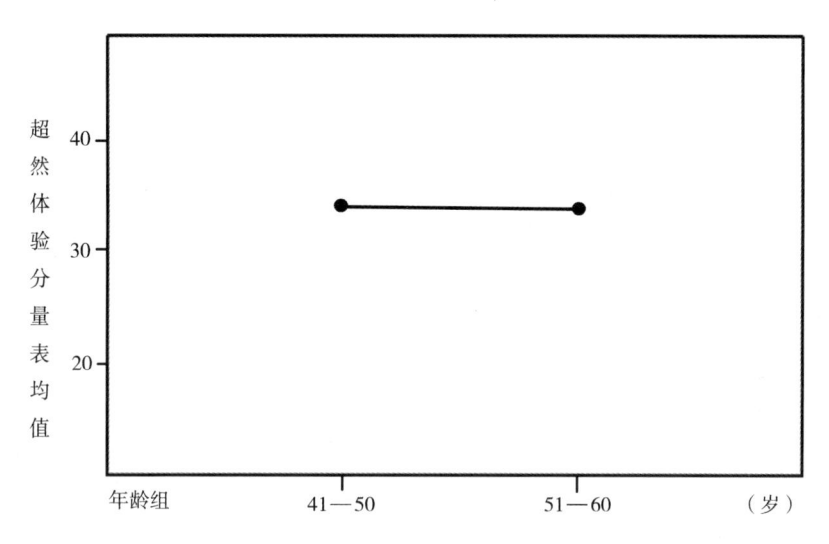

图 5—7　中年期道教徒超然体验分量表平均得分的发展趋势

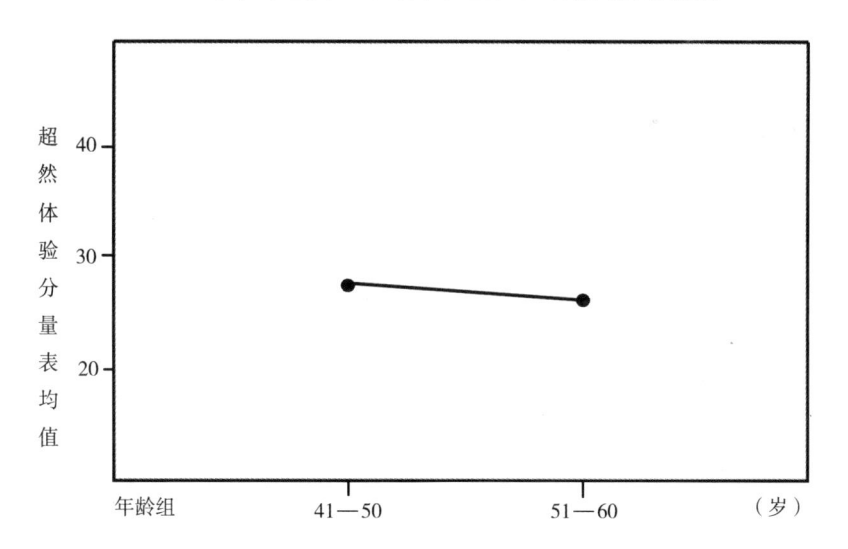

图 5—8　中年期佛教徒超然体验分量表平均得分的发展趋势

课题组对 61 名中年穆斯林超然体验分量表的测量研究发现，41—50 岁组（样本人数 36 人）的平均得分为 29.277，标准差为 2.236；51—60 岁组（样本人数 25 人）的平均得分为 28.435，标准差为 1.863。[①]

[①] 翁浩然：《伊斯兰教徒个体宗教性的发展特点及影响因素研究》，硕士学位论文，浙江师范大学，2013 年，第 28 页。

168　中国特色个体宗教心理发展研究

从以上数据可以看出，中年时期的穆斯林在超然体验分量表的平均得分上，呈现出随年龄增长略有下滑的发展趋势（见图5—9）。与青少年时期相比，中年时期穆斯林超然体验分量表的整体平均得分，略高于青少年时期穆斯林超然体验分量表的整体平均得分。

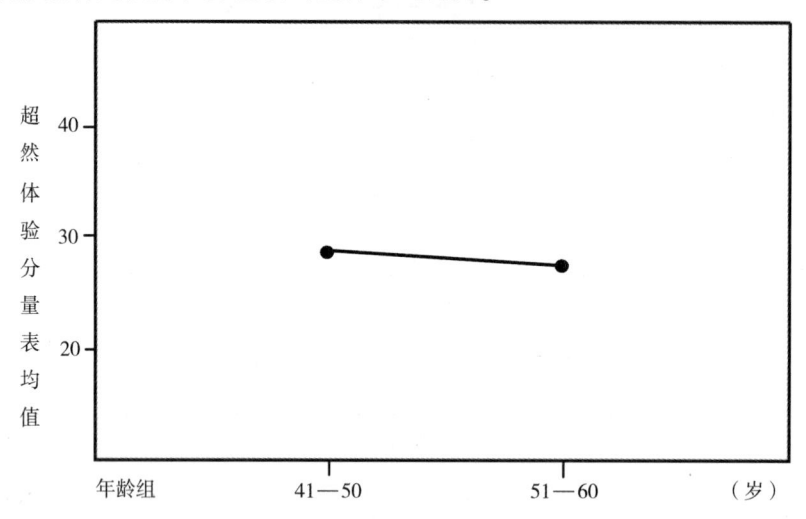

图5—9　中年期穆斯林超然体验分量表平均得分的发展趋势

课题组对50名中年天主教徒超然体验分量表的测量研究发现，41—50岁组（样本人数35人）的平均得分为27.085，标准差为2.548；51—60岁组（样本人数15人）的平均得分为30.000，标准差为3.093。[①]

从以上数据可以看出，中年时期的天主教徒在超然体验分量表的平均得分上，呈现出随年龄增长明显提升的发展趋势（见图5—10）。与青少年时期相比，中年时期天主教徒超然体验分量表的整体平均得分，明显高于青少年时期超然体验分量表的整体平均得分。

课题组对77名中年基督徒超然体验分量表的测量研究发现，41—50岁组（样本人数37人）的平均得分为32.027，标准差为2.339；51—60岁组（样本人数40人）的平均得分为31.725，标准差为2.277。[②]

[①] 王佳琦：《中国天主教徒宗教性的发展特点和影响因素研究》，硕士学位论文，浙江师范大学，2013年，第41页。

[②] 曾凯：《基督徒个体宗教心理发展研究》，硕士学位论文，浙江师范大学，2015年，第33页。

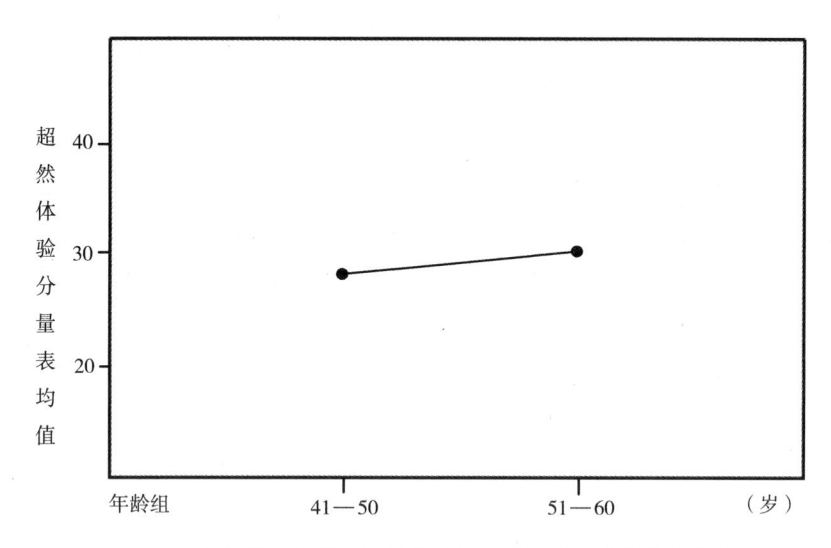

图 5—10　中年期天主教徒超然体验分量表平均得分的发展趋势

从以上数据可以看出，中年时期的基督徒在超然体验分量表的平均得分上，大体维持在已有的发展水平（见图 5—11）。与青少年时期相比，中年时期基督徒超然体验分量表的整体平均得分，明显高于青少年时期超然体验分量表的整体平均得分。

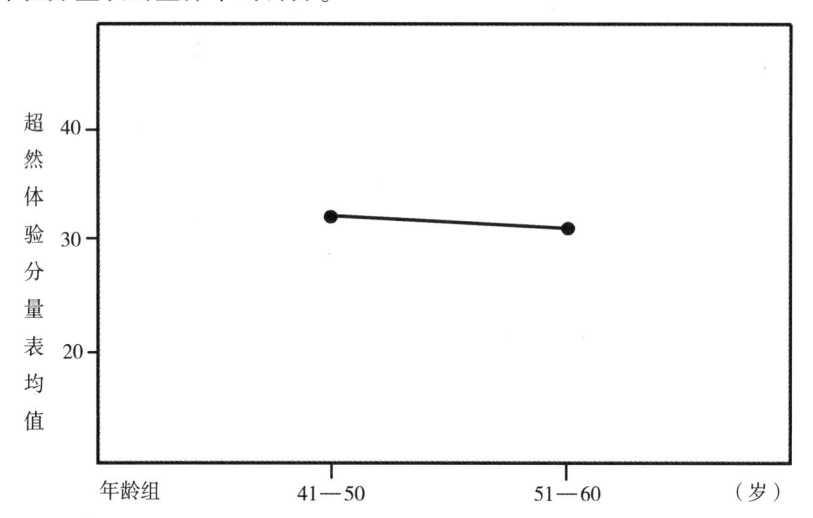

图 5—11　中年期基督徒超然体验分量表平均得分的发展趋势

课题组对 207 名中年民间信仰者神秘体验分量表的测量研究发现，31—50 岁组（样本人数 69 人）的平均得分为 22.428，标准差为 6.241；

51—60 岁组（样本人数 138 人）的平均得分为 22.700，标准差为 2.954。①

从以上数据可以看出，中年时期的民间信仰者在神秘体验分量表的平均得分上，呈现出随年龄增长略有提高的发展趋势（见图 5—12）。与青少年时期相比，中年时期民间信仰者神秘体验分量表的整体平均得分，明显高于青少年时期神秘体验分量表的整体平均得分。

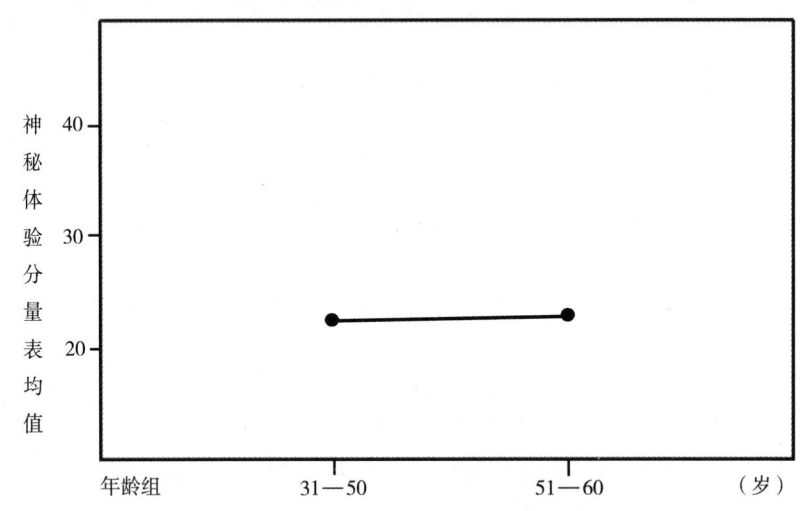

图 5—12 中年期民间信仰者神秘体验分量表平均得分的发展趋势

（二）中年期个体宗教情感发展的年龄特征

从课题组访谈研究的结果看，中年期个体宗教情感发展的突出特征是稳定性。

例如，一位 46 岁的佛教男法师表示：

> 这么多年，偶尔懈怠会有，但是信心从来没有动摇过，只有增加。②

另一位 57 岁的佛教女居士也表示：

---

① 项先红：《民间信仰者个体宗教性的发展特点及影响因素研究》，硕士学位论文，浙江师范大学，2013 年，第 28 页。

② 包涵：《中国佛教徒宗教性发展特点和影响因素研究》，硕士学位论文，浙江师范大学，2013 年，第 44 页。

还是要求生净土，那里能有智慧，没有烦恼，能真正学习佛法。①

一位 52 岁的男性穆斯林深有感触地回忆道：

在信仰的支持下，碰到那些很苦的事情自己都很乐观，都能保持一种平常心去对待。②

一位 58 岁的女性民间信仰者则坦率地表露：

我不喜欢别人说鬼，如果大清早有人说"鬼"这个字后，我一天都不安心。③

(三) 中年期个体宗教情感发展的影响因素

根据本课题组的访谈研究，中年期个体宗教情感发展的主要影响因素包括：家庭因素、同行因素。

多位受访者在访谈时谈到家人对自己的影响。

例如，一位 50 岁的女性道教徒说：

母亲是一个勤俭节约、心地善良的农村妇女。从小教导我们，要多行善事，要有良心。兄弟相亲，邻里和睦……她信奉我们当地一个流传已久的道教派别……自己从小就觉得母亲的信仰很神秘。④

另一位 46 岁的佛教男法师称：

---

① 包涵：《中国佛教徒宗教性发展特点和影响因素研究》，硕士学位论文，浙江师范大学，2013 年，第 43 页。
② 翁浩然：《伊斯兰教徒个体宗教性的发展特点及影响因素研究》，硕士学位论文，浙江师范大学，2013 年，第 42 页。
③ 项先红：《民间信仰者个体宗教性的发展特点及影响因素研究》，硕士学位论文，浙江师范大学，2013 年，第 39 页。
④ 王雪华：《道教徒个体宗教性的发展特点及影响因素研究》，硕士学位论文，浙江师范大学，2013 年，第 56 页。

去庙里,感觉蛮有意思的。13 岁的时候害了一场大病,家里人去庙里求佛菩萨保佑,病好了,就让我皈依了。①

还有一位 51 岁的基督教牧师指出:

小时候只是跟着奶奶和妈妈一起去做礼拜……后来受到父亲信仰的影响,十几岁就受洗了,但是真正相信是在经历了人生难处后。②

受访者也十分重视同行长辈或同辈对自己宗教情感发展的影响。

例如,一位 47 岁的天主教修女,回忆了自己在一位老神父引导下皈依的经历:

我初中毕业后,去了广州工作。有一次回家,碰到了一个老神父。老神父给我们上课,给我们讲解圣经知识。这个老神父受过很多苦,还坐过牢,但他还是很虔诚、很热心地布道。他让我很感动……后来,我的哥哥说老神父那边在招修女,我就去了。当时居住环境很不好,下雨天,还漏雨,但我们几个女生还是很开心。③

三 中年期个体宗教行为的发展

(一)中年期个体宗教行为的发展趋势

根据本课题组的测量研究,从整体来看,中年期个体的宗教行为发展水平显著高于青少年时期,但就不同信仰人群个体宗教行为的发展而言,其发展趋势不尽相同。

课题组对 41 名中年道教徒宫观参与分量表的测量研究发现,41—50

---

① 包涵:《中国佛教徒宗教性发展特点和影响因素研究》,硕士学位论文,浙江师范大学,2013 年,第 45 页。

② 曾凯:《基督徒个体宗教心理发展研究》,硕士学位论文,浙江师范大学,2015 年,第 46 页。

③ 王佳琦:《中国天主教徒宗教性的发展特点和影响因素研究》,硕士学位论文,浙江师范大学,2013 年,第 49 页。

岁组（样本人数 24 人）的平均得分为 34.000，标准差为 2.000；51—60 岁组（样本人数 17 人）的平均得分为 33.235，标准差为 3.509。①

从以上数据可以看出，中年时期的道教徒在宫观参与分量表的平均得分上，呈现出随年龄增长略有下降的发展趋势（见图 5—13）。与青少年时期相比，中年时期道教徒宫观参与分量表的整体平均得分，明显高于青少年时期道教徒宫观参与分量表的整体平均得分。

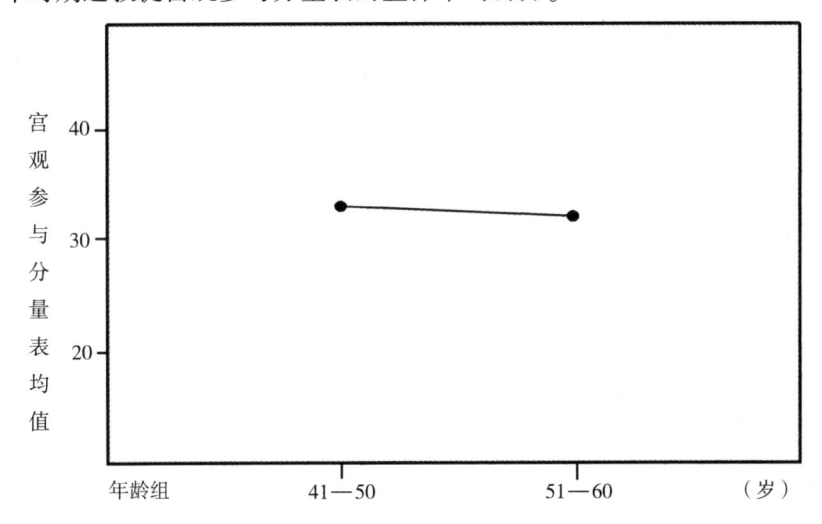

图 5—13　中年期道教徒宫观参与分量表平均得分的发展趋势

课题组对 65 名中年佛教徒修持实践分量表的测量研究发现，41—50 岁组（样本人数 45 人）的平均得分为 35.044，标准差为 6.544；51—60 岁组（样本人数 20 人）的平均得分为 37.850，标准差为 4.451。②

从以上数据可以看出，中年时期的佛教徒在修持实践分量表的平均得分上，呈现出随年龄增长明显提升的发展趋势（见图 5—14）。与青少年时期相比，中年时期佛教徒修持实践分量表的整体平均得分，也显著高于青少年时期佛教徒修持实践分量表的整体平均得分。

课题组对 61 名中年穆斯林寺院参与分量表的测量研究发现，41—50

---

① 王雪华：《道教徒个体宗教性的发展特点及影响因素研究》，硕士学位论文，浙江师范大学，2013 年，第 37 页。

② 包涵：《中国佛教徒宗教性发展特点和影响因素研究》，硕士学位论文，浙江师范大学，2013 年，第 35 页。

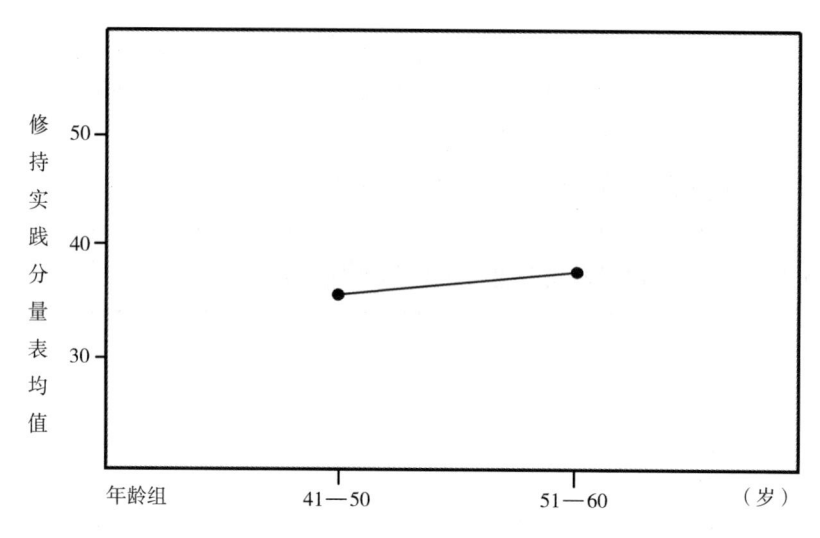

图 5—14　中年期佛教徒修持实践分量表平均得分的发展趋势

岁组（样本人数 36 人）的平均得分为 34.305，标准差为 1.450；51—60 岁组（样本人数 25 人）的平均得分为 35.611，标准差为 1.842。[①]

从以上数据可以看出，中年时期的穆斯林寺院参与分量表的平均得分，呈现出随年龄增长逐步提升的发展趋势（见图 5—15）。与青少年时期相比，中年时期穆斯林寺院参与分量表的整体平均得分，也显著高于青少年时期穆斯林寺院参与分量表的整体平均得分。

课题组对 50 名中年天主教徒制度性参与分量表的测量研究发现，41—50 岁组（样本人数 35 人）的平均得分为 29.714，标准差为 3.130；51—60 岁组（样本人数 15 人）的平均得分为 30.600，标准差为 5.408。[②]

从以上数据可以看出，中年时期的天主教徒制度性参与分量表的平均得分，呈现出随年龄增长逐步提升的发展趋势（见图 5—16）。与青少年时期相比，中年时期天主教徒制度性参与分量表的整体平均得分略高于青少年时期天主教徒制度性参与分量表的整体平均得分。

课题组对 77 名中年基督徒制度性参与分量表的测量研究发现，41—

---

① 翁浩然：《伊斯兰教徒个体宗教性的发展特点及影响因素研究》，硕士学位论文，浙江师范大学，2013 年，第 28 页。
② 王佳琦：《中国天主教徒宗教性的发展特点和影响因素研究》，硕士学位论文，浙江师范大学，2013 年，第 41 页。

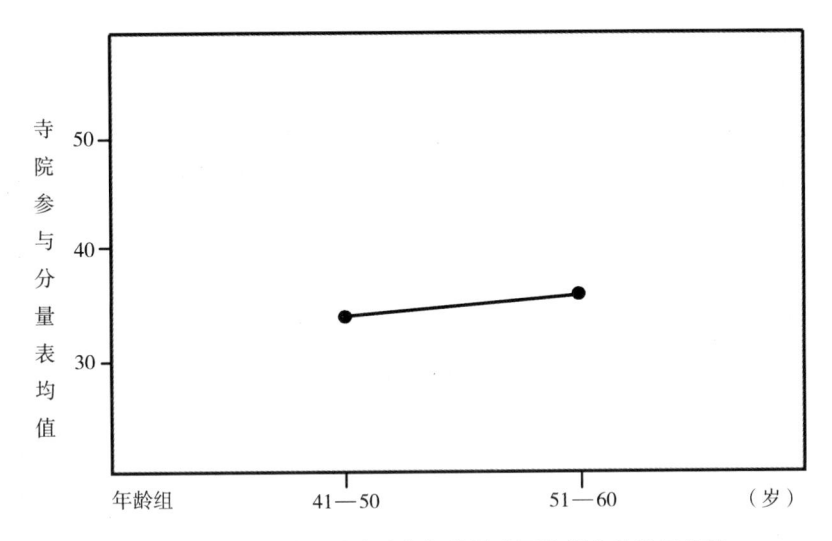

图 5—15　中年期穆斯林寺院参与分量表平均得分的发展趋势

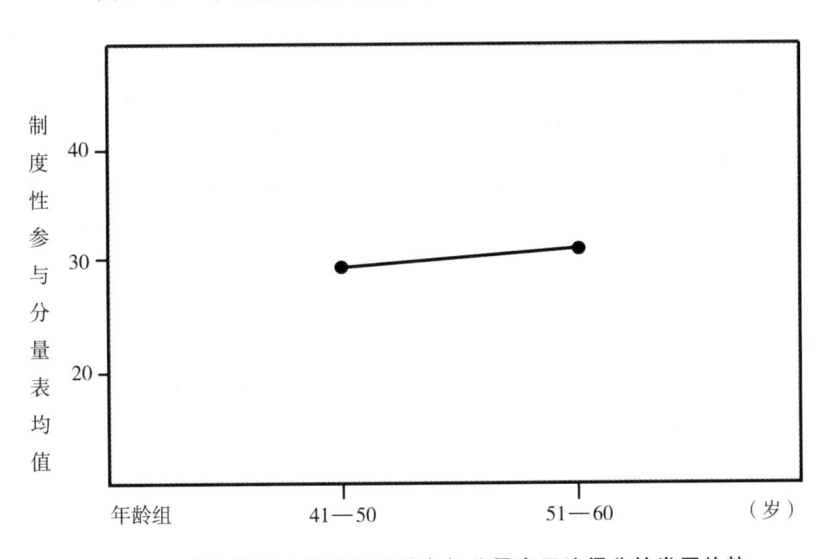

图 5—16　中年期天主教徒制度性参与分量表平均得分的发展趋势

50 岁组（样本人数 37 人）的平均得分为 31.108，标准差为 2.339；51—60 岁组（样本人数 40 人）的平均得分为 30.150，标准差为 4.371。[①]

从以上数据可以看出，中年时期的基督徒制度性参与分量表的平均得

---

① 曾凯：《基督徒个体宗教心理发展研究》，硕士学位论文，浙江师范大学，2015 年，第 33 页。

176　中国特色个体宗教心理发展研究

分，呈现出随年龄增长略有下滑的发展趋势（见图5—17）。与青少年时期相比，中年时期基督徒制度性参与分量表的整体平均得分，明显高于青少年时期基督徒制度性参与分量表的整体平均得分。

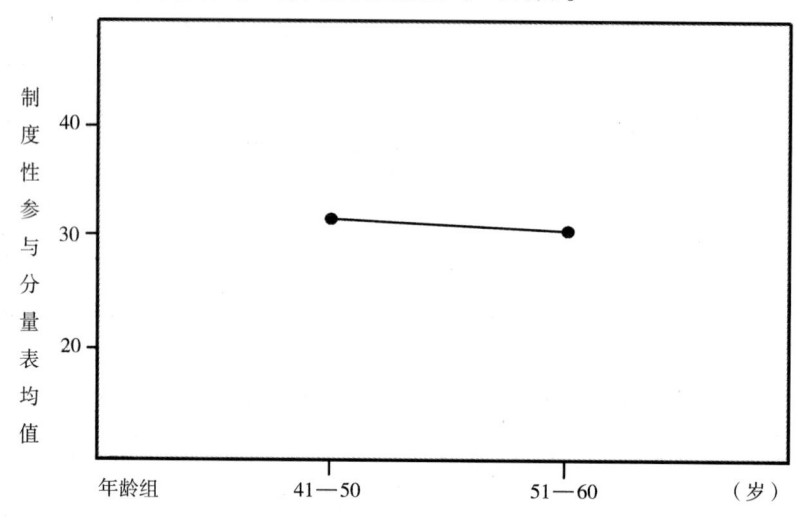

图5—17　中年期基督徒制度性参与分量表平均得分的发展趋势

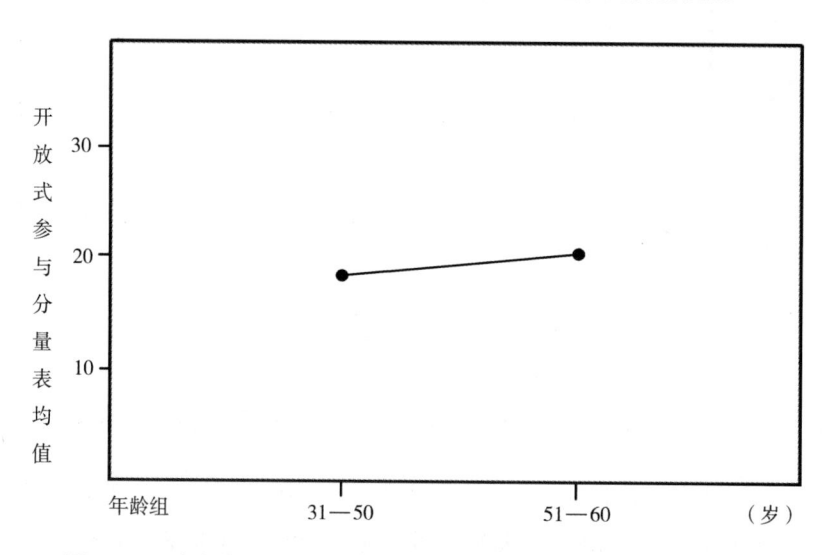

图5—18　中年期民间信仰者开放式参与分量表平均得分的发展趋势

课题组对207名中年民间信仰者开放式参与分量表的测量研究发现，31—50岁组（样本人数69人）的平均得分为18.57，标准差为7.020；

51—60 岁组（样本人数 138 人）的平均得分为 20.254，标准差为 2.783。[1]

从以上数据可以看出，中年时期的民间信仰者开放式参与分量表的平均得分，呈现出随年龄增长明显提高的发展趋势（见图 5—18）。与青少年时期相比，中年时期民间信仰者开放式参与分量表的整体平均得分，大大高于青少年时期民间信仰者开放式参与分量表的整体平均得分，差异非常显著。

（二）中年期个体宗教行为发展的年龄特征

从课题组访谈研究的结果看，中年期个体宗教行为发展的突出特征是主动性。

多位受访的中年道教徒表示，人到中年以后，对于道规道仪的遵守已经顺其自然，养成了习惯，积极主动。

> 不该做的就不做，一定不能做一些伤天害理的事情。[2]

一位 57 岁的佛教女居士告诉课题组成员：

> 经常参加放生，有时候自己一个人也放。我家里设了佛堂，基本上每天晚上都要做功课，念佛，诵经，回向。[3]

访谈中发现，中年时期的穆斯林对信仰的虔诚度增加，礼拜次数和对《古兰经》的咏诵次数都有所提升。正如一位中年男性穆斯林所说的：

> 这些是真主的考验……根本就不存在什么怀疑。[4]

---

[1] 项先红：《民间信仰者个体宗教性的发展特点及影响因素研究》，硕士学位论文，浙江师范大学，2013 年，第 28 页。
[2] 王雪华：《道教徒个体宗教性的发展特点及影响因素研究》，硕士学位论文，浙江师范大学，2013 年，第 59 页。
[3] 包涵：《中国佛教徒宗教性发展特点和影响因素研究》，硕士学位论文，浙江师范大学，2013 年，第 43 页。
[4] 翁浩然：《伊斯兰教徒个体宗教性的发展特点及影响因素研究》，硕士学位论文，浙江师范大学，2013 年，第 46 页。

(三) 中年期个体宗教行为发展的影响因素

根据本课题组的访谈研究，中年期个体宗教行为发展的主要影响因素包括：居住地环境因素、家庭与同行因素。

多位中年期的道教界人士在访谈中谈到了居住地环境对个人宗教行为的深刻影响。例如，一位现住东莞的 58 岁坤道住持对课题组成员说：

> 我出生在台湾，后来移居香港。不管在台湾还是在香港，我们那里的人对佛教和道教都很尊崇。像妈祖就是我们那里守护我们的海神，我们基本上都很信奉。①

另外一位 41 岁的乾道道长也说道，自己出生于陕西安康，与四川、河南搭界。

> 因为我们家在山区，离镇上有二三十里地。我们陕西人都是比较信仰道教的……我们当地有句话叫作陕西的庙，甘肃的道。②

家庭与同行因素对中年期个体宗教行为发展的影响也是显而易见的。例如，一位年近五旬的佛教男法师特别强调母亲和祖母的影响：

> 我母亲和祖母都信佛，从小就在那个环境里，经常也跟着她们拜拜佛。③

另一位 42 岁的乾道道长则非常重视同行行为的影响。

> 其他的一些道长，尤其是一些德高望重的老修行，有的在沙漠里

---

① 王雪华:《道教徒个体宗教性的发展特点及影响因素研究》，硕士学位论文，浙江师范大学，2013 年，第 55 页。
② 同上。
③ 包涵:《中国佛教徒宗教性发展特点和影响因素研究》，硕士学位论文，浙江师范大学，2013 年，第 45 页。

一住就是13年，真的从内心很佩服他们。还有就是其他的师兄弟念经什么的，都挺有影响。①

四　中年期个体宗教人格的发展

(一) 中年期个体宗教人格的发展趋势

根据本课题组的测量研究，在佛教徒、穆斯林、天主教徒、基督徒信仰人群中，中年期的个体宗教人格呈现出随年龄增长逐步提升的发展趋势，但在道教徒和民间信仰者中，中年期个体宗教人格的发展趋势也不尽相同；就个体宗教人格的整体发展水平而言，中年期比青少年时期具有明显提高。

课题组对41名道教徒价值追求分量表的测量研究发现，41—50岁组（样本人数24人）的平均得分为32.375，标准差为2.916；51—60岁组（样本人数17人）的平均得分为32.056，标准差为3.131。②

从以上数据可以看出，中年时期的道教徒价值追求分量表的平均得分，呈现出随年龄增长大体持平的发展趋势（见图5—19）。与青少年时期

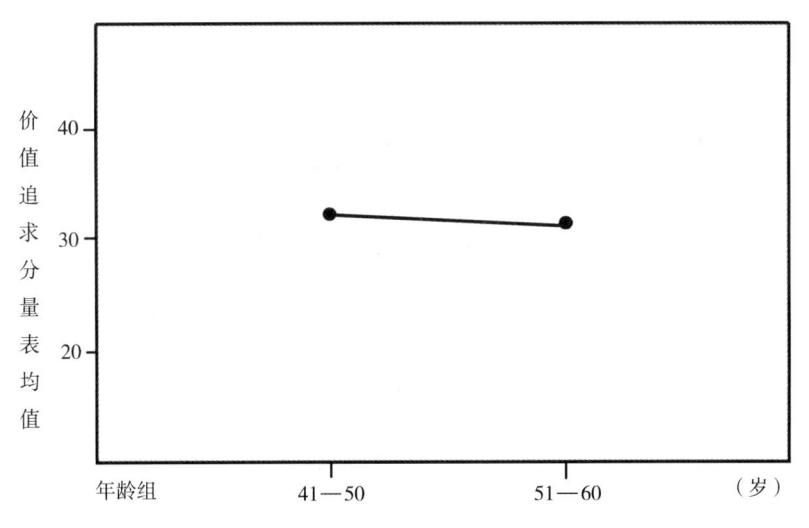

图5—19　中年期道教徒价值追求分量表平均得分的发展趋势

---

① 王雪华：《道教徒个体宗教性的发展特点及影响因素研究》，硕士学位论文，浙江师范大学，2013年，第57页。

② 同上书，第37页。

相比，中年时期道教徒价值追求分量表的整体平均得分，明显高于青少年时期道教徒价值追求分量表的整体平均得分。

课题组对 65 名中年佛教徒价值追求分量表的测量研究发现，41—50 岁组（样本人数 45 人）的平均得分为 32.177，标准差为 3.032；51—60 岁组（样本人数 20 人）的平均得分为 32.650，标准差为 3.437。①

从以上数据可以看出，中年时期的佛教徒价值追求分量表的平均得分，呈现出随年龄增长略有提升的发展趋势（见图 5—20）。与青少年时期相比，中年时期佛教徒价值追求分量表的整体平均得分，也显著高于青少年时期佛教徒价值追求分量表的整体平均得分。

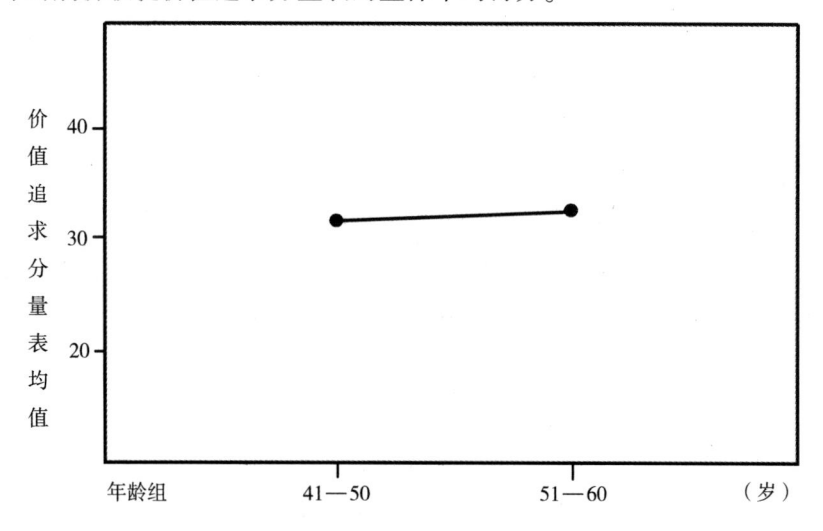

图 5—20　中年期佛教徒价值追求分量表平均得分的发展趋势

课题组对 61 名中年穆斯林价值追求分量表的测量研究发现，41—50 岁组（样本人数 36 人）的平均得分为 29.444，标准差为 2.284；51—60 岁组（样本人数 25 人）的平均得分为 30.444，标准差为 2.943。②

从以上数据可以看出，中年时期的穆斯林价值追求分量表的平均得分，呈现出随年龄增长逐步提升的发展趋势（见图 5—21）。与青少年时

---

① 包涵：《中国佛教徒宗教性发展特点和影响因素研究》，硕士学位论文，浙江师范大学，2013 年，第 35 页。

② 翁浩然：《伊斯兰教徒个体宗教性的发展特点及影响因素研究》，硕士学位论文，浙江师范大学，2013 年，第 28 页。

期相比，中年时期穆斯林价值追求分量表的整体平均得分，也显著高于青少年时期穆斯林价值追求分量表的整体平均得分。

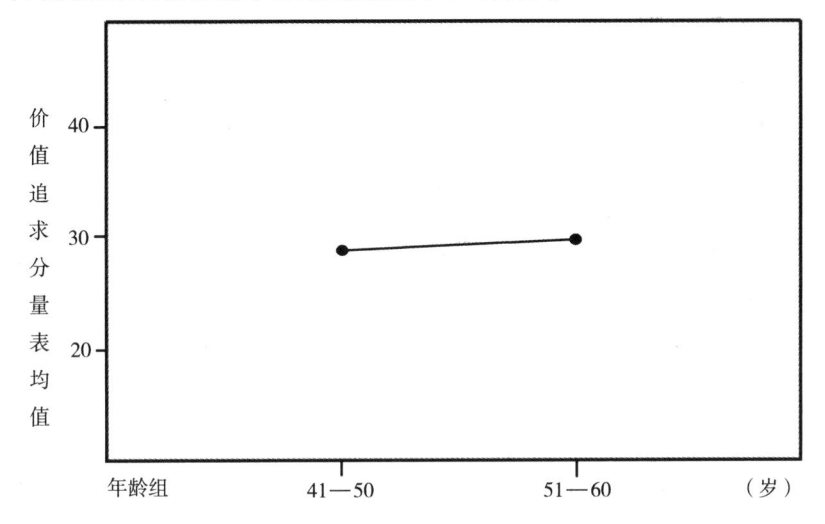

图5—21 中年期穆斯林价值追求分量表平均得分的发展趋势

课题组对 50 名中年天主教徒价值追求分量表的测量研究发现，41—50 岁组（样本人数 35 人）的平均得分为 26.171，标准差为 4.540；51—60 岁组（样本人数 15 人）的平均得分为 26.333，标准差为 5.924。[1]

从以上数据可以看出，中年时期的天主教徒价值追求分量表的平均得分，呈现出随年龄增长略有提升的发展趋势（见图5—22）。与青少年时期相比，中年时期天主教徒价值追求分量表的整体平均得分，明显高于青少年时期天主教徒价值追求分量表的整体平均得分。

课题组对 77 名中年基督徒价值追求分量表的测量研究发现，41—50 岁组（样本人数 37 人）的平均得分为 29.973，标准差为 2.843；51—60 岁组（样本人数 40 人）的平均得分为 30.050，标准差为 4.057。[2]

---

[1] 王佳琦：《中国天主教徒宗教性的发展特点和影响因素研究》，硕士学位论文，浙江师范大学，2013 年，第 41 页。

[2] 曾凯：《基督徒个体宗教心理发展研究》，硕士学位论文，浙江师范大学，2015 年，第 33 页。

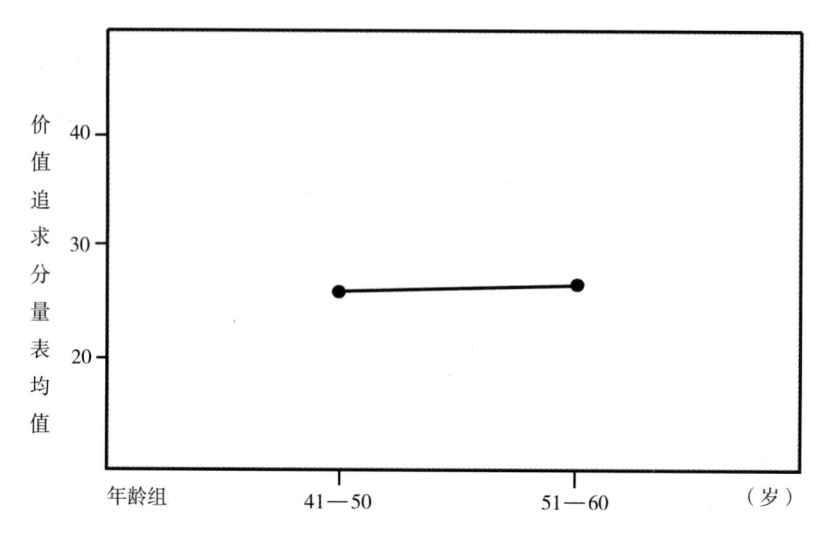

图 5—22 中年期天主教徒价值追求分量表平均得分的发展趋势

从以上数据可以看出，中年时期的基督徒价值追求分量表的平均得分，呈现出随年龄增长略有提升的发展趋势（见图 5—23）。与青少年时期相比，中年时期基督徒价值追求分量表的整体平均得分，显著高于青少年时期基督徒价值追求分量表的整体平均得分。

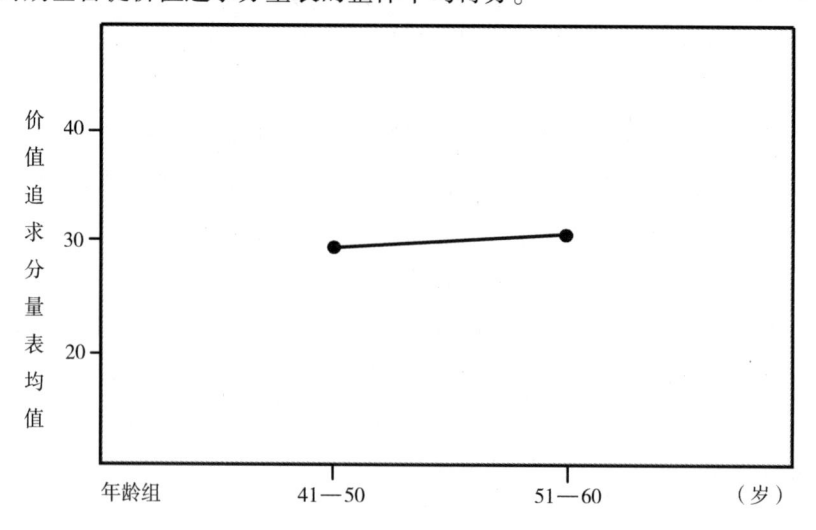

图 5—23 中年期基督徒价值追求分量表平均得分的发展趋势

课题组对 207 名中年民间信仰者价值追求分量表的测量研究发现，31—50 岁组（样本人数 69 人）的平均得分为 26.428，标准差为 10.46；

51—60 岁组（样本人数 138 人）的平均得分为 25.581，标准差为 6.399。①

从以上数据可以看出，中年时期的民间信仰者价值追求分量表的平均得分，呈现出随年龄增长略有下降的发展趋势（见图 5—24）。与青少年时期相比，中年时期民间信仰者价值追求分量表的整体平均得分，大大高于青少年时期民间信仰者价值追求分量表的整体平均得分，差异非常显著。

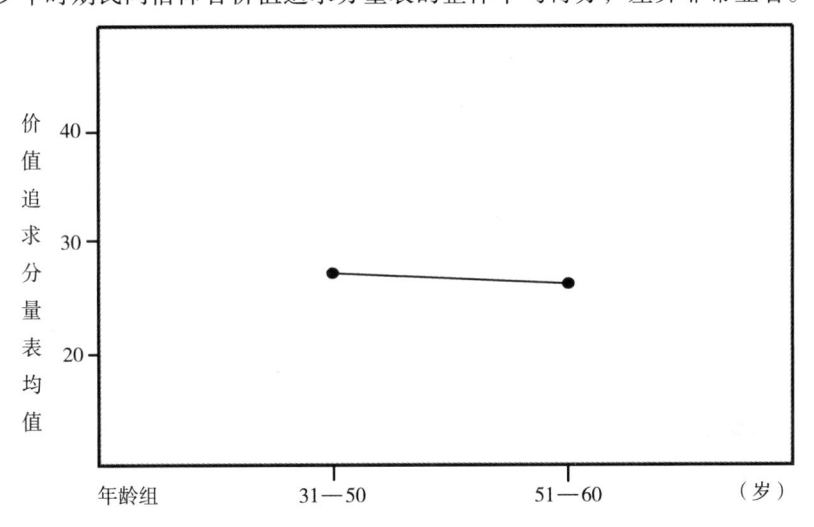

图 5—24　中年期民间信仰者价值追求分量表平均得分的发展趋势

（二）中年期个体宗教人格发展的年龄特征

从课题组访谈研究的结果看，中年期个体宗教人格发展的突出特征是利他性。

课题组成员在访谈中发现，无论是中年道教徒还是中年穆斯林，无论是中年天主教徒还是中年基督徒，他们都把帮助别人看作自己的快乐。

例如，一位 45 岁的乾道道长说，成为一名道长以后：

> 能够帮助到别人，感觉很快乐。②

---

① 项先红：《民间信仰者个体宗教性的发展特点及影响因素研究》，硕士学位论文，浙江师范大学，2013 年，第 28 页。

② 王雪华：《道教徒个体宗教性的发展特点及影响因素研究》，硕士学位论文，浙江师范大学，2013 年，第 62 页。

一位中年皈依的男性穆斯林指出，在价值追求方面：

> 我的老婆打了个比方，一个信仰真主的人和一个没有信仰的人做生意……如果是赔了，信真主的人就会觉得是真主的考验，继续生活，但是那个没有信仰的人可能就会很极端，什么和老婆离婚了，什么儿子女儿该走的走了。①

一位56岁的女天主教徒披露：

> 我最近经常和其他热心的教友到乡镇的教堂里帮助那里的教友，我要把主的恩赐送给别人。②

一位51岁的基督教女牧师坦言：

> 当我把主耶稣的福音和荣耀带给大家的时候，我发现自己是多么的喜乐，因为我正在让更多的人和我一起喜乐。③

（三）中年期个体宗教人格发展的影响因素

根据课题负责人积累的案例和课题组成员的访谈研究，发现中年期个体宗教人格发展的影响因素，主要涉及居住地环境和家庭因素。

例如，一位农村中年基督徒反映：

> 由于农村文化生活比较单调，基督教在农村的传播具有浓厚的文化色彩，当地农民觉得教会活动新鲜有趣，而且还感受到其中劝人向善的好处，所以这是那些原来没有宗教信仰的中年农民现在乐意加入

---

① 翁浩然：《伊斯兰教徒个体宗教性的发展特点及影响因素研究》，硕士学位论文，浙江师范大学，2013年，第46页。
② 王佳琦：《中国天主教徒宗教性的发展特点和影响因素研究》，硕士学位论文，浙江师范大学，2013年，第50页。
③ 曾凯：《基督徒个体宗教心理发展研究》，硕士学位论文，浙江师范大学，2015年，第46页。

基督教的重要原因。①

一位59岁的女性民间信仰者则表示，家庭因素对个人的影响较大。她说：

在家庭中对我影响较大的是我的老伴。我老伴在生活上对我体贴入微，我认为这是上苍对我的最大恩赐。②

五 中年期个体宗教性的整体发展

（一）中年期个体宗教性的整体发展趋势

根据本课题组的测量研究，中年期个体宗教性的整体发展趋势，除了佛教徒、穆斯林和天主教徒受测者的宗教性总分随年龄增长而逐步提高外，其他接受测量的道教徒、基督徒和民间信仰者的宗教性总分，则呈现出随年龄增长略有下滑的现象。

课题组对41名中年道教徒宗教性量表总分的测量研究发现，41—50岁组（样本人数24人）的平均得分为138.333，标准差为7.481；51—60岁组（样本人数17人）的平均得分为137.823，标准差为12.304。③

从以上数据可以看出，中年时期的道教徒宗教性量表的总分，呈现出随年龄增长略有下滑的发展趋势（见图5—25）。与青少年时期相比，中年时期道教徒宗教性量表总分的整体水平，明显高于青少年时期道教徒宗教性量表总分的整体水平。

课题组对65名中年佛教徒宗教性量表总分的测量研究发现，41—50岁组（样本人数45人）的平均得分为138.488，标准差为13.856；51—60岁组（样本人数20人）的平均得分为141.200，标准差为13.089。④

---

① 本案例来自课题负责人2015年在山东农村的调研记录。
② 项先红：《民间信仰者个体宗教性的发展特点及影响因素研究》，硕士学位论文，浙江师范大学，2013年，第39页。
③ 王雪华：《道教徒个体宗教性的发展特点及影响因素研究》，硕士学位论文，浙江师范大学，2013年，第37页。
④ 包涵：《中国佛教徒宗教性发展特点和影响因素研究》，硕士学位论文，浙江师范大学，2013年，第35页。

186 中国特色个体宗教心理发展研究

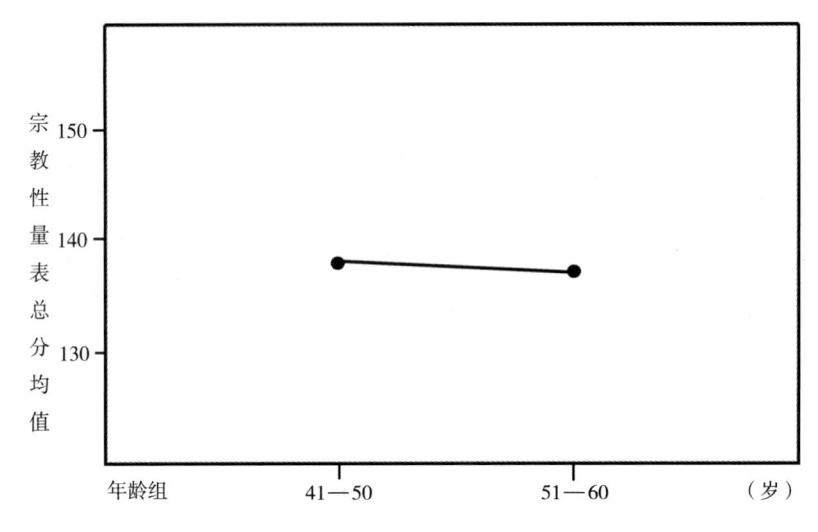

图 5—25 中年期道教徒宗教性量表总分均值的发展趋势

从以上数据可以看出，中年时期的佛教徒宗教性量表总分，呈现出随年龄增长逐步提升的发展趋势（见图 5—26）。与青少年时期相比，中年时期佛教徒宗教性量表总分的整体水平，则大大高于青少年时期佛教徒宗教性量表总分的整体水平。

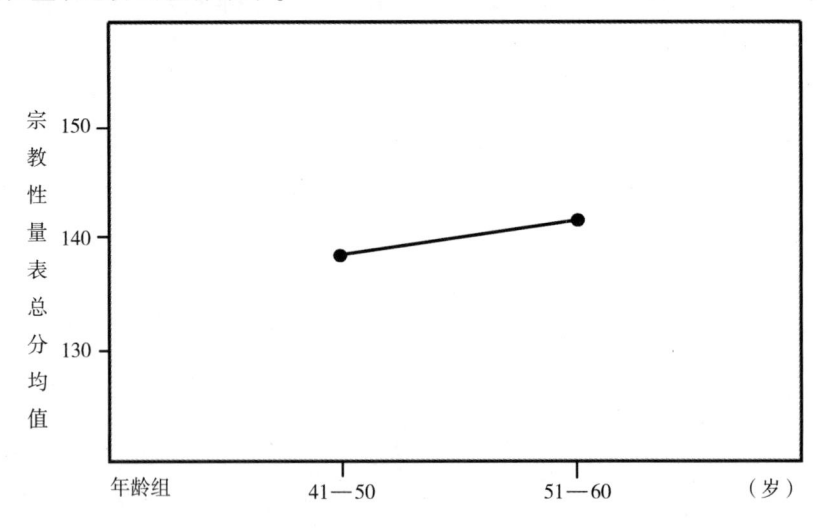

图 5—26 中年期佛教徒宗教性量表总分均值的发展趋势

课题组对 61 名中年穆斯林宗教性量表总分的测量研究发现，41—50 岁组（样本人数 36 人）的平均得分为 137.722，标准差为 7.778；51—60

岁组（样本人数 25 人）的平均得分为 140.100，标准差为 6.318。①

从以上数据可以看出，中年时期的穆斯林宗教性量表总分，呈现出随年龄增长逐步提升的发展趋势（见图 5—27）。与青少年时期相比，中年时期穆斯林宗教性量表总分的整体水平，也显著高于青少年时期穆斯林宗教性量表总分的整体水平。

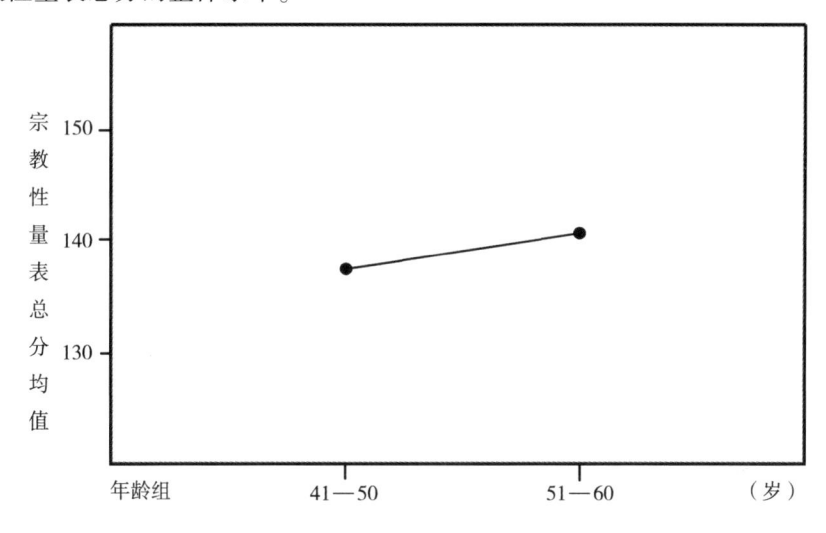

图 5—27 中年期穆斯林宗教性量表总分均值的发展趋势

课题组对 50 名中年天主教徒宗教性量表总分的测量研究发现，41—50 岁组（样本人数 35 人）的平均得分为 111.142，标准差为 8.033；51—60 岁组（样本人数 15 人）的平均得分为 115.533，标准差为 12.380。②

从以上数据可以看出，中年时期的天主教徒在宗教性量表总分上，呈现出随年龄增长明显提升的发展趋势（见图 5—28）。与青少年时期相比，中年时期天主教徒宗教性量表总分的整体水平，也显著高于青少年时期天主教徒宗教性量表总分的整体水平。

课题组对 77 名中年基督徒宗教性量表总分的测量研究发现，41—50 岁

---

① 翁浩然：《伊斯兰教徒个体宗教性的发展特点及影响因素研究》，硕士学位论文，浙江师范大学，2013 年，第 28 页。

② 王佳琦：《中国天主教徒宗教性的发展特点和影响因素研究》，硕士学位论文，浙江师范大学，2013 年，第 41 页。

188　中国特色个体宗教心理发展研究

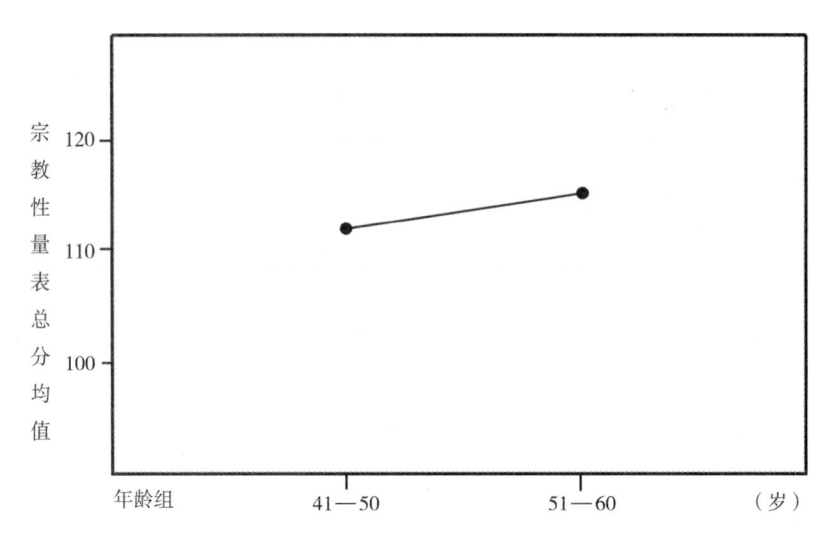

图 5—28　中年期天主教徒宗教性量表总分均值的发展趋势

组（样本人数 37 人）的平均得分为 125.919，标准差为 6.974；51—60 岁组（样本人数 40 人）的平均得分为 124.450，标准差为 10.715。[①]

从以上数据可以看出，中年时期基督徒的宗教性量表总分，呈现出随年龄增长略有下滑的发展趋势（见图 5—29）。与青少年时期相比，中年时

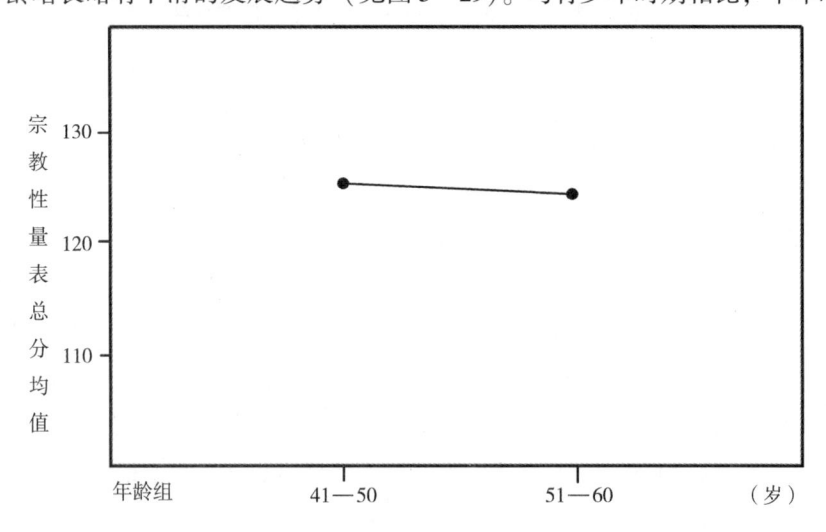

图 5—29　中年期基督徒宗教性量表总分均值的发展趋势

[①] 曾凯：《基督徒个体宗教心理发展研究》，硕士学位论文，浙江师范大学，2015 年，第 33 页。

期基督徒宗教性量表总分的整体水平,显著高于青少年时期基督徒宗教性量表总分的整体水平。

课题组对 207 名中年民间信仰者宗教性量表总分的测量研究发现,31—50 岁组(样本人数 69 人)的平均得分为 96.428,标准差为 10.46;51—60 岁组(样本人数 138 人)的平均得分为 98.963,标准差为 6.399。[①]

从以上数据可以看出,中年时期民间信仰者的宗教性量表总分的整体水平,呈现出随年龄增长逐步提升的发展趋势(见图 5—30)。与青少年时期相比,中年时期民间信仰者宗教性量表总分的整体水平,大大高于青少年时期民间信仰者宗教性量表总分的整体水平。

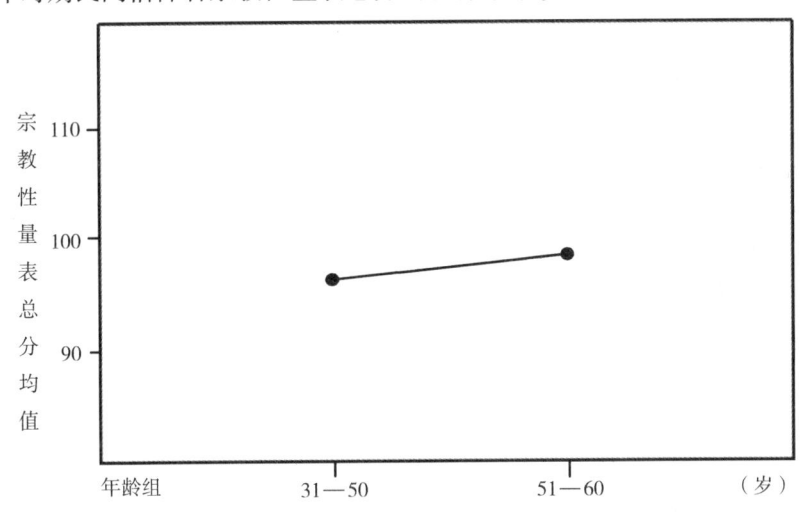

图 5—30　中年期民间信仰者宗教性量表总分均值的发展趋势

(二) 中年期个体宗教性整体发展的年龄特征

将中年期个体宗教认知发展的体悟性、个体宗教情感发展的稳定性、个体宗教行为发展的主动性和个体宗教人格发展的利他性特征整合起来,我们会发现,体悟性、稳定性、主动性和利他性这四大特征,构成了中年期个体宗教性整体发展的年龄特征。

与青少年时期个体宗教认知发展的探寻性相比,中年时期的宗教信仰者思考的深度明显增加。他们在个人已有宗教经验的基础上,对宗教生活

---

① 项先红:《民间信仰者个体宗教性的发展特点及影响因素研究》,硕士学位论文,浙江师范大学,2013 年,第 28 页。

的理解更加透彻。例如,"突然明白了""一点一滴地深入下去""重新感悟信仰""越来越相信了",便是这一特征的典型描述。

与青少年时期个体宗教情感发展的波动性相比,中年时期的宗教信仰者在情感的稳定性方面大大增强。他们对扰乱个人信仰生活的刺激事件或困难处境,有了更多的应对策略和适应能力。例如,"偶尔懈怠会有,信心没有动摇""保持一种平常心去对待",便是这一特征的典型描述。

与青少年时期个体宗教行为发展的效仿性相比,中年时期的宗教信仰者在宗教行为方面更加主动和自觉。这种主动性、自觉性既表现在制度性的群体参与方面,也表现在个人日常行为的自我约束中。例如,"不该做的就不做""有时候自己一个人也放(生)""根本不存在什么怀疑",便是这一特征的典型描述。

与青少年时期个体宗教人格发展的务实性相比,中年时期的宗教信仰者在以价值追求为核心的宗教人格方面,利他的成分明显增多。他们把帮助别人看成是自己的快乐,务实利己的驱动力量逐渐弱化。例如,"帮助到别人,感觉很快乐""把主的恩赐送给别人""让更多的人和我一起喜乐",便是这一特征的典型描述。

总之,中年时期的宗教信仰者伴随个人宗教经验的积累、理解能力的深化和自制力的增强,个体宗教性的整体发展进入相对成熟的时期,于是出现了体悟性、稳定性、主动性和利他性这些新的年龄特征。这些年龄特征是非常值得重视的。

(三) 中年期个体宗教性整体发展的影响因素

中年期个体宗教性整体发展的影响因素,既有与青少年时期相同的地方,也具有自己的独特之处。

与青少年时期相同的影响因素主要表现为家庭因素。对于成长中的青少年来说,家庭在其宗教信仰生活中主要起着激发和催化的功能。而对于成熟阶段的中年人来说,家庭在其宗教信仰生活中主要起着支撑和强化的功能。

与青少年时期不同的影响因素突出表现为居住地环境因素。如果对环境因素进行深入探究,其实在本质上属于一种地域文化因素。例如,"陕西的庙,甘肃的道",便深刻说明了地域文化对中年期道教徒个体宗教性整体发展的深刻影响。

第六章　老年期个体宗教心理的发展

老年期（60岁以上）是一个人的身心发展走向衰老的时期，但从个体宗教信仰发展的角度考察，却是一个人的宗教心理达到最高水平的时期。

我们在第一章强调，老年期个体宗教心理发展的主要矛盾是现实生活中的身体健康状况下降与传统宗教死亡观、来世观期待之间的矛盾。笃信性、恒常性、固化性和向善性构成了这一时期个体宗教心理发展的主要年龄特征。在影响老年期个体宗教心理发展的诸因素中，家庭因素和宗教同行因素的影响最为突出。

依据上述基本观点，下面将从个体宗教认知发展、个体宗教情感发展、个体宗教行为发展、个体宗教人格发展和个体宗教性整体发展这几个方面，具体阐述老年期个体宗教心理的发展趋势、年龄特征和影响因素问题。

一　老年期个体宗教认知的发展

（一）老年期个体宗教认知的发展趋势

根据课题组的测量研究，老年期的个体宗教认知发展随着年龄增长继续提升，达到一生当中的最高水平，这种发展趋势在道教徒、穆斯林和基督徒中表现得较为明显。

课题组对8名老年道教徒仙道信仰分量表的测量研究发现，61—70岁组（样本人数5人）的平均得分为37.60，标准差为3.209；70岁以上组（样本人数3人）的平均得分为40.00，标准差为0.000。[①]

[①] 王雪华：《道教徒个体宗教性的发展特点及影响因素研究》，硕士学位论文，浙江师范大学，2013年，第37页。

从以上数据可以看出,老年时期的道教徒仙道信仰分量表的平均得分,呈现出随年龄增长逐步提高的发展趋势(见图6—1)。与中年时期相比,老年期道教徒仙道信仰分量表的整体平均得分,显著高于中年期道教徒仙道信仰分量表的整体平均得分。

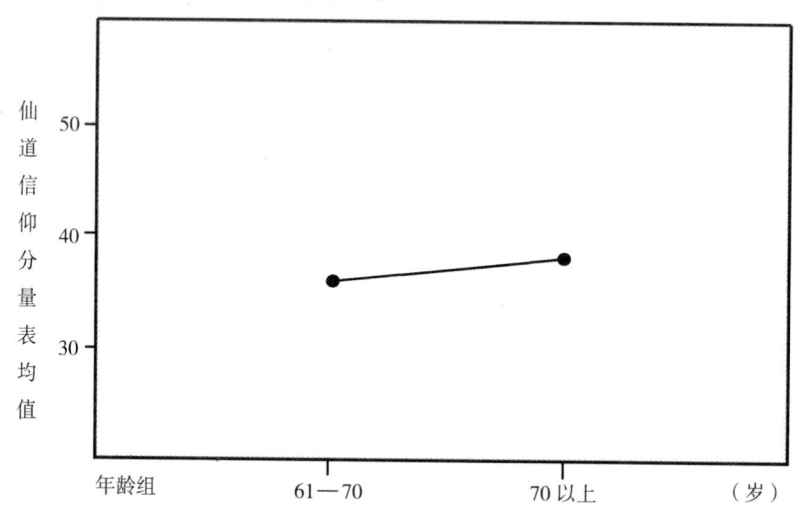

图6—1 老年期道教徒仙道信仰分量表平均得分的发展趋势

课题组对28名老年佛教徒佛法信仰分量表的测量研究发现,60岁以上组(样本人数28人)的平均得分为42.964,标准差为3.426。①

从以上数据可以看出,与中年时期相比,老年时期的佛教徒佛法信仰分量表的平均得分,呈现出随年龄增长略有提高的发展趋势(见图6—2)。

课题组对29名老年穆斯林真主信仰分量表的测量研究发现,61—70岁组(样本人数16人)的平均得分为43.077,标准差为0.768;71—80岁组(样本人数13人)的平均得分为45.150,标准差为0.532。②

从以上数据可以看出,老年时期的穆斯林真主信仰分量表的平均得

---

① 包涵:《中国佛教徒宗教性发展特点和影响因素研究》,硕士学位论文,浙江师范大学,2013年,第35页。
② 翁浩然:《伊斯兰教徒个体宗教性的发展特点及影响因素研究》,硕士学位论文,浙江师范大学,2013年,第28页。

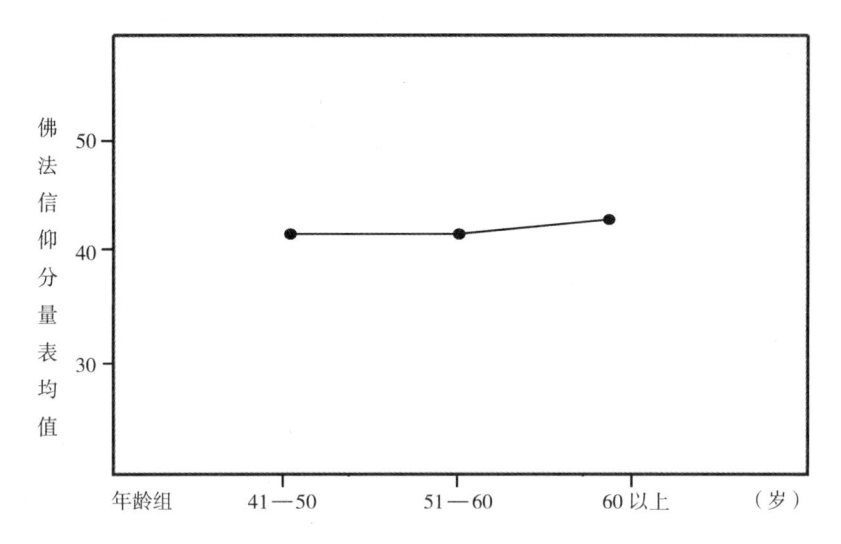

图 6—2 老年期佛教徒佛法信仰分量表平均得分的发展趋势

分，呈现出随年龄增长逐步提升的发展趋势（见图 6—3）。与中年时期相比，老年期穆斯林真主信仰分量表的整体平均得分，则显著高于中年期穆斯林真主信仰分量表的整体平均得分。

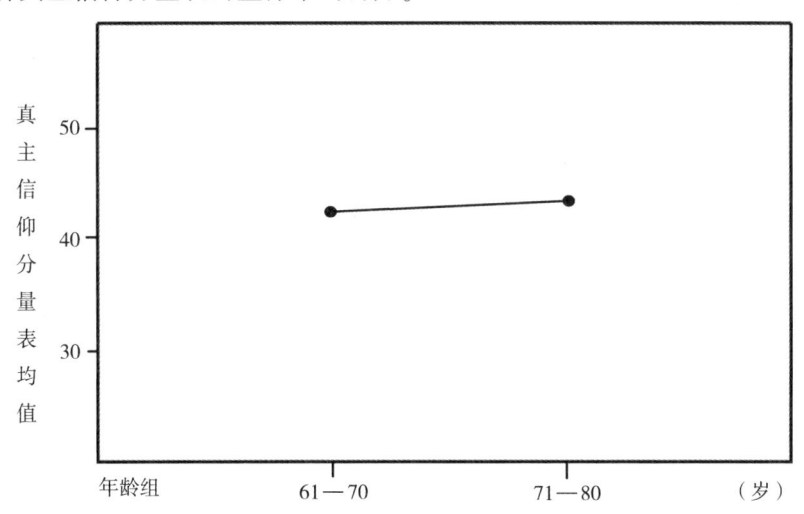

图 6—3 老年期穆斯林真主信仰分量表平均得分的发展趋势

课题组对 35 名老年天主教徒天主信仰分量表的测量研究发现，61—70 岁组（样本人数 25 人）的平均得分为 28.400，标准差为 1.707；71—

80岁组（样本人数10人）的平均得分为28.800，标准差为1.751。[1]

从以上数据可以看出，老年时期的天主教徒天主信仰分量表的平均得分，呈现出随年龄增长微升的发展趋势（见图6—4）。与中年时期相比，老年期天主教徒天主信仰分量表的整体平均得分，略高于中年期天主教徒天主信仰分量表的整体平均得分。

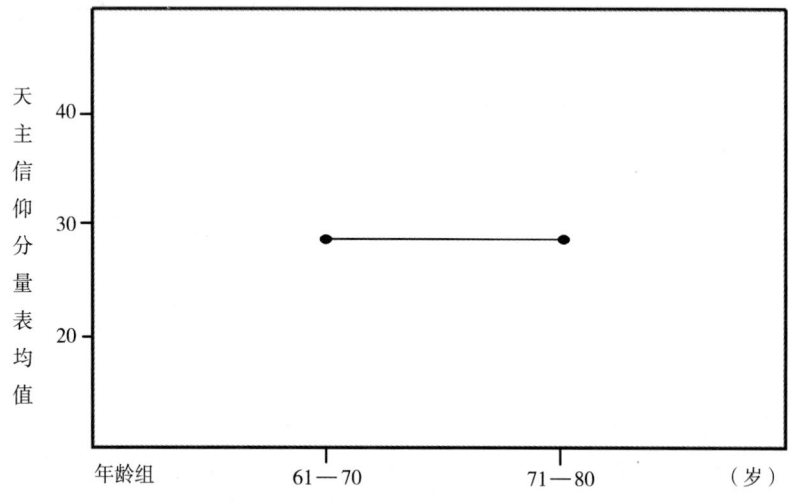

图6—4 老年期天主教徒天主信仰分量表平均得分的发展趋势

课题组对119名老年基督徒上帝信仰分量表的测量研究发现，61—70岁组（样本人数100人）的平均得分为32.180，标准差为2.966；71—80岁组（样本人数19人）的平均得分为33.211，标准差为2.097。[2]

从以上数据可以看出，老年时期的基督徒上帝信仰分量表的平均得分，呈现出随年龄增长略有提升的发展趋势（见图6—5）。与中年时期相比，老年期基督徒上帝信仰分量表的整体平均得分，也略高于中年期基督徒上帝信仰分量表的整体平均得分。

课题组对91名老年民间信仰者神灵信仰分量表的测量研究发现，60岁以上组（样本人数91人）的平均得分为35.66，标准差为2.516。[3]

---

[1] 王佳琦：《中国天主教徒宗教性的发展特点和影响因素研究》，硕士学位论文，浙江师范大学，2013年，第41页。
[2] 曾凯：《基督徒个体宗教心理发展研究》，硕士学位论文，浙江师范大学，2015年，第33页。
[3] 项先红：《民间信仰者个体宗教性的发展特点及影响因素研究》，硕士学位论文，浙江师范大学，2013年，第28页。

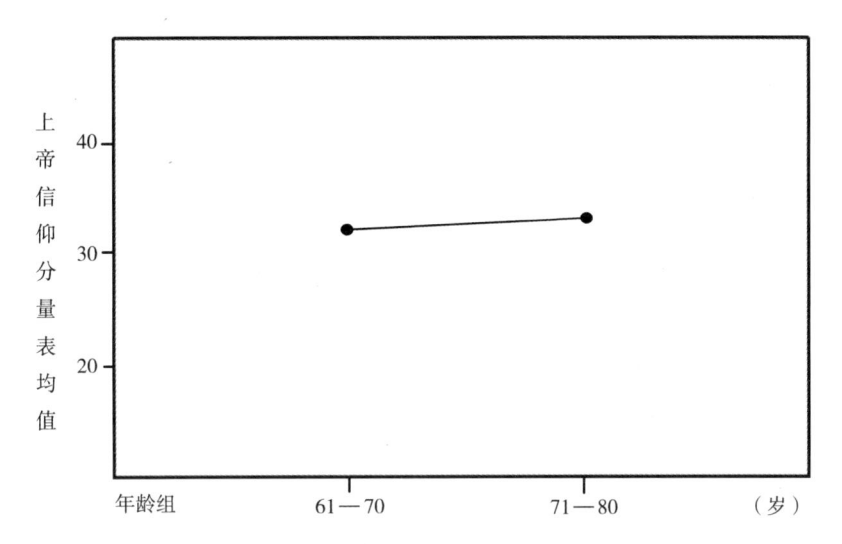

图 6—5　老年期基督徒上帝信仰分量表平均得分的发展趋势

从以上数据可以看出，与中年时期相比，老年期民间信仰者神灵信仰分量表的整体平均得分，明显高于中年期民间信仰者神灵信仰分量表的整体平均得分，差异非常显著（见图 6—6）。

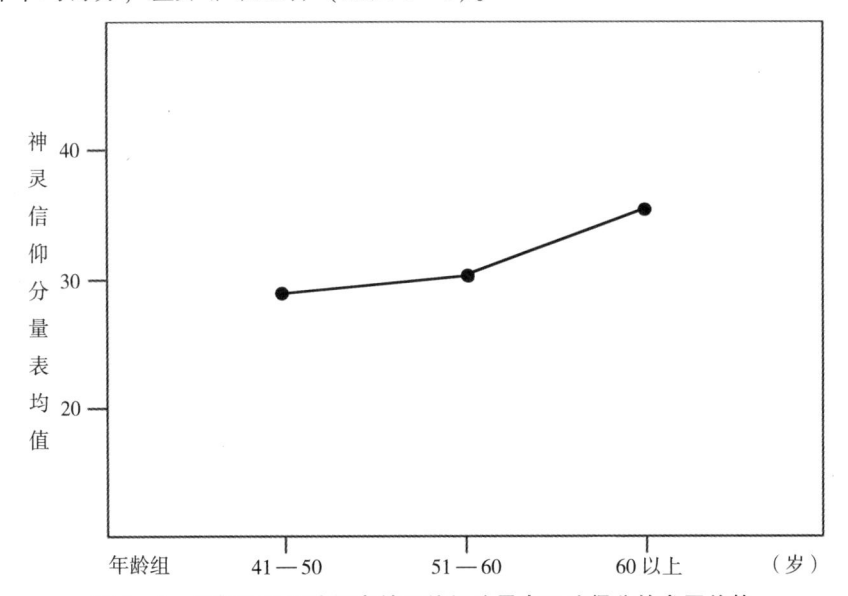

图 6—6　老年期民间信仰者神灵信仰分量表平均得分的发展趋势

（二）老年期个体宗教认知发展的年龄特征

根据课题组的访谈研究，老年期个体宗教认知发展的突出特征是笃信性。

下面是一些典型的描述。

> 我选择了道教，到现在，我已经信仰了39年。[①]

> 佛教是佛的教育，诸善奉行，诸恶莫作，自净其意，是诸佛教。它是教人们认识自我，超越自我，重点叫人修心，明白因缘法。经文的说法不能看表面，它是有深意的。[②]

> 17—22岁这一阶段开始真正相信真主。我认为人是由真主创造的，不是由猴子变来的……在信仰的过程中没有过动摇。[③]

> 我出生后不久就领洗了，但是后来因为政策的关系，不让信教了，我也就脱离了……但大概在10年前吧，我的家里出现了一点问题，我的心也静不下来。后来，我想到，这可能是天主对我脱离教会的惩罚。我重新找到教会，加入进去……我现在比较好了，而且我觉得天主在照顾我。[④]

> 虽然我已经有75岁了，但我依然在专心地侍奉着主，所以我过得很充实。[⑤]

> 我人生中的重要转折点是"文化大革命"，现在想起那个年代真是震撼，吃了很多苦，差一点就饿死了。记得当时有一次，由于没有吃的，心里当时真的好想自己面前出现一个救世主。现在的生活好了，儿女都

[①] 此段描述来自一位68岁的道教女居士。参见王雪华《道教徒个体宗教性的发展特点及影响因素研究》，硕士学位论文，浙江师范大学，2013年，第57页。

[②] 此段描述来自一位61岁的佛教男居士。参见包涵《中国佛教徒宗教性发展特点和影响因素研究》，硕士学位论文，浙江师范大学，2013年，第43页。

[③] 此段描述来自一位63岁的男性穆斯林。参见翁浩然《伊斯兰教徒个体宗教性的发展特点及影响因素研究》，硕士学位论文，浙江师范大学，2013年，第43页。

[④] 此段描述来自一位78岁的男性天主教徒。参见王佳琦《中国天主教徒宗教性的发展特点和影响因素研究》，硕士学位论文，浙江师范大学，2013年，第50页。

[⑤] 此段描述来自一位75岁的基督教男牧师。参见曾凯《基督徒个体宗教心理发展研究》，硕士学位论文，浙江师范大学，2015年，第46页。

成家了，生活也很幸福了，这是上天对我的恩赐，是好人好报的结果。①

(三) 老年期个体宗教认知发展的影响因素

从课题组成员的访谈结果看，宗教同行、亲戚朋友和居住环境因素，对老年期个体宗教认知的发展具有重要影响。

下面是一些典型的描述：

其他信众对我的拥护，也是我坚持信仰的力量。②

学习有不懂的地方，我就和某位北京的法师通信请教。一次问到西方净土"黄金为地"的问题，他在回信里说"给你一包黄土做金戒指，你要不要"，一下子对我启发很大。③

由于从小家中很穷，我在家里是老大，父母会给我教授很多道理和伊斯兰的规定，告诉我要给兄弟姐妹做好榜样。④

我们整个村子都是信仰基督的，兄弟姊妹之间十分友爱，从来不会因为什么事儿邻里之间就闹矛盾，吵架什么的……"文革"期间曾放弃过，但后来还是找到组织了，后来妻子生病离世了，要不是兄弟姊妹关心我，我肯定是活不到今天的，这一切都要感谢主！⑤

二 老年期个体宗教情感的发展

(一) 老年期个体宗教情感的发展趋势

根据课题组的测量研究，老年期的个体宗教情感发展与宗教认知发展

---

① 此段描述来自一位64岁的男性民间信仰者。参见项先红《民间信仰者个体宗教性的发展特点及影响因素研究》，硕士学位论文，浙江师范大学，2013年，第38—39页。
② 此段描述来自一位62岁的乾道道长。参见王雪华《道教徒个体宗教性的发展特点及影响因素研究》，硕士学位论文，浙江师范大学，2013年，第61页。
③ 此段描述来自一位61岁的佛教男居士。参见包涵《中国佛教徒宗教性发展特点和影响因素研究》，硕士学位论文，浙江师范大学，2013年，第45页。
④ 此段描述来自一位63岁的男性穆斯林。参见翁浩然《伊斯兰教徒个体宗教性的发展特点及影响因素研究》，硕士学位论文，浙江师范大学，2013年，第41页。
⑤ 此段描述来自一位82岁的农村男性基督徒。参见曾凯《基督徒个体宗教心理发展研究》，硕士学位论文，浙江师范大学，2015年，第44页。

一样，随着年龄增长继续提升，达到一生当中的最高水平，这种发展趋势在道教徒、穆斯林和基督徒中表现得较为明显。

课题组对 8 名老年道教徒超然体验分量表的测量研究发现，61—70 岁组（样本人数 5 人）的平均得分为 35.00，标准差为 2.121；70 岁以上组（样本人数 3 人）的平均得分为 40.000，标准差为 0.000。①

从以上数据可以看出，老年时期的道教徒超然体验分量表的平均得分，呈现出随年龄增长明显提高的发展趋势（见图6—7）。与中年时期相比，老年期道教徒超然体验分量表的整体平均得分，显著高于中年期道教徒超然体验分量表的整体平均得分。

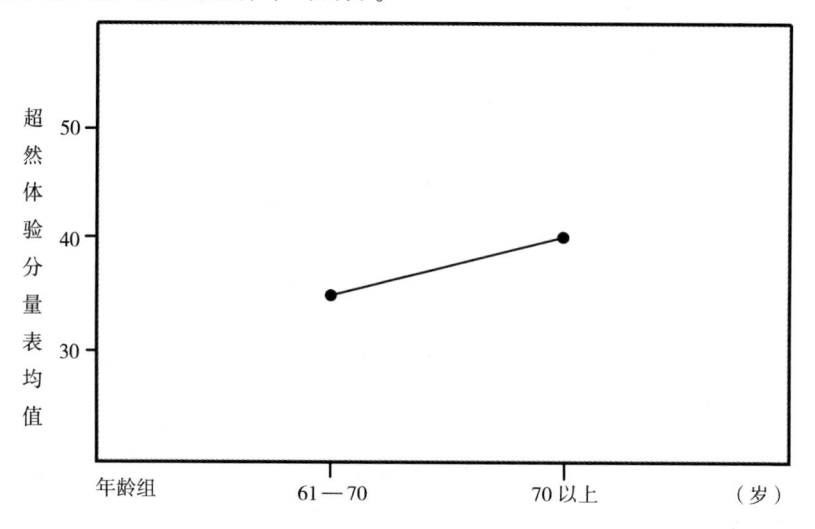

图6—7 老年期道教徒超然体验分量表平均得分的发展趋势

课题组对 28 名老年佛教徒宗教体验分量表的测量研究发现，60 岁以上组（样本人数 28 人）的平均得分为 27.785，标准差为 5.845。②

从以上数据可以看出，与中年时期相比，老年时期的佛教徒宗教体验分量表的平均得分，基本维持在中年期的发展水平（见图6—8）；这种情感发展水平低于认知发展水平的现象，值得研究者深入思考。

---

① 王雪华：《道教徒个体宗教性的发展特点及影响因素研究》，硕士学位论文，浙江师范大学，2013 年，第 37 页。

② 包涵：《中国佛教徒宗教性发展特点和影响因素研究》，硕士学位论文，浙江师范大学，2013 年，第 35 页。

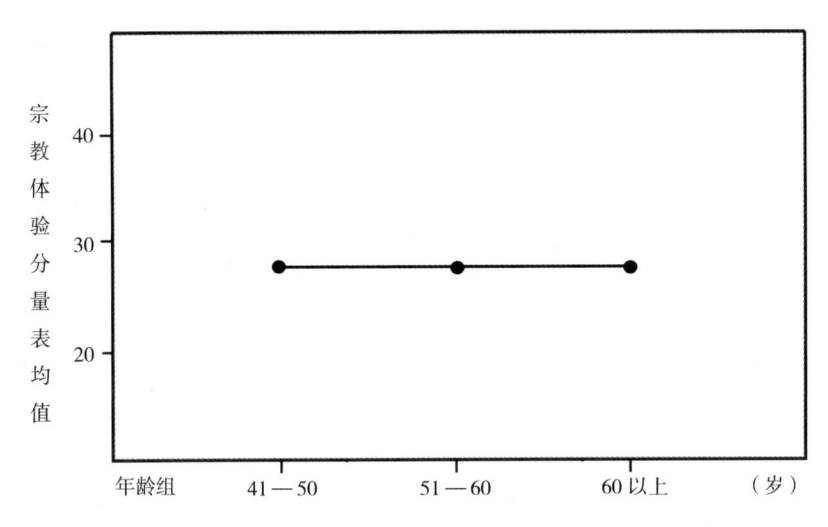

图 6—8　老年期佛教徒宗教体验分量表平均得分的发展趋势

课题组对 29 名老年穆斯林神秘体验分量表的测量研究发现，61—70 岁组（样本人数 16 人）的平均得分为 28.666，标准差为 0.542；71—80 岁组（样本人数 13 人）的平均得分为 29.037，标准差为 1.513。[①]

从以上数据可以看出，老年期穆斯林神秘体验分量表的平均得分，比中年期的发展水平略有增长（见图 6—9）；老年期穆斯林神秘体验分量表

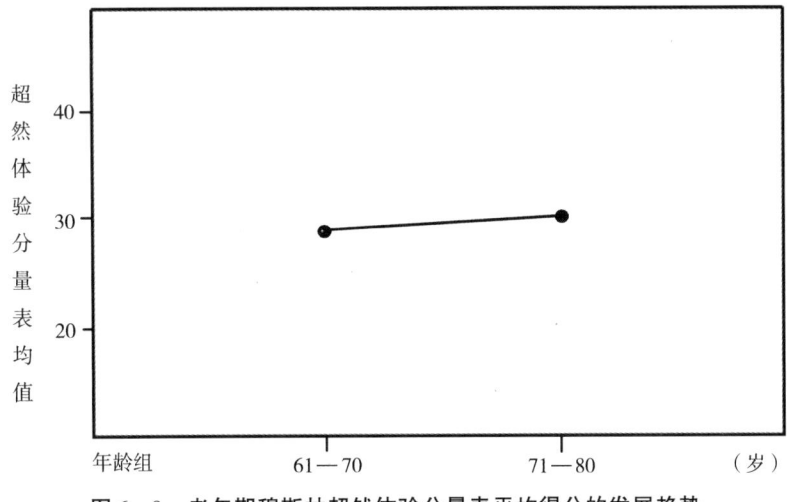

图 6—9　老年期穆斯林超然体验分量表平均得分的发展趋势

---

① 翁浩然：《伊斯兰教徒个体宗教性的发展特点及影响因素研究》，硕士学位论文，浙江师范大学，2013 年，第 28 页。

平均得分的发展水平,则略低于老年期穆斯林真主信仰分量表平均得分的发展水平。与中年时期相比,老年期穆斯林神秘体验分量表的整体平均得分,略高于中年期穆斯林神秘体验分量表的整体平均得分。

课题组对 35 名老年天主教徒超然体验分量表的测量研究发现,61—70 岁组(样本人数 25 人)的平均得分为 28.640,标准差为 3.173;71—80 岁组(样本人数 10 人)的平均得分为 29.300,标准差为 1.636。①

从以上数据可以看出,老年时期的天主教徒超然体验分量表的平均得分,呈现出随年龄增长略有提高的发展趋势(见图 6—10);老年期天主教徒超然体验分量表平均得分的发展水平,也略高于老年期天主教徒天主信仰分量表平均得分的发展水平。与中年时期相比,老年期天主教徒超然体验分量表的整体平均得分,略高于中年期超然体验分量表的整体平均得分。

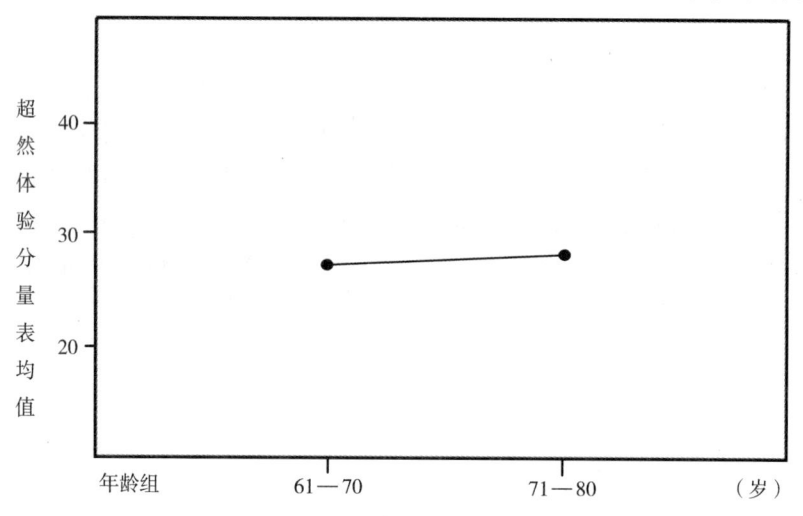

图 6—10 老年期天主教徒超然体验分量表平均得分的发展趋势

课题组对 119 名老年基督徒超然体验分量表的测量研究发现,61—70 岁组(样本人数 100 人)的平均得分为 31.210,标准差为 3.167;71—80 岁组(样本人数 19 人)的平均得分为 32.895,标准差为 1.761。②

---

① 王佳琦:《中国天主教徒宗教性的发展特点和影响因素研究》,硕士学位论文,浙江师范大学,2013 年,第 41 页。
② 曾凯:《基督徒个体宗教心理发展研究》,硕士学位论文,浙江师范大学,2015 年,第 33 页。

从以上数据可以看出，老年时期的基督徒超然体验分量表的平均得分，呈现出随年龄增长略有提升的发展趋势（见图6—11）；老年期基督徒超然体验分量表平均得分的发展趋势，与老年期基督徒上帝信仰分量表平均得分的发展趋势是一致的。与中年时期相比，老年期基督徒超然体验分量表的整体平均得分，略高于中年期超然体验分量表的整体平均得分。

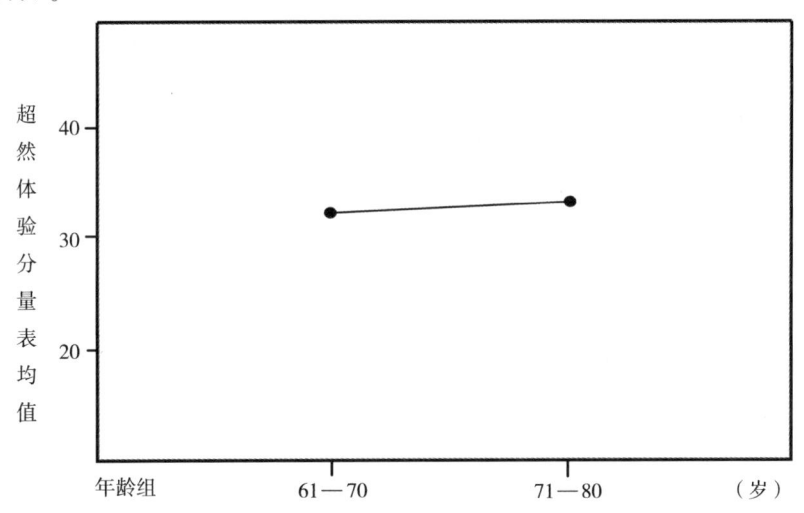

图6—11 老年期基督徒超然体验分量表平均得分的发展趋势

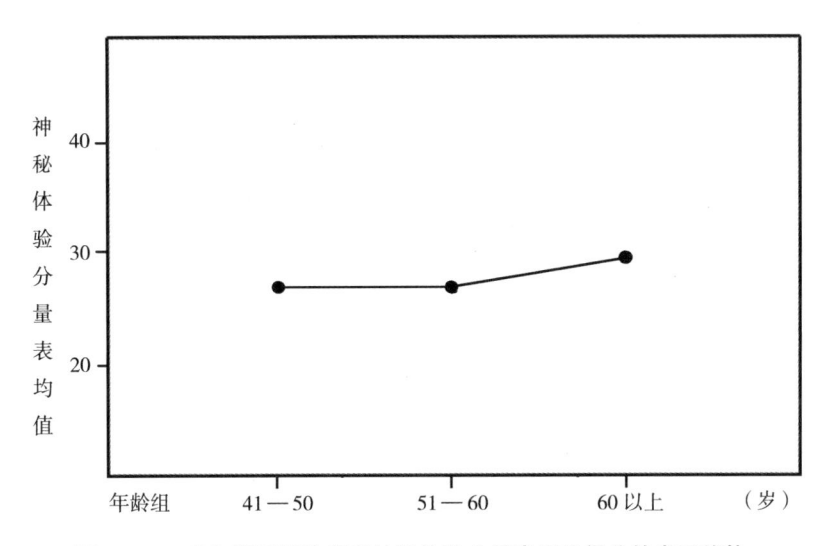

图6—12 老年期民间信仰者神秘体验分量表平均得分的发展趋势

课题组对 91 名老年民间信仰者神秘体验分量表的测量研究发现，60岁以上组（样本人数 91 人）的平均得分为 26.66，标准差为 1.527。[①]

从以上数据可以看出，与中年时期相比，老年期民间信仰者神秘体验分量表的整体平均得分，明显高于中年期神秘体验分量表的整体平均得分，差异非常显著（见图 6—12）；民间信仰者神秘体验分量表从中年期到老年期的发展趋势，与神灵信仰分量表从中年期到老年期的发展趋势是一致的。

（二）老年期个体宗教情感发展的年龄特征

根据课题组的访谈研究，老年期个体宗教情感发展的突出特征是恒常性。

下面是一些典型的描述：

> 人生都是坎坷不平的，人生不如意十有八九。自从我信教以后，我觉得很多事情都看开了……最重要的是能让我常清常静，无为不争，心经常是平静、平和的。[②]

> 不问结果如何，不要为它烦恼。现在佛教讲建设人间净土，就是要每个人心地净了，世界就是净土。[③]

> 我有一次要出门，得早起，叫老婆定了闹钟。第二天一大早，我就觉得听到闹钟在响，再也睡不着了，起来一看，已经快到我预定的时间了。但我老婆说她昨天忘了定闹钟。我觉得这是天主在提醒我，让我不要错过时间。[④]

> 以前我教书的时候并没有时间好好侍奉主。自从退休后，我总是准时到教堂参加礼拜，准时灵修，时常祷告，我越来越觉得自己与主

[①] 项先红：《民间信仰者个体宗教性的发展特点及影响因素研究》，硕士学位论文，浙江师范大学，2013 年，第 28 页。

[②] 此段描述来自一位 68 岁的道教女居士。参见王雪华《道教徒个体宗教性的发展特点及影响因素研究》，硕士学位论文，浙江师范大学，2013 年，第 58、61—62 页。

[③] 此段描述来自一位 61 岁的佛教男居士。参见包涵《中国佛教徒宗教性发展特点和影响因素研究》，硕士学位论文，浙江师范大学，2013 年，第 43 页。

[④] 此段描述来自一位 78 岁的男性天主教徒。参见王佳琦《中国天主教徒宗教性的发展特点和影响因素研究》，硕士学位论文，浙江师范大学，2013 年，第 50—51 页。

的距离近了,而且我相信主耶稣一定是关爱我的。①

(三) 老年期个体宗教情感发展的影响因素

从课题组访谈研究的结果看,影响老年期个体宗教情感发展的主要因素是家庭和宗教同行因素。

下面是一些典型的描述:

> 我年轻的时候有病,整天半死不活的。我跟我母亲说我想出家,我要寻找神灵。我母亲说你想这样就这样吧,反正为老天爷要饭也不丢人。②

> 以前在工厂里是个领班,有十几号人听我指挥。每天的生活虽然比较忙碌,却也充实。退休后就自己一个人在家里,妻子去上海带孙子,我也去待过一段时间,但不太习惯,就回来了。整天自己一个人待着,怕是要待出病来的!一次偶然的机会,同一个社区的一位朋友带我一起去教堂。一开始是抱着去看看的心态……对这些东西有所避讳的。去后发现,大部分都是和我差不多大年纪的退休老人,大家一起聊聊天,下下棋什么的,发现挺好。慢慢就经常和朋友一起去,去得多了也就开始和他们一起做祷告,渐渐发现有这个信仰也是挺好的,至少可以多一些伴一起说说话了。③

三 老年期个体宗教行为的发展

(一) 老年期个体宗教行为的发展趋势

根据课题组的测量研究,老年期的个体宗教行为发展与宗教认知发展、宗教情感发展一样,随着年龄增长继续提升,达到一生当中的最高水

---

① 此段描述来自一位79岁的女性基督徒,退休教师。参见曾凯《基督徒个体宗教心理发展研究》,硕士学位论文,浙江师范大学,2015年,第46页。
② 此段描述来自一位68岁的道教女居士。参见王雪华《道教徒个体宗教性的发展特点及影响因素研究》,硕士学位论文,浙江师范大学,2013年,第60页。
③ 此段描述来自一位63岁的男性基督徒,退休职工。参见曾凯《基督徒个体宗教心理发展研究》,硕士学位论文,浙江师范大学,2015年,第45页。

平，这种发展趋势在道教徒、天主教徒和民间信仰者中表现得较为明显。

课题组对 8 名老年道教徒宫观参与分量表的测量研究发现，61—70 岁组（样本人数 5 人）的平均得分为 34.00，标准差为 1.732；70 岁以上组（样本人数 3 人）的平均得分为 35.00，标准差为 0.00。[1]

从以上数据可以看出，老年时期的道教徒宫观参与分量表的平均得分，呈现出随年龄增长略有提高的发展趋势（见图 6—13）；老年期道教徒宗教行为的发展趋势，与宗教认知、宗教情感的发展趋势是一致的。与中年时期相比，老年期道教徒宫观参与分量表的整体平均得分，也明显高于中年期宫观参与分量表的整体平均得分。

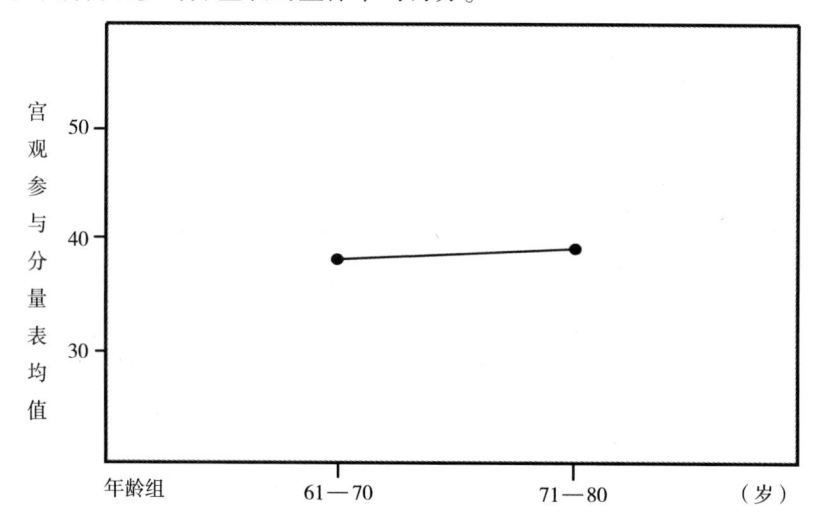

图 6—13 老年期道教徒宫观参与分量表平均得分的发展趋势

课题组对 28 名老年佛教徒修持实践分量表的测量研究发现，60 岁以上组（样本人数 28 人）的平均得分为 39.178，标准差为 4.397。[2]

从以上数据可以看出，与中年时期相比，老年时期的佛教徒修持实践分量表的平均得分，呈现出随年龄增长明显提高的发展趋势（见图 6—14）；老年期宗教行为的发展趋势与宗教认知的发展趋势基本一致，但与

---

[1] 王雪华：《道教徒个体宗教性的发展特点及影响因素研究》，硕士学位论文，浙江师范大学，2013 年，第 37 页。

[2] 包涵：《中国佛教徒宗教性发展特点和影响因素研究》，硕士学位论文，浙江师范大学，2013 年，第 35 页。

宗教情感略有下降的发展趋势不一致，这说明宗教情感作为个体宗教心理过程的动力因素，在老年期有所弱化。

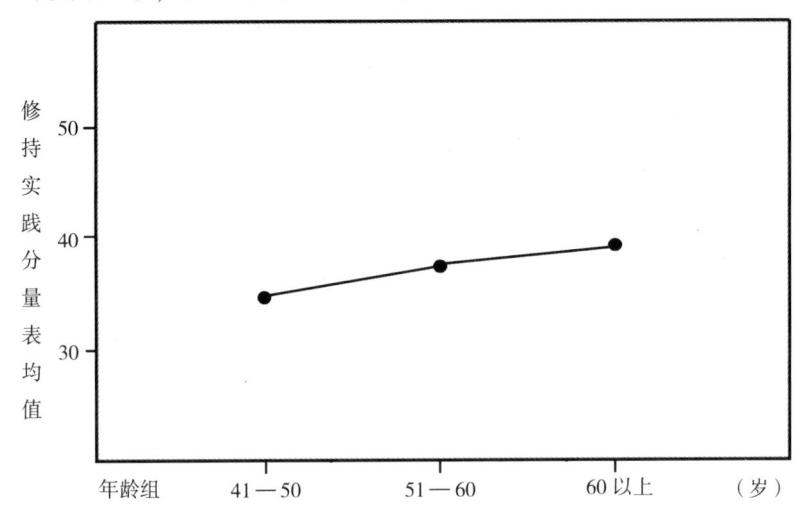

图6—14　老年期佛教徒修持实践分量表平均得分的发展趋势

课题组对29名老年穆斯林寺院参与分量表的测量研究发现，61—70岁组（样本人数16人）的平均得分为34.282，标准差为1.549；71—80岁组（样本人数13人）的平均得分为35.284，标准差为0.643。[①]

从以上数据可以看出，老年期穆斯林寺院参与分量表的平均得分，呈现出随年龄增长略有提升的发展趋势（见图6—15）；老年期穆斯林寺院参与分量表平均得分的发展趋势，与老年期穆斯林真主信仰分量表平均得分的发展趋势基本保持一致。与中年时期相比，老年期穆斯林寺院参与分量表的整体平均得分，与中年期穆斯林寺院参与分量表的整体平均得分大体相似。

课题组对35名老年天主教徒制度性参与分量表的测量研究发现，61—70岁组（样本人数25人）的平均得分为31.440，标准差为3.083；71—80岁组（样本人数10人）的平均得分为32.600，标准差为2.836。[②]

从以上数据可以看出，老年时期的天主教徒制度性参与分量表的平均

[①] 翁浩然：《伊斯兰教徒个体宗教性的发展特点及影响因素研究》，硕士学位论文，浙江师范大学，2013年，第28页。

[②] 王佳琦：《中国天主教徒宗教性的发展特点和影响因素研究》，硕士学位论文，浙江师范大学，2013年，第41页。

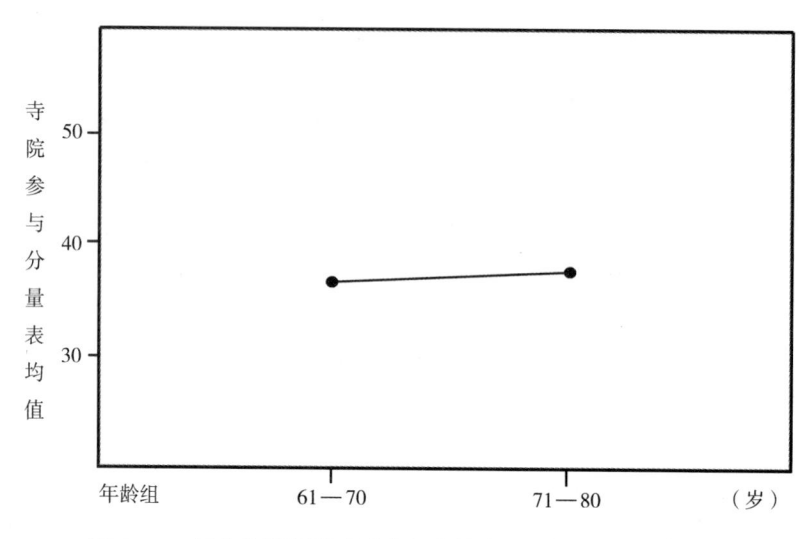

图 6—15 老年期穆斯林寺院参与分量表平均得分的发展趋势

得分,呈现出随年龄增长略有提升的发展趋势(见图 6—16);老年期天主教徒制度性参与分量表平均得分的发展趋势,与老年期天主教徒超然体验分量表的发展趋势保持一致。与中年时期相比,老年期天主教徒制度性参与分量表的整体平均得分,显著高于中年期制度性参与分量表的整体平均得分。

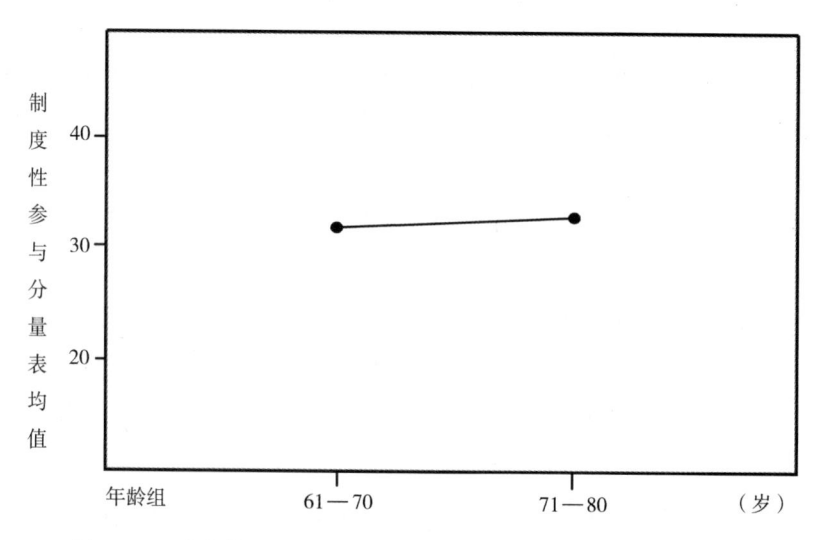

图 6—16 老年期天主教徒制度性参与分量表平均得分的发展趋势

课题组对119名老年基督徒制度性参与分量表的测量研究发现,61—70岁组(样本人数100人)的平均得分为29.890,标准差为3.884;71—80岁组(样本人数19人)的平均得分为31.158,标准差为3.005。[①]

从以上数据可以看出,老年时期的基督徒制度性参与分量表的平均得分,呈现出随年龄增长逐步提升的发展趋势(见图6—17);老年期基督徒制度性参与分量表平均得分的发展趋势,与老年期基督徒上帝信仰分量表、超然体验分量表平均得分的发展趋势是一致的。与中年时期相比,老年期基督徒制度性参与分量表的整体平均得分,与中年期制度性参与分量表的整体平均得分大体相似。

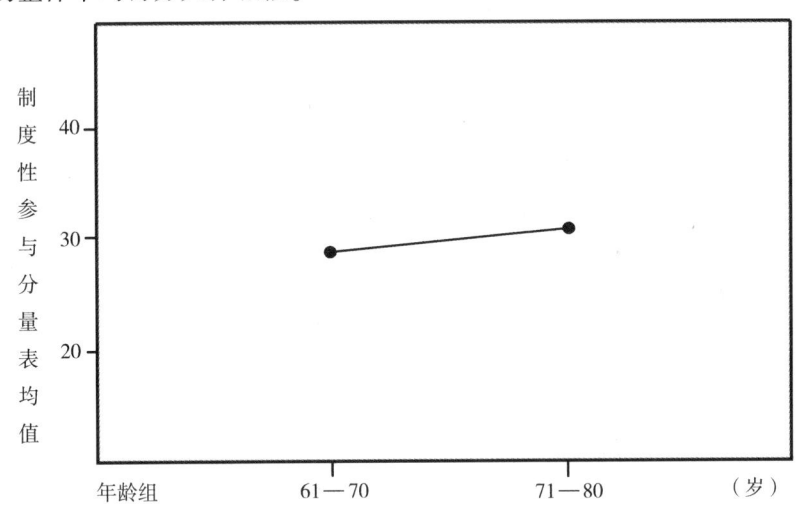

图6—17 老年期基督徒制度性参与分量表平均得分的发展趋势

课题组对91名老年民间信仰者开放式参与分量表的测量研究发现,60岁以上组(样本人数91人)的平均得分为22.330,标准差为5.859。[②]

从以上数据可以看出,与中年时期相比,老年期民间信仰者开放式参与分量表的整体平均得分,明显高于中年期开放式参与分量表的整体平均得分,差异非常显著(见图6—18);民间信仰者开放式参与分量表从中

[①] 曾凯:《基督徒个体宗教心理发展研究》,硕士学位论文,浙江师范大学,2015年,第33页。

[②] 项先红:《民间信仰者个体宗教性的发展特点及影响因素研究》,硕士学位论文,浙江师范大学,2013年,第28页。

年期到老年期的发展趋势，与神灵信仰分量表、神秘体验分量表从中年期到老年期的发展趋势是一致的。

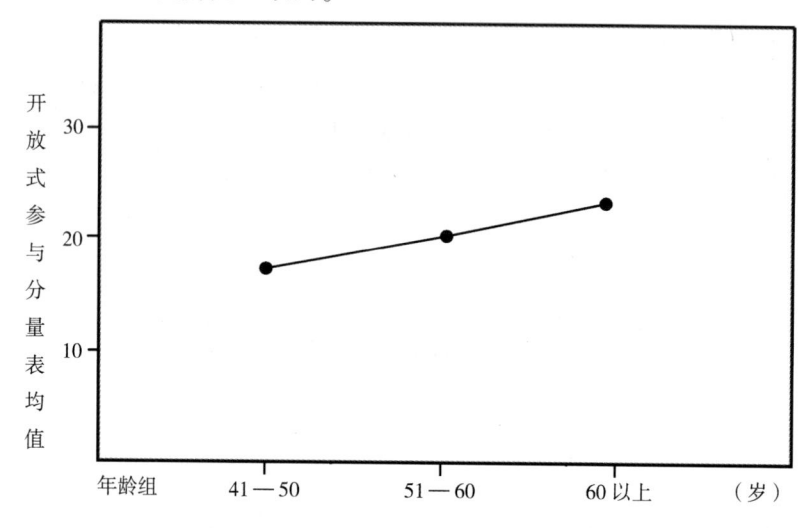

图6—18 老年期民间信仰者开放式参与分量表平均得分的发展趋势

（二）老年期个体宗教行为发展的年龄特征

根据项目负责人积累的案例和课题组成员的访谈研究，老年期个体宗教行为发展的突出特征是固化性。

下面是一些典型的描述：

> 不能杀生，不吃牛肉，因为老子是骑着青牛西出函谷关的……在日常生活中的主要禁忌是五大戒律，戒：杀、盗、淫、妄、酒，另外，不沾荤腥，荤主要是葱、香菜、茴香、芥末等禁忌，这是我们道教的禁忌，对神仙不敬。[①]

> 在开拉面馆、教书的过程当中，了解到穆斯林整体文化程度有些低，在世界上穆斯林群体中是弱势群体，经常受到欺压，所以希望自己能做一些提高穆斯林文化的事情，自己在做一些宣传。[②]

---

① 此段描述来自一位68岁的道教女居士。参见王雪华《道教徒个体宗教性的发展特点及影响因素研究》，硕士学位论文，浙江师范大学，2013年，第59页。

② 此段描述来自一位63岁的男性穆斯林。参见翁浩然《伊斯兰教徒个体宗教性的发展特点及影响因素研究》，硕士学位论文，浙江师范大学，2013年，第47页。

有一段时间我得了很严重的病，晚上头疼得睡不着觉，一定是主耶稣惩罚我半道放弃了自己的信仰。后来我重新准时灵修，准时去教堂，时常祷告，晚上头好像不怎么疼了，所以我一定要紧紧追随主的步伐，虔诚地侍奉主。①

每年过春节的时候，我都要给财神爷送点供果，还要上上香。我觉得，自己一家人老老小小的幸福生活，都是我年年祈求上天，特别是财神爷保佑得来的。②

（三）老年期个体宗教行为发展的影响因素

从项目负责人积累的案例和课题组成员的访谈结果看，影响老年期个体宗教行为发展的主要因素是亲戚朋友和宗教同行。

下面是一些典型的描述：

我以前从来不信鬼神。结婚以后，好几年没有孩子，就听一个亲戚的建议去寺庙烧香、许愿。两个月后妻子真的怀孕了，因为之前承诺过，我就去还愿，开始信佛。③

妻子生病离世了，要不是兄弟姊妹关心我，我肯定是活不到今天的，这一切都要感谢主！④

我是一名退休多年的小学教师，以前根本不相信世界上有什么鬼神。但我妹妹相信，经常对我说神灵感应一类的话，渐渐地我也相信了。特别是家里遇到一些不开心的事，这时候就会觉得是老天爷在报应。⑤

---

① 此段描述来自一位82岁的男性基督徒。参见曾凯《基督徒个体宗教心理发展研究》，硕士学位论文，浙江师范大学，2015年，第45页。
② 此段描述来自一位86岁的退休女工，民间信仰者。系课题负责人2016年在山东调研时积累的案例。
③ 此段描述来自一位61岁的佛教男居士。参见包涵《中国佛教徒宗教性发展特点和影响因素研究》，硕士学位论文，浙江师范大学，2013年，第43页。
④ 此段描述来自一位82岁的男性基督徒。参见曾凯《基督徒个体宗教心理发展研究》，硕士学位论文，浙江师范大学，2015年，第44页。
⑤ 此段描述来自一位89岁的退休女教师，民间信仰者。系课题负责人2016年在北京调研时积累的案例。

四 老年期个体宗教人格的发展

(一) 老年期个体宗教人格的发展趋势

根据课题组的测量研究,老年期的个体宗教人格发展随着年龄增长继续提升,达到一生当中的最高水平,这种发展趋势在道教徒、佛教徒、天主教徒和民间信仰者中表现得较为明显。

课题组对 8 名老年道教徒价值追求分量表的测量研究发现,61—70 岁组(样本人数 5 人)的平均得分为 33.80,标准差为 0.836;70 岁以上组(样本人数 3 人)的平均得分为 34.33,标准差为 0.577。[①]

从以上数据可以看出,老年时期的道教徒价值追求分量表的平均得分,呈现出随年龄增长略有提升的发展趋势(见图 6—19);老年期道教徒价值追求的发展趋势与仙道信仰、超然体验、宫观参与的发展趋势是一致的。与中年时期相比,老年期道教徒价值追求分量表的整体平均得分,略低于中年期价值追求分量表的整体平均得分。

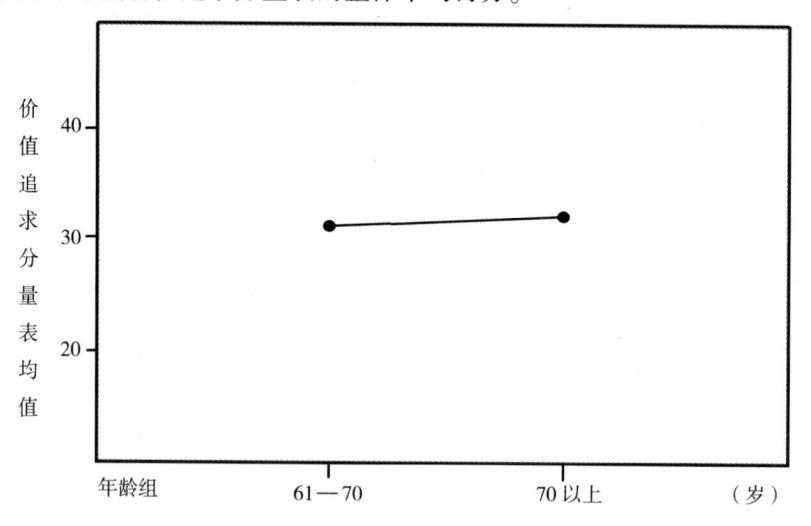

图 6—19 老年期道教徒价值追求分量表平均得分的发展趋势

---

① 王雪华:《道教徒个体宗教性的发展特点及影响因素研究》,硕士学位论文,浙江师范大学,2013 年,第 37 页。

课题组对 28 名老年佛教徒价值追求分量表的测量研究发现，60 岁以上组（样本人数 28 人）的平均得分为 33.107，标准差为 3.010。①

从以上数据可以看出，与中年时期相比，老年时期的佛教徒价值追求分量表的平均得分，呈现出随年龄增长略有提升的发展趋势（见图6—20）；老年期价值追求的发展趋势与佛法信仰、修持实践的发展趋势基本一致。

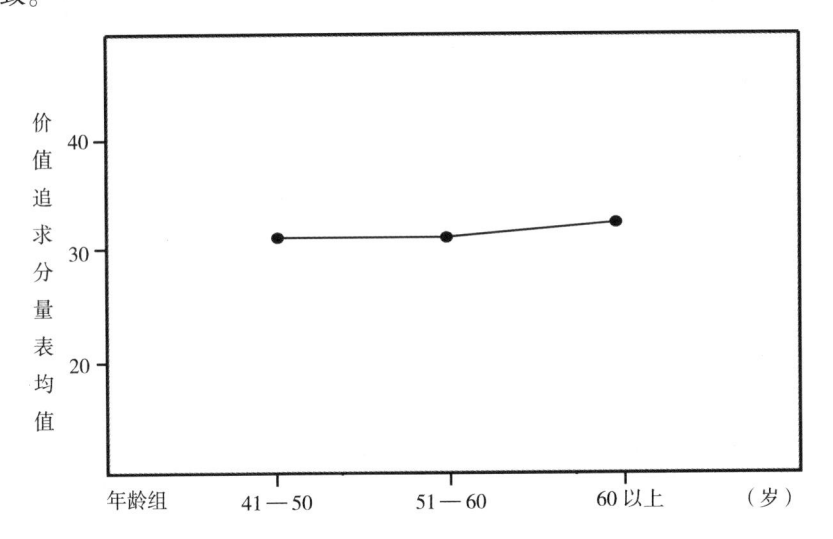

图6—20 老年期佛教徒价值追求分量表平均得分的发展趋势

课题组对 29 名老年穆斯林价值追求分量表的测量研究发现，61—70 岁组（样本人数 16 人）的平均得分为 34.282，标准差为 1.549；71—80 岁组（样本人数 13 人）的平均得分为 35.284，标准差为 0.643。②

从以上数据可以看出，老年期穆斯林价值追求分量表的平均得分，呈现出随年龄增长略有提升的发展趋势（见图6—21）；老年期穆斯林价值追求分量表平均得分的发展趋势，与老年期穆斯林真主信仰、制度性参与分量表平均得分的发展趋势一致。与中年时期相比，老年期穆斯林价值追求分量表的整体平均得分，明显地高于中年期穆斯林价值追求分量表的整

---

① 包涵:《中国佛教徒宗教性发展特点和影响因素研究》，硕士学位论文，浙江师范大学，2013 年，第 35 页。

② 翁浩然:《伊斯兰教徒个体宗教性的发展特点及影响因素研究》，硕士学位论文，浙江师范大学，2013 年，第 28 页。

体平均得分。

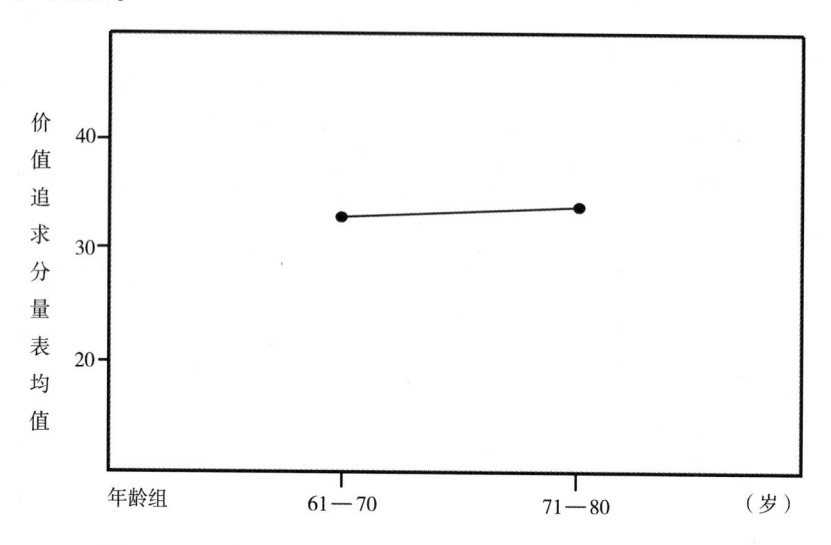

图 6—21　老年期穆斯林价值追求分量表平均得分的发展趋势

课题组对 35 名老年天主教徒价值追求分量表的测量研究发现，61—70 岁组（样本人数 25 人）的平均得分为 29.897，标准差为 0.784；71—80 岁组（样本人数 10 人）的平均得分为 30.550，标准差为 0.840。[①]

从以上数据可以看出，老年时期的天主教徒价值追求分量表的平均得分，呈现出大体持平的发展趋势（见图 6—22）；老年期天主教徒价值追求分量表平均得分的发展趋势，与老年期天主教徒天主信仰分量表平均得分的发展趋势一致。与中年时期相比，老年期天主教徒价值追求分量表的整体平均得分，则显著高于中年期价值追求分量表的整体平均得分。

课题组对 119 名老年基督徒价值追求分量表的测量研究发现，61—70 岁组（样本人数 100 人）的平均得分为 29.580，标准差为 4.333；71—80 岁组（样本人数 19 人）的平均得分为 31.316，标准差为 3.038。[②]

从以上数据可以看出，老年时期的基督徒价值追求分量表的平均得

---

①　王佳琦：《中国天主教徒宗教性的发展特点和影响因素研究》，硕士学位论文，浙江师范大学，2013 年，第 41 页。

②　曾凯：《基督徒个体宗教心理发展研究》，硕士学位论文，浙江师范大学，2015 年，第 33 页。

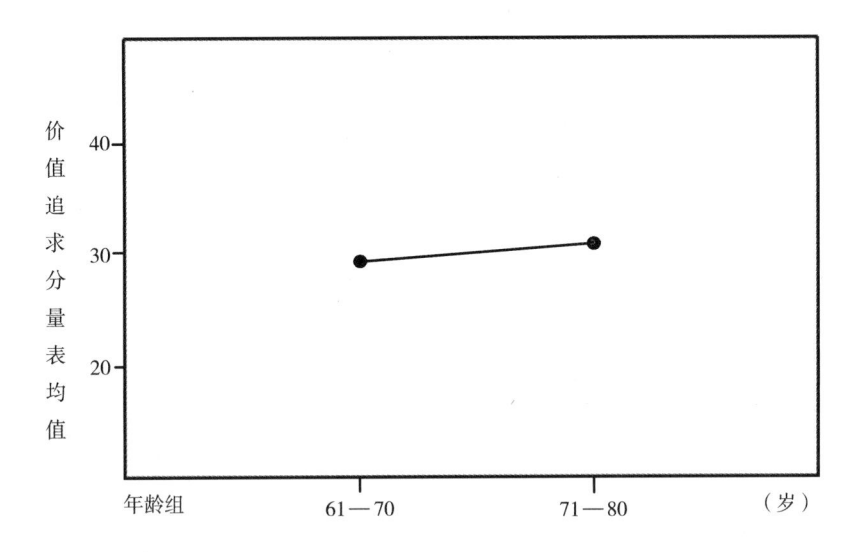

图 6—22　老年期天主教徒价值追求分量表平均得分的发展趋势

分，呈现出随年龄增长逐步提升的发展趋势（见图 6—23）；老年期基督徒价值追求分量表平均得分的发展趋势，与老年期基督徒上帝信仰分量表、超然体验分量表、制度性参与分量表平均得分的发展趋势是一致的。与中年时期相比，老年期基督徒价值追求分量表的整体平均得分，略高于中年期价值追求分量表的整体平均得分。

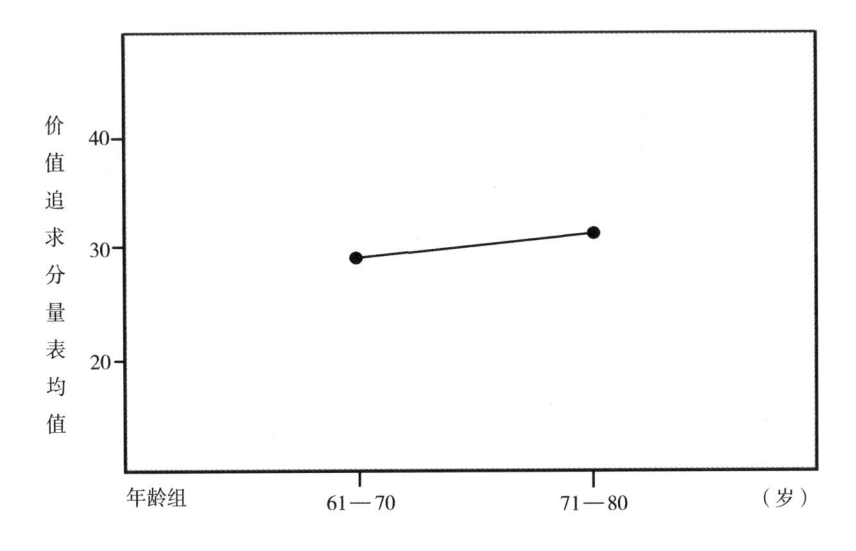

图 6—23　老年期基督徒价值追求分量表平均得分的发展趋势

课题组对 91 名老年民间信仰者价值追求分量表的测量研究发现，60 岁以上组（样本人数 91 人）的平均得分为 34.33，标准差为 0.577。[①]

从以上数据可以看出，与中年时期相比，老年期民间信仰者价值追求分量表的整体平均得分，大大高于中年期价值追求分量表的整体平均得分，差异非常显著（见图 6—24）；民间信仰者价值追求分量表从中年期到老年期的发展趋势，与神灵信仰分量表、神秘体验分量表和开放式参与分量表从中年期到老年期的发展趋势总体保持一致。

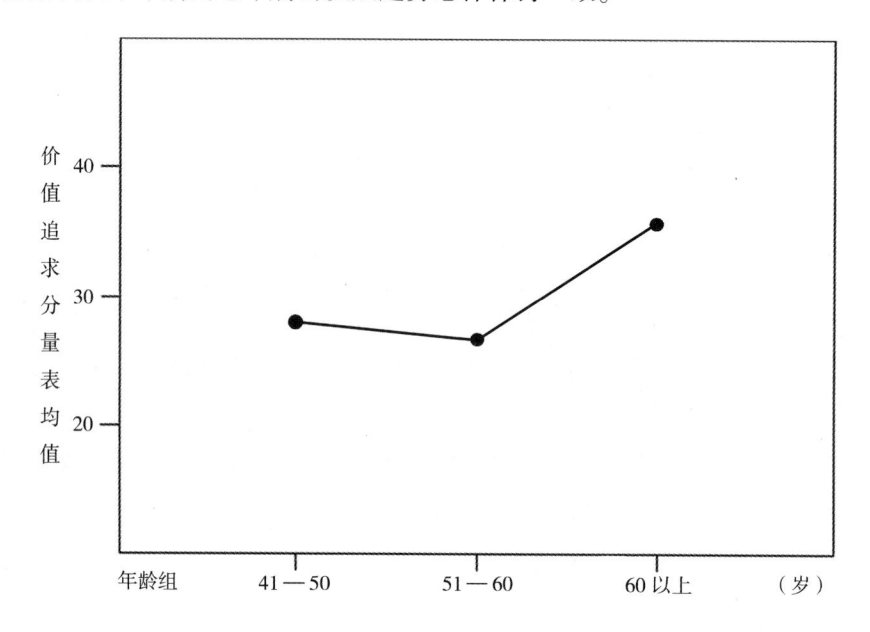

图 6—24　老年期民间信仰者价值追求分量表平均得分的发展趋势

（二）老年期个体宗教人格发展的年龄特征

根据课题组成员的访谈研究，老年期个体宗教人格发展的突出特征是向善性。

下面是一些典型的描述：

> 经常献爱心帮助别人，看到别人得到帮助，自己心里也很开

[①] 项先红：《民间信仰者个体宗教性的发展特点及影响因素研究》，硕士学位论文，浙江师范大学，2013 年，第 28 页。

心……老子讲"道不言寿"……从身体健康看肯定有好处，吃饭比较规律，对养生、长寿、长生这方面肯定是有帮助的。看我师父都90多岁了，童颜鹤发。①

佛法是无所求而求，不为自己，但对他人、对家庭、对国家是有责任的。②

我们这个伊斯兰，在信仰上是追求驱恶行善的，我们这个做善事呢，不求回报……每个人都是要行善。③

（三）老年期个体宗教人格发展的影响因素

从课题组成员的访谈结果看，影响老年期个体宗教人格发展的主要因素是宗教同行和家庭长辈。

下面是一些典型的描述：

在信仰方面的话，我师父对我的影响特别大。我师父在做人方面对我影响最大，他已经90多岁了，心胸特别宽阔，对人对事特别宽容。④

印象中父母对我的影响应该算是最大的。⑤

我有4个弟弟，2个姐姐，父母都是农村人，没有什么文化，现在已经去世了。在家庭中对我影响较大的是我的母亲，例如，我现在如果儿女有什么不幸，我都会去庙里抽签。⑥

---

① 此段描述来自一位68岁的道教女居士。参见王雪华《道教徒个体宗教性的发展特点及影响因素研究》，硕士学位论文，浙江师范大学，2013年，第61—62页。
② 此段描述来自一位61岁的佛教男士。参见包涵《中国佛教徒宗教性发展特点和影响因素研究》，硕士学位论文，浙江师范大学，2013年，第43页。
③ 此段描述来自一位63岁的男性穆斯林。参见翁浩然《伊斯兰教徒个体宗教性的发展特点及影响因素研究》，硕士学位论文，浙江师范大学，2013年，第47页。
④ 此段描述来自一位68岁的道教女居士。参见王雪华《道教徒个体宗教性的发展特点及影响因素研究》，硕士学位论文，浙江师范大学，2013年，第57页。
⑤ 此段描述来自一位63岁的男性穆斯林。参见翁浩然《伊斯兰教徒个体宗教性的发展特点及影响因素研究》，硕士学位论文，浙江师范大学，2013年，第41页。
⑥ 此段描述来自一位61岁的男性民间信仰者。参见项先红《民间信仰者个体宗教性的发展特点及影响因素研究》，硕士学位论文，浙江师范大学，2013年，第38页。

五 老年期个体宗教性的整体发展

(一) 老年期个体宗教性的整体发展趋势

根据课题组的测量研究,老年期个体宗教性的整体发展趋势,除穆斯林、基督徒的宗教性量表总分的平均得分随年龄增长有所下降外,道教徒、佛教徒、天主教徒、民间信仰者宗教性量表总分的平均得分都呈现出随年龄增长而逐步提高的发展趋势。

下面是具体的测量数据。

课题组对 8 名老年道教徒宗教性量表总分的测量研究发现,61—70 岁组(样本人数 5 人)的平均得分为 140.400,标准差为 5.856;70 岁以上组(样本人数 3 人)的平均得分为 149.333,标准差为 0.577。[1]

从以上数据可以看出,老年时期的道教徒在宗教性量表总分的平均得分上,呈现出随年龄增长明显提高的发展趋势(见图 6—25);老年期道教徒宗教性量表总分的发展趋势与仙道信仰、超然体验、宫观参与、价值追求分量表的发展趋势大体保持一致。与中年时期相比,老年期道教徒宗

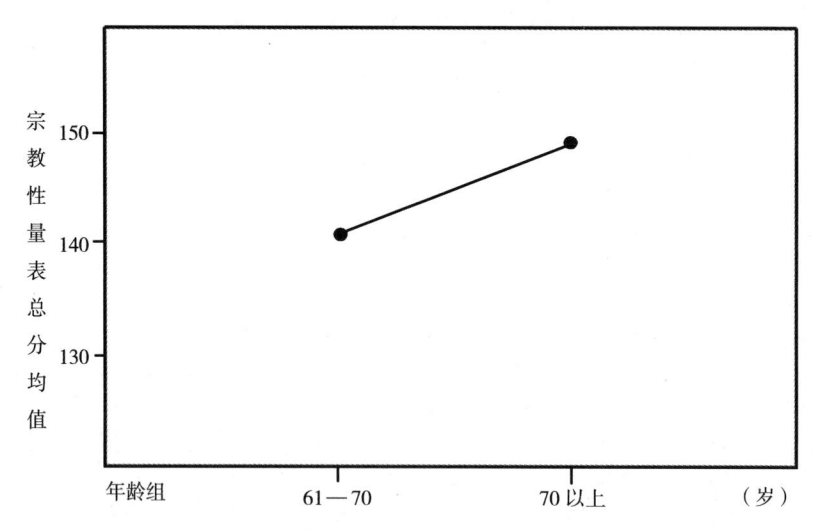

图 6—25 老年期道教徒宗教性量表总分平均得分的发展趋势

---

[1] 王雪华:《道教徒个体宗教性的发展特点及影响因素研究》,硕士学位论文,浙江师范大学,2013 年,第 37 页。

教性量表总分的整体平均得分，也显著高于中年期宗教性量表总分的整体平均得分。

课题组对 28 名老年佛教徒宗教性量表总分的测量研究发现，60 岁以上组（样本人数 28 人）的平均得分为 143.035，标准差为 11.176。①

从以上数据可以看出，与中年时期相比，老年时期的佛教徒在宗教性量表总分的平均得分上，呈现出随年龄增长逐步提高的发展趋势（见图 6—26）；老年期佛教徒宗教性量表总分的发展趋势与佛法信仰、修持实践、价值追求分量表的发展趋势基本上保持一致。

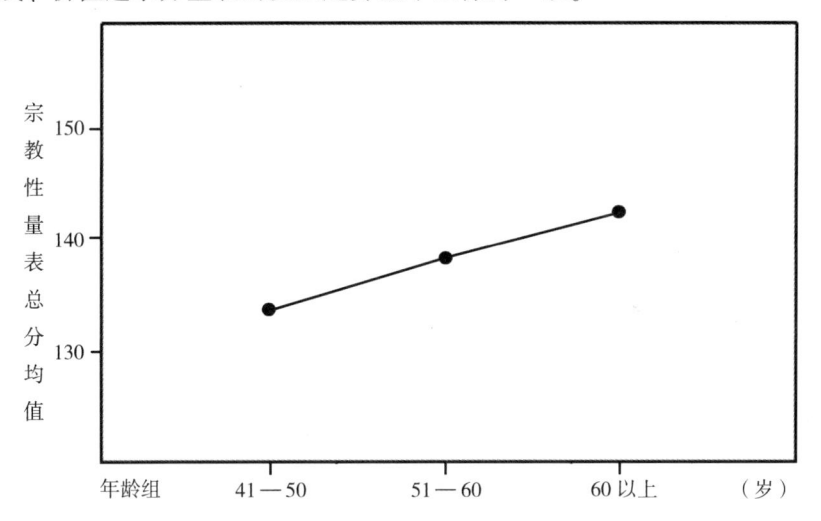

图 6—26 老年期佛教徒宗教性量表总分平均得分的发展趋势

课题组对 29 名老年穆斯林宗教性量表总分的测量研究发现，61—70 岁组（样本人数 16 人）的平均得分为 134.666，标准差为 2.718；71—80 岁组（样本人数 13 人）的平均得分为 140.120，标准差为 2.813。②

从以上数据可以看出，老年期穆斯林宗教性量表总分的平均得分，呈现出随年龄增长逐步提高的发展趋势（见图 6—27）；老年期穆斯林宗教性量表总分的发展趋势，与老年期穆斯林真主信仰分量表、寺院参与分量

---

① 包涵：《中国佛教徒宗教性发展特点和影响因素研究》，硕士学位论文，浙江师范大学，2013 年，第 35 页。

② 翁浩然：《伊斯兰教徒个体宗教性的发展特点及影响因素研究》，硕士学位论文，浙江师范大学，2013 年，第 28 页。

表、价值追求分量表平均得分的发展趋势基本一致。与中年时期相比，老年期穆斯林宗教性量表总分的整体平均得分，略低于中年期穆斯林宗教性量表总分的整体平均得分。

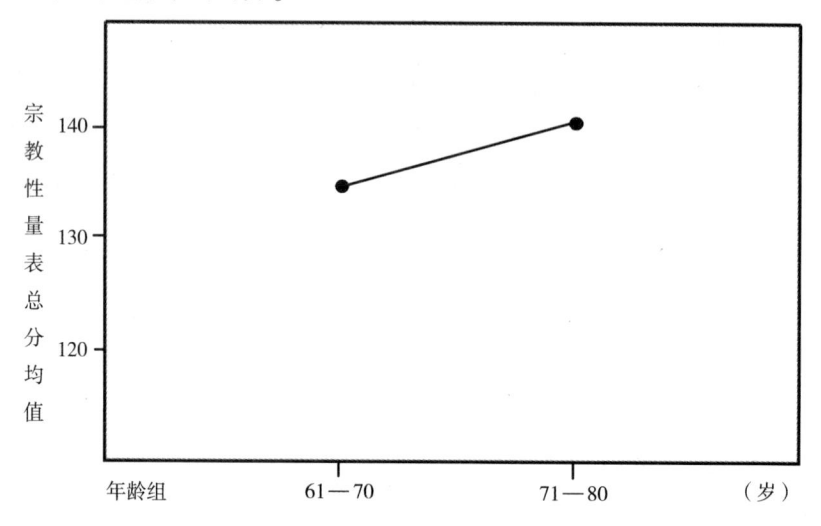

图 6—27 老年期穆斯林宗教性量表总分平均得分的发展趋势

课题组对 35 名老年天主教徒宗教性量表总分的测量研究发现，61—70 岁组（样本人数 25 人）的平均得分为 116.400，标准差为 6.270；71—80 岁组（样本人数 10 人）的平均得分为 120.000，标准差为 5.637。[1]

从以上数据可以看出，老年时期的天主教徒宗教性量表总分的平均得分，呈现出随年龄增长逐步提升的发展趋势（见图 6—28）；老年期天主教徒宗教性量表总分平均得分的发展趋势，与超然体验、制度性参与分量表平均得分的发展趋势一致。与中年时期相比，老年期天主教徒宗教性量表总分的整体平均得分，明显高于中年期宗教性量表总分的整体平均得分。

课题组对 119 名老年基督徒宗教性量表总分的测量研究发现，61—70 岁组（样本人数 100 人）的平均得分为 122.860，标准差为 12.368；71—80 岁组（样本人数 19 人）的平均得分为 128.579，标准差为 7.545。[2]

---

[1] 王佳琦：《中国天主教徒宗教性的发展特点和影响因素研究》，硕士学位论文，浙江师范大学，2013 年，第 41 页。

[2] 曾凯：《基督徒个体宗教心理发展研究》，硕士学位论文，浙江师范大学，2015 年，第 33 页。

第六章 老年期个体宗教心理的发展 219

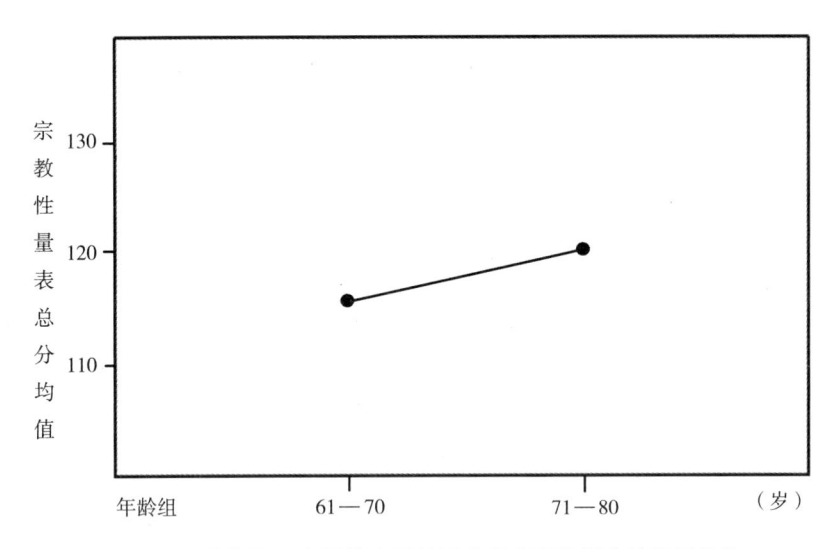

图6—28 老年期天主教徒宗教性量表总分平均得分的发展趋势

从以上数据可以看出，老年时期的基督徒宗教性量表总分的平均得分，呈现出随年龄增长明显提升的发展趋势（见图6—29）；老年期基督徒宗教性量表总分平均得分的发展趋势，与老年期基督徒上帝信仰分量表、超然体验分量表、制度性参与分量表、价值追求分量表平均得分的发展趋势保持一致。与中年时期相比，老年期基督徒宗教性量表总分的整体平均得分，略高于中年期宗教性量表总分的整体平均得分。

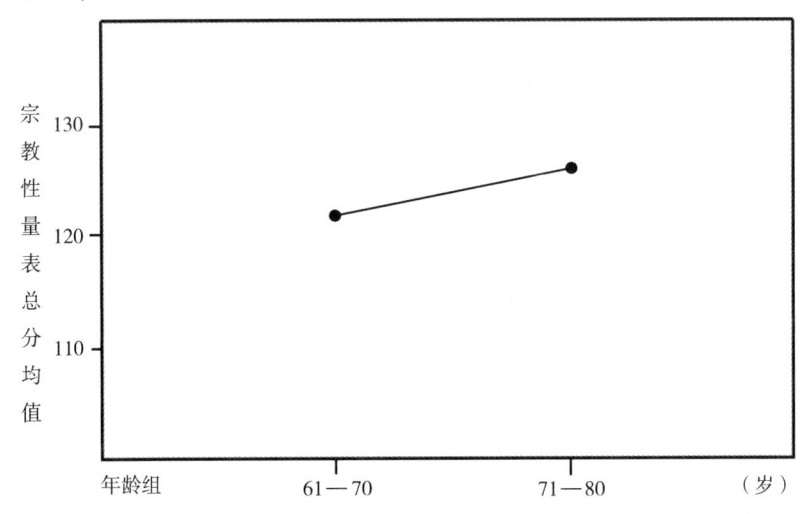

图6—29 老年期基督徒宗教性量表总分平均得分的发展趋势

课题组对91名老年民间信仰者宗教性量表总分的测量研究发现，60岁以上组（样本人数91人）的平均得分为119.000，标准差为5.645。[①]

从以上数据可以看出，与中年时期相比，老年期民间信仰者宗教性量表总分的整体平均得分，大大高于中年期宗教性量表总分的整体平均得分，差异非常显著（见图6—30）；民间信仰者宗教性量表总分从中年期到老年期的发展趋势，与神灵信仰、神秘体验、开放式参与、价值追求分量表从中年期到老年期的发展趋势基本保持一致。

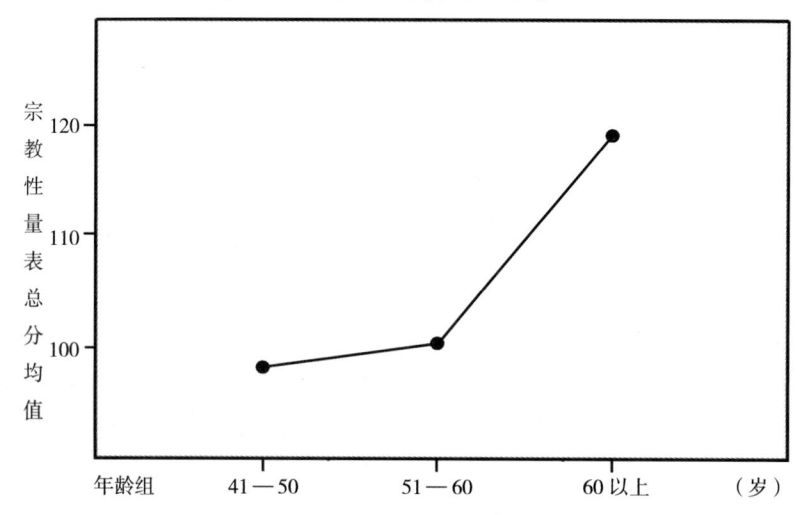

图6—30 老年期民间信仰者宗教性量表总分平均得分的发展趋势

（二）老年期个体宗教性整体发展的年龄特征

将老年期个体宗教认知发展的笃信性、个体宗教情感发展的恒常性、个体宗教行为发展的固化性和个体宗教人格发展的向善性特征整合起来，可以发现，笃信性、恒常性、固化性和向善性这四大特征，构成了老年期个体宗教性整体发展的年龄特征。

与中年时期个体宗教认知发展的体悟性相比，老年时期的宗教信仰者已经进入一生当中思考最深刻的时期。他们对宗教生活的意义笃信不疑。例如，"我已经信仰了39年""经文的说法不能看表面""在信仰的过程

---

① 项先红：《民间信仰者个体宗教性的发展特点及影响因素研究》，硕士学位论文，浙江师范大学，2013年，第28页。

中没有过动摇""我过得很充实",便是这一特征的典型描述。

与中年时期个体宗教情感发展的稳定性特征相比,老年时期宗教信仰者的情感体验更加丰富与恒定。他们的宗教情感生活已经处于常态化状态。例如,"我觉得很多事情都看开了""我常清常静""不要为它烦恼""我越来越觉得自己与主的距离近了",便是这一特征的典型描述。

与中年时期个体宗教行为发展的主动性特征相比,老年时期宗教信仰者的行为发展更加固化或更加具有定型化。他们的宗教行为已经很难被外界的刺激因素所干扰。例如,"不能杀生,不吃牛肉""做一些提高穆斯林文化的事情""我一定要紧紧追随主的步伐""我年年祈求上天",便是这一特征的典型描述。

与中年时期个体宗教人格发展的利他性特征相比,老年时期宗教信仰者的宗教人格更加朝着向善的方向发展。他们宗教人格的社会成熟度达到一生当中的最高水平。例如,"经常献爱心帮助别人""从身体健康看肯定有好处""对他人,对家庭,对国家是有责任的""在信仰上追求驱恶行善",便是这一特征的典型描述。

总之,老年时期的宗教信仰者在宗教认知理解、宗教情感体验、宗教行为发展和宗教人格升华方面达到一生当中的最高水平或完全成熟时期,于是出现了这一阶段特有的笃信性、恒常性、固化性和向善性特征。

准确把握老年期个体宗教性整体发展的年龄特征,尤其是深入挖掘其中的积极因素,对于更好地发挥老年宗教信仰人群在家庭、社区和社会生活中的积极作用,无疑具有重要意义。

(三) 老年期个体宗教性整体发展的影响因素

依据课题组访谈研究的结果进行分析,可以清楚地看到,老年期个体宗教性整体发展的影响因素,主要是对中年期的延续,其中尤以家庭因素和同行因素的影响最为突出。

例如,"听一个亲戚的建议去寺庙烧香""父母给我教授很多道理和伊斯兰的规定""我妹妹经常对我说神灵感应一类的话""在家庭中对我影响较大的是我的母亲""我母亲说你想这样就这样吧"等,这些描述都强调了家庭因素对老年期个体宗教性整体发展的长久且根深蒂固的影响。

再如,"整个村子信仰基督的兄弟姊妹之间十分友爱""同一个社区的一位朋友带我一起去教堂""其他信众对我的拥护""和某位北京的法师通信请教""我师父对我的影响特别大"等等,这些描述强调的是宗教同行对老年期个体宗教性整体发展的直接或潜在的深刻影响。

第七章　总结与展望

作为"中国特色个体宗教心理发展研究"课题成果的最后一章，我们将对此项目研究的结果进行系统梳理和精心提炼，对研究过程中存在的主要局限给予实事求是的说明，并且对未来需要深化的研究方向略加展望。我们课题组认为，这是一项很有必要的工作；这项工作本身，也是对课题组治学态度是否严谨的一种检验。

一　总结

(一) 项目研究取得的重要成果

第一，初步构建了中国化马克思主义个体宗教心理发展观的理论体系。

课题组认为，要构建中国化马克思主义个体宗教心理发展观的理论体系，必须紧紧围绕涉及个体宗教心理发生、发展特点及其规律的三大基本理论关系，即先天与后天的关系、内因与外因的关系、连续性与阶段性的关系，进行系统阐发和论证。

在先天与后天的关系上，课题组鲜明地批判了西方宗教心理学家霍尔、埃里克森和福勒的遗传决定论缺陷，集中阐明了马克思、恩格斯关于宗教起源和本质问题的历史唯物主义观点，并且运用当代认知神经科学的最新实验研究成果，得出了如下结论：个体宗教心理的形成与发展不是由遗传因素决定的，遗传因素仅仅为个体宗教心理的发生、发展提供了生物基础、自然前提或可能性；要把这种可能性变成现实，决定性的因素在于后天的社会环境。所以，那种片面夸大遗传或生物因素在个体宗教心理发生、发展中作用的观点是极为有害的。

在内因与外因的关系上，课题组充分肯定了我国现代著名儿童心理学家朱智贤先生运用辩证唯物主义和历史唯物主义基本原理，创造性探索儿童心理发展中内因与外因关系的历史功绩，并且沿着朱智贤先生指出的正确方向继续前进，将改革开放、社会主义初级阶段条件下个体宗教心理发展的内因与外因关系表述为：一个人宗教心理的发展主要是由个体内在的心理矛盾引起的，外部环境包括教育因素是个体宗教心理发展的重要外部条件；但在一个人的身心发育尚未成熟之前，外部环境尤其是家庭教育因素往往起着主导作用。课题组的上述论断得到课题组访谈研究和个案研究的支持。

在连续性与阶段性的关系上，课题组依据马克思主义唯物辩证法的量变质变原理，将一个人宗教心理的发展划分为儿童期（出生至 12 岁）、青少年时期（13—35 岁）、中年期（36—60 岁）和老年期（60 岁以上）4 个阶段，并且提出：一个人宗教心理发展从量变（连续性）到质变（阶段性）的根本原因，在于个体宗教心理发展的主要矛盾；此外，一个人皈依宗教的关键年龄，也与个体宗教心理发展中的主要矛盾密切相关。

第二，努力进行了集成创新探索并在某些具体研究方法上有所突破。

本项目在坚持辩证唯物主义和历史唯物主义方法论的前提下，围绕集成创新这一总体目标，有针对性地在某些具体方法的使用和适度整合上实现重点突破。其重点突破的方向主要包括：针对儿童期个体宗教心理发展问题进行准实验设计，力求用因果分析的实证研究数据，揭示儿童期个体宗教心理发展的特点和规律；编制本土化的、适用于不同宗教人群的个体宗教心理发展量表，为青少年时期、中年期、老年期个体宗教心理发展研究提供规范化、标准化的测量工具；把访谈研究与个案研究结合起来，真正实现论证素材的互补性加工和深度挖掘；尝试将文献研究、理论研究、测量研究、准实验研究、横断研究、访谈研究和个案研究这 7 种方法有机融合，探索集成式创新的路径。

第三，成功开发了适合中国文化背景的个体宗教心理发展测量工具。

课题组编制的"中国道教徒个体宗教心理发展量表"，含仙道信仰、超然体验、价值追求和宫观参与 4 个维度，共计 30 个题目，其中仙道信仰分量表包括 8 个题目，超然体验分量表包括 8 个题目，价值追求分量表包括 7 个题目，宫观参与分量表包括 7 个题目。经过效度和信度多项指标的检验，证明该量表是一个符合中国道教文化背景和标准化程度较高的测量工具，其施测的适宜对象为具有小学高年级以上阅读能力的信仰道教人群。

课题组编制的"中国佛教徒个体宗教心理发展量表"，含佛法信仰、修持实践、宗教体验和价值追求4个维度，共计33个题目，其中佛法信仰分量表包括9个题目，修持实践分量表包括9个题目，宗教体验分量表包括8个题目，价值追求分量表包括7个题目。经过效度和信度多项指标的检验，证明该量表是一个符合中国佛教文化背景和标准化程度较高的测量工具，其施测的适宜对象为具有小学高年级以上阅读能力的信仰佛教人群。

课题组编制的"中国穆斯林个体宗教心理发展量表"，含真主信仰、神秘体验、价值追求和寺院参与4个维度，共计28个题目，其中真主信仰分量表包括9个题目，神秘体验分量表包括6个题目，价值追求分量表包括6个题目，寺院参与分量表包括7个题目。经过效度和信度多项指标的检验，证明该量表是一个符合中国穆斯林文化背景和标准化程度较高的测量工具，其施测的适宜对象为具有小学高年级以上阅读能力的信仰伊斯兰教人群。

课题组编制的"中国天主教徒个体宗教心理发展量表"，含天主信仰、超然体验、价值追求和制度性参与4个维度，共计28个题目，其中天主信仰分量表包括6个题目，超然体验分量表包括7个题目，价值追求分量表包括7个题目，制度性参与分量表包括8个题目。经过效度和信度多项指标的检验，证明该量表是一个符合中国天主教徒文化背景和标准化程度较高的测量工具，其施测的适宜对象为具有小学高年级以上阅读能力的信仰天主教人群。

课题组编制的"中国基督徒个体宗教心理发展量表"，含上帝信仰、超然体验、价值追求和制度性参与4个维度，共计28个题目，其中上帝信仰分量表包括7个题目，超然体验分量表包括7个题目，价值追求分量表包括7个题目，制度性参与分量表包括7个题目。经过效度和信度多项指标的检验，证明该量表是一个符合中国基督徒文化背景和标准化程度较高的测量工具，其施测的适宜对象为具有小学高年级以上阅读能力的信仰基督教人群。

课题组编制的"中国民间信仰者个体宗教心理发展量表",含神灵信仰、神秘体验、价值追求和开放式参与4个维度,共计28个题目,其中神灵信仰分量表包括8个题目,神秘体验分量表包括6个题目,价值追求分量表包括8个题目,开放式参与分量表包括6个题目。经过效度和信度多项指标的检验,证明该量表是一个符合中国民间信仰者文化背景和标准化程度较高的测量工具,其施测的适宜对象为具有小学高年级以上阅读能力的民间信仰者人群。

第四,恰当划分了个体宗教心理从低级向高级发展的不同年龄阶段。

课题组认为,霍尔把一个人宗教心理的发展划分为儿童期(14岁以下)、青少年时期(14—24岁)、老年期(60岁以上)3个阶段。埃里克森把一个人宗教心理的发展划分为婴儿期(0—2岁)、儿童早期(2—4岁)、游戏期(4—7岁)、学龄期(7—12岁)、青少年时期(12—18岁)、成年早期(18—25岁)、成年中期(25—50岁)、成年晚期(50岁至死亡)8个阶段。福勒把一个人宗教心理的发展划分为未分化(0—2岁)、直觉—投射信仰(3—6岁)、神话—字面信仰(7—11岁)、综合—习俗信仰(12岁至成年早期)、个人—反省信仰(通常是25—35岁)、融合性信仰(成年中期)、普世化信仰(60岁以上)7个阶段,有其合理的成分,但仍存在要么划分过粗、要么划分过细的不足。课题组在吸收前人合理成分的基础上,将一个人宗教心理的发展划分为儿童期(出生至12岁)、青少年时期(13—35岁)、中年期(36—60岁)和老年期(60岁以上)4个阶段。这样就体现了合理概括、粗细适度的原则,在某种意义上也属于一种继承性重组创新。

第五,具体揭示了不同年龄阶段个体宗教心理发展的特点及其规律。

关于儿童期个体宗教心理的发展问题,课题组对信仰伊斯兰教儿童、信仰天主教儿童、信仰基督教儿童宗教认知发展、宗教情感发展、宗教行为发展的系列化准实验研究和访谈研究发现,由于12岁以下的儿童思维发展尚未完全达到抽象逻辑思维水平,辩证思维处于萌芽阶段,对于宗教的本质以及宗教教义中的深层语义、象征含义等无法真正理解,所以这一时期儿童的宗教信仰主要是受家庭熏陶的影响。在我国目前13亿以上的人口中,各种宗教信徒为1亿多人。这1亿多人的信教人口大约涉及千万以上具有宗教信仰的家庭,并且通过这千万以上具有宗教信仰的家庭,对其中2000万左右12岁以下的儿童潜移默化地施加影响。被动性、模仿性、好奇性、表层性，构成了这一时期个体宗教心理发展的主要年龄特征。

关于青少年时期个体宗教心理的发展问题，课题组对信仰道教青少年、信仰佛教青少年、信仰伊斯兰教青少年、信仰天主教青少年、信仰基督教青少年、民间信仰青少年的测量研究和访谈研究发现，青少年时期个体宗教心理发展的主要矛盾，是个体已经形成的宗教心理结构与主流意识形态要求之间的矛盾。我国青少年（包括已经加入某一宗教团体的成员）接受的国民教育，主要是科学文化知识和以无神论为主导的马克思主义意识形态的熏陶。这样的国民教育体系和主流意识形态熏陶，必然会在已经形成一定宗教信仰背景的青少年中带来信仰发展方面的困惑乃至严重冲突。因此，探寻性、波动性、效仿性和务实性，构成了这一时期个体宗教心理发展的主要年龄特征。在影响青少年时期个体宗教心理发展的诸因素中，家庭因素、居住环境、同伴交往、教职人员和参加培训等因素的影响值得重视。

关于中年期个体宗教心理的发展问题，课题组对信仰道教的中年人、信仰佛教的中年人、信仰伊斯兰教的中年人、信仰天主教的中年人、信仰基督教的中年人、民间信仰中年人的测量研究和访谈研究发现，中年期个体宗教心理发展的主要矛盾是宗教团体的制度性、神圣化要求与现实的世俗生活诱惑性冲击的矛盾。在宗教领域不可避免的世俗化趋势影响下，现代化的物质生活条件对传统神圣领域的诱惑和冲击越来越明显。参加不同宗教团体的中年人，大多渴望在制度性宗教参与同现代化物质生活之间寻求一种新的平衡。于是，体悟性、稳定性、主动性和利他性，构成了这一时期个体宗教心理发展的主要年龄特征。在影响中年期个体宗教心理发展的诸因素中，既有与青少年时期相同的地方，也有自己的独特之处。与青少年时期相同的影响因素主要表现为家庭因素。与青少年时期不同的影响因素突出表现为居住地环境因素。如果对这里的环境因素进行深入探究，其实在本质上属于一种地域文化因素。

关于老年期个体宗教心理的发展问题，课题组对信仰道教的老年人、信仰佛教的老年人、信仰伊斯兰教的老年人、信仰天主教的老年人、信仰基督教的老年人、民间信仰老年人的测量研究和访谈研究发现，老年期个体宗教心理发展的主要矛盾,是现实生活中的身体健康状况下降与传统宗教死亡观、来世观期待之间的矛盾。老年宗教信徒身体健康状况的下降为自然规律,具有不可逆转性;随着年龄增长,这种下降趋势愈发明显。在这种情况下,老年宗教信徒会越来越多地思考死亡问题,非常虔诚的老年信徒还往往会对教义中描述的美好来世生活充满期待。笃信性、恒常性、固化性和向善性,构成了这一时期个体宗教心理发展的主要年龄特征。在影响老年期个体宗教心理发展的诸因素中,家庭因素和宗教同行因素的影响最为突出。

(二) 项目研究存在的主要局限

1. 对儿童期个体宗教心理发展的准实验研究缺乏系统性、整体性

由于超过退休年龄,项目负责人从 2015 年起正式退出了工作岗位,不再承担研究生培养任务,因而儿童期个体宗教心理发展的准实验研究,仅仅在信仰伊斯兰教的儿童中完成了宗教认知发展的实验任务,在信仰天主教和信仰基督教的儿童中完成了宗教认知发展、宗教情感发展、宗教行为发展的实验任务。虽然这些实验数据和结果可以部分地证明课题组关于儿童期个体宗教心理发展特点及其规律的假设,但其说服力显然是有局限性的。

2. 对青少年时期至老年期个体宗教心理发展的测量研究样本有限

在青少年时期、中年期和老年期不同信仰人群的抽样测量中,鉴于本项目从原来申报的重点项目改批为一般项目后,经费只有重点项目的一半,所以测量取样的范围被课题组大幅度压缩,仅仅将其限定在我国东南部和中部地区的广东、浙江、江苏、上海、山东、河北、北京、湖南、河南等有关省市。在这种情况下,依据课题组大幅度压缩后的测量数据所发现的青少年时期、中年期和老年期不同信仰人群个体宗教心理的发展趋势、年龄特征和影响因素,无疑也存在一定的局限。

3. 对青少年时期至老年期个体宗教心理发展的访谈调查存在不足

在研究中,有关青少年时期、中年期、老年期个体宗教心理发展年龄特征和影响因素的论证,主要是通过访谈研究和个案调查来体现的。尽管课题组事先设计了统一的访谈提纲,并对有关访谈和调查程序进行了适当控制,但是由于课题组成员的素质迥异,在对话沟通、录音采集、编码处

理、话语提炼和文本加工等方面,仍然存在明显的不足。在最终成果整理和撰写的过程中,项目负责人曾经针对以上不足进行了必要的弥补,如补充访谈或补充调查等,但因时间关系,补充访谈或补充调查的数量有限,所以通过访谈或调查得到的相关结论,也需持有谨慎态度。

二 展望

从目前已经取得的重要成果以及研究中存在的局限性出发,课题组提出以下5个方面的深化研究方向,作为未来研究的建议。

第一,继续丰富、完善中国化马克思主义个体宗教心理发展观的理论体系,切实保证该领域主流意识形态的话语权。习近平总书记在中国共产党第十九次全国代表大会的政治报告中指出,"意识形态决定文化前进方向和发展道路。必须推进马克思主义中国化时代化大众化,建设具有强大凝聚力和引领力的社会主义意识形态,使全体人民在理想信念、价值理念、道德观念上紧紧团结在一起"①。根据党的十九大政治报告的精神,认真审视本课题组在构建中国化马克思主义个体宗教心理发展观理论体系方面所做的工作,其努力方向是完全正确的。今后的研究需要在课题组已有研究成果的基础上,进一步加大理论探讨的深度和广度,力争使本项研究的理论创新成果得到传播与推广,使之发展成为具有鲜明中国特色并具有主流引领力量的精神产品。

第二,与有关宗教管理部门密切合作,积极争取在较大范围内推广应用课题组开发的个体宗教心理发展量表。课题组目前的初步应用结果表明,"中国道教徒个体宗教心理发展量表""中国佛教徒个体宗教心理发展量表""中国穆斯林个体宗教心理发展量表""中国天主教徒个体宗教心理发展量表""中国基督徒个体宗教心理发展量表""中国民间信仰者个体宗教心理发展量表"都是效度和信度较高、符合心理测量学要求、适合初中以上文化程度、适宜中国不同宗教信仰人群的标准化测量工具。

---

① 习近平:《决胜全面建成小康社会 夺取新时代中国特色社会主义伟大胜利——在中国共产党第十九次全国代表大会上的报告》(http://news.xinhuanet.com/politics/19cpcnc/2017-10/27,2017年11月26日)。

在这6个量表的初步应用过程中，得到国内外宗教心理学界同行的密切关注。但我国的宗教管理部门知道这些工具的人极少，掌握其使用方法的人更少。为此，如何向宗教管理部门主动推介上述量表的功能和具体使用方法，切实发挥这些标准化测量工具在宗教管理工作中的作用，努力提高宗教管理工作的科学化水平，是未来研究不可忽略的方向。

第三，大力推进儿童期个体宗教心理发展的准实验研究，更加完整地揭示儿童期个体宗教心理的发展特点和规律。不仅需要在信仰穆斯林儿童的宗教情感发展、宗教行为发展方面进行准实验研究，还需要在信仰道教、信仰佛教的儿童中以及在民间信仰的儿童中进行宗教认知发展、宗教情感发展、宗教行为发展的准实验研究。针对不同宗教信仰儿童宗教人格发展的准实验研究，目前还处于空白状态，亟待开拓。如何将不同宗教信仰儿童个体宗教心理的发展整合起来，进行系统性的准实验研究，也是需要下功夫探讨的课题。至于能否将儿童期个体宗教心理发展的准实验研究，提升到更加严格、更加规范的实验室真实验水平，这是目前全球范围内的难点问题，需要密切关注国际前沿学术动向，进行有选择的探索。

第四，力争扩大青少年时期、中年期、老年期个体宗教心理发展测量研究的取样范围，不断丰富相关领域的研究成果。在我国西南、西北、东北等少数民族集中聚集的地区，宗教的文化历史博大精深，尤其是佛教、伊斯兰教和民间信仰的个体宗教心理发展资源极为丰富。因此，努力筹措资金，下大力气增加西南、西北、东北等地区个体宗教心理发展的测量取样和研究工作，把有较强代表性的大样本测量数据，经过精确的统计处理和加工整理之后，及时转化为服务于党和政府的相关政策建议，不仅可以有效地发挥宗教心理学在促进民族宗教工作、积极引导宗教与社会主义相适应方面的积极作用，而且也必将有助于中国宗教心理学自身的学科建设与学术繁荣。

第五，进一步提高访谈研究、个案研究等质性研究的质量和水平，为丰富宗教心理学在个体宗教心理发展领域的研究进展多做贡献。课题组在访谈研究和个案研究方面取得的成绩是值得肯定的，其中的不足之处则需要在今后的研究中尽力避免。特别是在搜集中老年个案的过程中，组织过程需要更加精细，年龄层次的匹配需要更加均衡，技术手段的使用也需要更加丰富（例如可适当地增加摄像手段），以便更准确、更真实地反映中老年受访者个体宗教心理发展的状况。从个体宗教心理发展特点和规律的角度衡量，最有效的研究方法是小样本（1个人或几个人）的长期追踪考察。如果能从儿童时期开始便有计划地追踪某一宗教信仰者，每间隔5年或者10年进行一次标准化的测量，平时则注意积累该个案日常的宗教心理生活素材，那么，经过若干年努力所得到的个案追踪研究成果，不仅具有系统性、独特性、原创性的鲜明特色，而且对个体宗教心理发展特点和规律的说明将更加鲜活，更有穿透力，更具备传世价值。

参考文献

一 中文部分

包涵：《中国佛教徒宗教性发展特点和影响因素研究》，硕士学位论文，浙江师范大学，2013年。

陈洁、李昂、陈永胜：《穆斯林儿童真主认知的发展：对人类和超自然者心理的理解》，载金泽、梁恒豪主编《宗教心理学》（第三辑），社会科学文献出版社2017年版。

陈洁：《穆斯林儿童真主认知的发展：对人类和超自然者心理的理解》，硕士学位论文，浙江师范大学，2015年。

陈向明：《质的研究方法与社会科学研究》，教育科学出版社2000年版。

陈永胜：《埃里克森个体宗教心理发展理论新探》，《苏州大学学报》（教育科学版）2017年第1期。

陈永胜：《埃里克森个体宗教心理发展理论中的心理健康思想研究》，载金泽、梁恒豪主编《宗教心理学》（第四辑），社会科学文献出版社2018年版。

陈永胜：《马克思主义宗教心理学基本理论建设论纲》，《科学与无神论》2012年第1期。

陈永胜：《现代西方宗教心理学理论流派》，人民出版社2010年版。

陈永胜：《中国化马克思主义个体宗教心理发展观的理论构建》，《浙江师范大学学报》2018年第1期。

陈永胜、陈晓娟：《中国宗教心理学实验研究的可行性和重大主题》，载金泽、梁恒豪主编《宗教心理学》（第二辑），社会科学文献出版社2015年版。

陈永胜、余如英：《霍尔的个体宗教心理发展理论探究》，《世界宗教研究》2017 年第 3 期。

（春秋）老子，李亦安整理：《道德经》，万卷出版公司 2009 年版。

《大藏经》，鸠摩罗什等译，李亦安整理，万卷出版公司 2009 年版。

《〈古兰经〉译注》，伊斯梅尔·马金鹏译，宁夏人民出版社 2004 年版。

侯杰泰、温忠麟：《结构方程模型及其应用》，教育科学出版社 2004 年版。

环球圣经公会：《研读版圣经——新译本》（中文简体字版），环球圣经公会有限公司 2009 年版。

黄希庭、张志杰主编：《心理学研究方法》，高等教育出版社 2005 年版。

纪念：《中国信仰天主教儿童个体宗教心理发展特点和影响因素研究》，硕士学位论文，浙江师范大学，2014 年。

梁丽萍：《中国人的宗教心理：宗教认同的理论分析与实证研究》，社会科学文献出版社 2004 年版。

林崇德主编：《发展心理学》，人民教育出版社 1995 年版。

刘亚洁：《中国信仰基督教儿童个体宗教心理发展特点和影响因素研究》，硕士学位论文，浙江师范大学，2014 年。

吕大吉：《宗教学纲要》，高等教育出版社 2003 年版。

吕大吉：《宗教学通论新编》，中国社会科学出版社 1998 年版。

《马克思恩格斯文集》第 9 卷，人民出版社 2009 年版。

《马克思恩格斯文集》第 1 卷，人民出版社 2009 年版。

《毛泽东选集》第 1 卷，人民出版社 1991 年版。

[美] 埃里克·H. 埃里克森：《同一性：青少年与危机》，孙名之译，浙江教育出版社 1998 年版。

[美] 埃里克森：《甘地的真理——好战的非暴力起源》，吕文江、田嵩燕译，中央编译出版社 2010 年版。

[美] 埃里克松：《童年与社会》，罗一静等编译，学林出版社 1992 年版。

[美] 埃文·塞德曼：《质性研究中的访谈：教育与社会科学研究者

指南》，周海涛主译，重庆大学出版社2009年版。

［美］波林：《实验心理学史》，高觉敷译，商务印书馆1981年版。

［美］杜·舒尔茨：《现代心理学史》，沈德灿等译，人民教育出版社1981年版。

［美］赫根汉：《心理学史导论》（第四版，上、下册），郭本禹译，华东师范大学出版社2004年版。

［美］斯蒂芬·A. 米切尔、玛格丽特·J. 布莱克：《弗洛伊德及其后继者——现代精神分析思想史》，陈祉妍等译，商务印书馆2007年版。

［美］威廉·詹姆士：《宗教经验之种种：人性之研究》，唐钺译，商务印书馆2002年版。

［美］英格：《宗教的科学研究》，金泽等译，中国社会科学出版社2009年版。

邱皓政：《结构方程模式：LISREL的理论和技术》，双叶书廊有限公司2003年版。

尚艳娜、陈永胜：《宗教性概念及其测量工具的初探》，载金泽、梁恒豪主编《宗教心理学》（第三辑），社会科学文献出版社2017年版。

王佳琦：《中国天主教徒宗教性的发展特点和影响因素研究》，硕士学位论文，浙江师范大学，2013年。

王雪华：《道教徒个体宗教性的发展特点及影响因素研究》，硕士学位论文，浙江师范大学，2013年。

翁浩然：《伊斯兰教徒个体宗教性的发展特点及影响因素研究》，硕士学位论文，浙江师范大学，2013年。

邬丙安：《中国民间信仰》，上海人民出版社1995年版。

吴明隆：《SPSS统计应用实务——问卷分析与应用统计》，科学出版社2003年版。

习近平：《在全国宗教工作会议上的讲话》（http：//www. xinhuanet. com/photo/2016 - 04/23/c_ 128924340. htm）。

习近平：《在哲学社会科学工作座谈会上的讲话》，《人民日报》2016年5月19日第2版。

项先红：《民间信仰者个体宗教性的发展特点及影响因素研究》，硕士学位论文，浙江师范大学，2013年。

熊宏哲主编：《西方心理学大师的故事》，广西师范大学出版社 2006 年版。

杨治良：《实验心理学》，浙江教育出版社 1998 年版。

[英] 凯特·洛文塔尔：《宗教心理学简论》，罗跃军译，北京大学出版社 2002 年版。

[英] 马尔科姆·吉夫斯、[美] 沃伦·布朗：《神经科学、心理学与宗教》，刘昌、张小将译，教育科学出版社 2014 年版。

[英] 麦克·阿盖尔：《宗教心理学导论》，陈彪译，中国人民大学出版社 2005 年版。

[英] 夏普：《比较宗教学史》，吕大吉等译，上海人民出版社 1988 年版。

曾凯：《基督徒个体宗教心理发展研究》，硕士学位论文，浙江师范大学，2015 年。

张厚粲、龚耀先：《心理测量学》，浙江教育出版社 2012 年版。

张厚璨：《现代心理与教育统计学》，北京师范大学出版社 2004 年版。

朱智贤：《儿童心理学》，人民教育出版社 1980 年版。

卓新平：《马克思主义宗教观探究》，中华书局 2013 年版。

二 外文部分

Ai, A. L., Park, C. L., Huang, B., Rodgers, W., & Tice, T. N., "Psychosocial Mediation of Religious Coping Styles: A Study of Short－term Psychological Distress Following Cardiac Surgery", *Personality and Social Psychology Bulletin*, 2007, 33 (6).

Ai, A. L., Peterson, C., Tice, T. N., Bolling, S. F., & Koenig, H. G., "Faith－based and Secular Pathways to Hope and Optimism Subconstructs in Middle－aged and Older Cardiac Patients", *Journal of Health Psychology*, 2004, 9 (3).

Ai, A. L., Tice, T. N., Peterson, C., & Huang, B., "Prayers, Spiritual Support, and Positive Attitudes in Coping with the September 11 National Crisis", *Journal of Personality*, 2005, 73 (3).

Ano, G. G., & Vasconcelles, E. B., "Religious Coping and Psychological Adjustment to Stress: A Meta – analysis," *Journal of Clinical Psychology*, 2005, 61.

Avants, S. K., Beitel, M., & Margolin, A., "Making the Shift from 'Addict Self' to 'Spiritual Self': Results from a Stage I Study of Spiritual Self – schema (3 – S) Therapy for the Treatment of Addiction and HIV Risk Behavior," *Mental Health, Religion & Culture*, 2005, 8.

Batson, C. D. & Vollmecke, J. T., "Quest Religion Anti – fundamentalism, and Limited Versus Universal Compassion", *Journal for the Scientific Study of Religion*, 2008, 47.

Barrett, J. L., *Born Believers: The Science of Childhood Religion*, New York: Free Press, 2011.

Barrett, J. L., "The Belief Instinct: The Psychology of Souls, Destiny and the Meaning of Life", *Trends in Cognitive Sciences*, 2011, 15.

Barrett, J. L., "Coding and Quantifying Counterintuitiveness in Religious Concepts: Theoretical and Methodological Reflections", *Method & Theory in the Study of Religion*, 2008, 20.

Barrett, J. B., Pearson, J., Muller, C., & Frank, K. A., "Adolescent Religiosity and School Context", *Social Science Quarterly*, 2007, 88 (4).

Barrett, J. L., Richert, R. A., & Driesenga, A., "God's Beliefs Versus Mother's: The Development of Nonhuman Agent Concepts", *Child Development*, 2001, 1.

Bearon, L. B., & Koenig, G., "Religious Cognitions and Use of Prayer in Health and Illness", *The Gerontologist*, 1990, 30 (2).

Beit – Hallahmi, B., *Handbook of Religious Experience*, Birmingham, AL: Religious Education Press, 1995.

Bosworth, H. B., Park, K., McQuoid, D. R., Hays, J. C., & Steffens, D. C., "The Impact of Religious Practice and Religious Coping on Geriatric Depression", *International Journal of Geriatric Psychiatry*, 2003, 18 (10).

Boyatzis, C. J., "Religious and Spiritual Development in Childhood", *Handbook of the Psychology of Religion and Spirituality*, New York: Guilford Press, 2005.

Boyer, P., *Religion Explained: The Human Instincts that Fashion Gods, Spirits, and Ancestors*, London: Random House, 2001.

Boyer, P., & Ramble, C., "Cognitive Templates for Religious Concepts: Cross – cultural Evidence for Recall of Counter – intuitive Representations", *Cognitive Science*, 2001, 4.

Brian, M., & Barrett, J. L., "Does Myth Inform Ritual? A Test of the Lawson – McCauley Hypothesis", *Journal of Ritual Studies*, 2003, 17 (2).

Bryant, A. N., & Astin, H. S., "The Correlates of Spiritual Struggle During the College Years", *The Journal of Higher Education*, 2008, 79 (1).

Bryant – Davis, T., & Ellis, M. U., "Religiosity, Spirituality, and Trauma Recovery in the Lives of Children and Adolescents", *Professional Psychology: Research and Practice*, 2012, 43.

Carrico, A. W., Ironson, G., Antoni, M. H., Lechner, S. C., D., et al., "A Path Model of the Effects of Spirituality on Depressive Symptomsand 24 – hurinary – free Cortisol in HIV – positive Persons", *Journal of Psychosomatic Research*, 2006, 61 (1).

Chen, Y. S., & Chen, X. J., "Methodological Issues in Psychology of Religion Research in the Chinese Context", *Pastoral Psychology*, 2012, 61.

Chen, Y. S., Liang, H. H., & Lu, L. Q., "Psychology of Religion in China", *The International Journal for the Psychology of Religion*, 2006, 16 (3).

Chen, Y. S., Wang, J. Q., Weng, H. R., & Wang, X. H., "History, Present Situation, and Problems of Chinese Psychology of Religion", *Pastoral Psychology*, 2012, 61.

Clements, A. D., & Ermakova, A. V., "Surrender to God and Stress: A Possible Link Between Religiosity and Health", *Psychology of Religion and Spirituality*, 2012, 2.

Cohn, M. A., Fredrickson, B. L., Brown, S. L., Mikels, J. A., &

Conway, A. M., "Happiness Unpacked: Positive Emotions Increase Life Satisfaction by Building Resilience", *Emotion*, 2009, 9 (3).

Cole, B. S., Hopkins, C. M., Tisak, J., Steel, J. L., & Carr, B. I., "Assessing Spiritual Growth and Spiritual Decline Following a Diagnosis of Cancer: Reliability and Validity of the Spiritual Transformation Scale", *Psycho - Oncology*, 2008, 17 (2).

Coleman, P. G., "Spiritual Belief, Social Support, Physical Functioning and Depression Among Older People in Bulgaria and Romania", *Aging & Mental Health*, 2011, 15.

Contrada, R. J., Goyal, T. M., Cather, C., Rafalson, L., Idler, E. L., & Krause, T. J., "Psychosocial Factors in Outcomes of Heart Surgery: The Impact of Religious Involvement and Depressive Symptoms", *Health Psychology*, 2004, 23 (3).

Crook - Lyon, R. E., & O' Grady, K. A., "Addressing Religious and Spiritual Diversity in Graduate Trainin and Multicultural Education for Professional Psychologists", *Psychology of Religion and Spirituality*, 2011, 4.

D' Aquili, A. B., & Newberg, E. G., "The Neuropsychology of Spiritual Experience", *Handbook of Religion and Mental Health*, San Diego, CA: Academic Press, 1998.

Desai, K. M., *Predictors of Growth and Spiritual Decline Following Spiritual Struggles*, Unpublished Master's Thesis, Bowling Green State University, OH: Bowling Green, 2006.

Desmond, S. A., Desmond, K. H., & Morgan, G. K., "Religious Development: How (and Why) does Religiosity Change from Adolescence to Young Adulthood?", *Sociological Perspectives*, 2010, 53 (2).

Devonish, D., Alleyne, P. A., Cadogan - McClean, C., & Greenidge, D., "An Empirical Study of Future Professionals' Intentions to Engage in Unethical Business Practices", *Journal of Academic Ethics*, 2011, 7.

Drewek, P. A., "Cross - Cultural Testing of James W. Fowler's Model of Faith Development Among Bahá' ís, Doctoral Thesis", University of Ottawa, Ontario, Canada, 1996.

Dumont, M., & Provost, A., "Resilience in Adolescents: Protective Role of Social Support, Coping Strategies, Self-esteem, and Social Activities on Experience of Stress and Depression", *Journal of Youth and Adolescence*, 1999, 28 (3).

Durkheim, E., *The Elementary Forms of Religious Life: A Study in Religious Sociology*, New York: MacMillan, 1915.

Egeland, B., Carlson, E., & Sroufe, L., "Resilience as Process", *Development & Psychopathology*, 1993, 5.

Ellison, C. G., Boardman, J. D., Williams, D. R., & Jackson, J. S., "Religious Involvement, Stress, and Mental Health: Findings from the 1995 Detroit Area Study", *Social Forces*, 2001, 80 (1).

Emma, C., & Barrett, J. L., "Conceptualizing Spirit Possession: Ethnographic and Experimental Evidence", *Ethos*, 2008, 36 (2).

Exline, J. J., "Stumbling Blocks on the Religious Road: Fractured Relationships, Nagging Vices, and the Inner Struggle to Believe", *Psychological Inquiry*, 2002, 13.

Exline, J. J., Yali, A. M., & Sanderson, W. C., "Guilt, Discord, and Alienation: The Role of Religious Strain in Depression and Suicidality", *Journal of Clinical Psychology*, 2000, 56.

Faigin, C. A., & Pargament, K. I., *Filling the Spiritual Void: Spiritual Struggles as a Risk Factor for Addiction*, Poster Session Presented at the 20th Annual Convention of the Association for Psychological Science, IL: Chicago, 2008.

Falsetti, S. A., Resick, P. A., & Davis, J. L., "Changes in Religious Beliefs Following Trauma", *Journal of Traumatic Stress*, 2003, 16 (4).

Farley, Y. R., "Making the Connection: Spirituality, Trauma and Resiliency", *Journal of Religion & Spirituality in Social Work*, 2007, 26 (1).

Ferraro, K. F., & Koch, J. R., "Religion and Health Among Black and White Adults: Examining Social Support and Consolation", *Journal for the*

Scientific Study of Religion, 1994, 33.

Fowler, J. W., "Faith Development Theory and the Postmodern Challenges", *The International Journal for the Psychology of Religion*, 2001, 11 (3).

Fowler, J. W., *Stages of Faith: The Psychology of Human Development and the Quest for Meaning*, New York: HarperOne, 1981.

Fowler, J. W., *Toward Moral and Religious Maturity*, Morristown, New York: Silver Burdett, 1980.

Fowler, J. W., & Dell, M. L., "Stages of Faith from Infancy Through Adolescence: Reflections on Three Decades of Faith Development Theory", *The Handbook of Spiritual Development in Childhood and Adolescence*, Thousand Oaks, CA: Sage, 2006.

Francis. L. J., *Faith and Psychology: Personality, Religion and the Individual*, Damon: Longman & Todd, 2005.

Gathman, A. C., & Nessan, C. L., "Fowler's Stages of Faith Development in an Honors Science – and Religion Seminar", *Journal of Religion & Science*, 1997, 32 (3).

Goldman, R., *Religious Thinking from Children to Adolescence*, London: Routledge & Kegan Pault, 1964.

Good, M., & Busseri, M., "Stability Spirituality/Religiosity: A Person – entered Approach", *Psychology*, 2011, 47.

Good, M., & Willoughby, T., "Adolescence as a Sensitire Period for Spiritual Development", *Child Development Perspectives*, 2008, 2.

Green, C. W., & Hoffman, C. L., "Stages of Faith and Perceptions of Similar and Dissimilar Others", *Review of Religious Research*, 1989, 30.

Gregory, J., & Barrett, J. L., "Epistemology and Counterintuitiveness Role and Relationship in Epidemiology of Cultural Representation", *Journal of Cognition and Culture*, 2009, 3.

Gallahger, S., & Tierney, W., "Religiousness/religiosity", *Encyclopedia of Behavior Medecine*, New York: Springer Science Business Media, 2013.

Hall, G. S., *Adolescence: Its Psychology and Its Relations to Physiology*,

Anthropology, Sociology, Sex, Crime, Religion, and Education (Vols. Ⅰ), New York: D. Appleton, 1904.

Hall, G. S., *Adolescence: Its Psychology and Its Relations to Physiology, Anthropology, Sociology, Sex, Crime, Religion, and Education* (Vols. Ⅱ), New York: D. Appleton, 1904.

Hall, G. S., *Life and Confessions of a Psychology*, New York: D. Appleton, 1923.

Hall, G. S., *Senescence: The Last Half of Life*, New York: D. Appleton, 1922.

Hall, G. S., "The Moral and Religious Training of Children", *The Princeton Review*, 1882, 9.

Hall, G. S., "The Religious Content of the Child-Mind", *Principles of Religious Education*, New York: Longmans, Green, 1900.

Harvey, W., *Modes of Religiosity: A Cognitive Theory of Religious Transmission*, Walnut Creek, CA: AltaMira Press, 2004.

Hay, D., Reich, I. C. H., & Utsch, M., "Spiritual Development: Intersections and Divergence with Religious Development", *The Handbook of Spiritual Development in Childhood and Adolescence*, Thousand Oaks, CA: Sage, 2005.

Helminiak, D. A., *Religion and the Human Sciences*, Albany: State University of New York Press, 1998.

Hill, P. C., & Hood, R. W., *Measures of Religiosity*, Birmingham: Religious Education Press, 2005.

Hill, E. C., & Maltby, L. E., "Measuring Religiousness and Spirituality: Issues, Existing Measures, and the Implications for Education and Wellbeing", *International Handbook of Education for Spirituality, Care and Wellbeing*, Berlin: Springer Science Business Media, 2007.

Hoehn, R. A., "Stages of Faith: The Psychology of Human Development and the Quest for Meaning", *Review of Religious Research*, 1983, 25 (1).

Hombeck, R. G., Barrett, J. L., "Refining and Testing 'Counterintuitiveness' in Virtual Reality: Cross-cultural Evidence for Recall of Counterintuitive Representations", *International Journal for the Psychology of Religion*, 2013, 23.

Hood, R. W., Jr., Ghorbani, N., Watson, E. J., et al., "Dimensions of the Mysticism Scale: Confirming the Three Factor Structure in the United States and Iran", *Journal for the Scientific Study of Religion*, 2001, 40.

Hood, R. W., Jr., Hill, P. C., & Spilka, B., *The Psychology of Religion: An Empirical Approach* (fourth edition), New York, London: The Guilford Press, 2009.

Ingersoll - Dayton, B., Krause, N., & Morgan, D., "Religious Trajectories and Transitions Over the Life Course", *The International Journal of Aging and Human Development*, 2002, 1.

Jansen, K. L., Motley, R., & Hovey, J., "Anxiety, Depression, and Student's Religiosity", *Mental Health, Religion & Culture*, 2010, 3 (3).

Justin, L., Barrett, R. A., & Driesenga, A., "God's Beliefs Versus Mother's: The Development of Nonhuman Agent Concepts", *Child development*, 2001, 72.

Kavros, P. M., "Religiosity", *Encyclopedia of Psychology and Religion*, New York: Springer Science Business, 2010.

King, P. E., & Boyatzis, C. J., "Exploring Adolescent Spiritual and Religious Development Current and Future: Theoretical and Empirical Perspectives", *Applied Developmental Science*, 2004, 8.

Krause, N., Ingersoll - Dayton, B., Ellison, C. G., & Wulff, K. M., "Aging, Religious Doubt, and Psychological Well - being", *The Gerontologist*, 1999, 39 (5).

Lane, J. D., Wellman, H. M., & Evans, E. M., "Children's Understanding of Ordinary and Extraordinary Minds", *Child Development*, 2010, 81 (5).

Lane, J. D., Wellman, H. M., & Evans, E. M., "Sociocultural Input Facilitates Children's Developing Understanding of Extraordinary Minds", *Child Development*, 2012, 83 (3).

Langer, N., "Resiliency and Spirituality: Foundations of Strengths Perspective Counseling with the Elderly", *Educational Gerontology*, 2004, 30 (7).

Lawson, E. T., "Towards a Cognitive Science of Religion", *Numen*, 2000, 47 (3).

Leak, G. K., & Fish, S. B., "Development and First Use of Religious Maturity Scales", *International Journal for the Psychology of Religion*, 2006, 2.

Leak, G. K., Loucks, A. A., & Bowlin, P., "Development and Initial Validation of an Objective Measure of Faith Development", *International Journal for the Psychology of Religion*, 1999, 9.

Lemer, R. M., Jacobs, E., & Wertlieb, D., *Applied Developmental Science*, Thousand Oaks, CA: Sage Publishers, 2005.

Longest, K. C., "Conflicting or Compatible: Beliefs about Religion and Science Among Emerging Adults in the United States", *Sociological Forum*, 2011, 26.

Maiello, C., "Religiosity and Personality", *Encyclopedia of the Science of Learning*, New York: Springer Science Business Media, 2012.

Makris, N., & Pnevmatikos, D., "Children's Understanding of Human and Super-natural Mind", *Cognitive Development*, 2007, 22 (3).

McConnell, K. M., Pargament, K. I., Ellison, C. G., Flannelly, K., & Ellison, C., "Examining the Links Between Spiritual Struggles and Symptoms of Psychopathology in a National Sample", *Journal of Clinical Psychology*, 2006, 62.

McCullough, M. E., Enders, C. K., Brion, S. L., & Jain, A. R., "The Varieties of Religious Development in Adulthood: A Longitudinal Investigation of Religion and Rational Choice", *Journal of Personality and Social Psychology*, 2005, 89 (1).

Molock, S. D., Puri, R., Matlin, S., & Barksdale, C., "Relationship Between Religious Coping and Suicidal Behavior Among African American Adolescents", *Journal of Black Psychology*, 2006, 32.

Murray-Swank, N. A., & Pargament, I., "God, Where are You?: Evaluating a Spiritually Integrated Intervention for Sexual Abuse", *Mental Health, Religion & Culture*, 2005, 8 (3).

Nicholson, A., & Bobak, M., "Associations Between Different Dimensions of Religious Involvement and Self: Rated Health in Diverse European Populations", *Health Psychology*, 2010, 291.

Overstreet, D. V., "Spiritual vs. Religious: Perspectives from Today's Undergraduate Catholics", *Catholic Education: A Journal of Inquiry and Practice*, 2013, 14 (2).

Pargament, K. I., Ano, G. G., & Wachholtz, A. B., "The Religious Dimension of Coping: Advances in Theory, Research, and Practice", *Handbook of the Psychology of Religion and Spirituality*, New York: The Guilford Press, 2005a.

Pargament, K. I., Desai, K. M., & McConnell, K. M., "Spirituality: A Pathway to Posttraumatic Growth or Decline?," *Handbook of Posttraumatic Growth: Research and Practice*, Mahway, NJ: Lawrence Erlbaum Associates Publishers, 2006.

Pargament, K. I., & Mahoney, A., *An Applied Psychology of Religion and Spirituality*, Washington, DC: Ameri can Psychologi cal Association, 2013.

Pargament, K. I., Murray-Swank, N. A., Magyar, G. M., & Ano, G. G., "Spiritual Struggle: A Phenomenon of Interest to Psychology and Religion", *Judeo-Christian Perspectives on Psychology: Human Nature, Motivation, and Change*, Washington, DC: American Psychological Association, 2005c.

Parker, S., "Measuring Faith Development", *Journal of Psychology and Theology*, 2006, 34 (4).

Parker, S., "Research in Fowler's Faith Development Theory: A Review Article", *Review of Religious Research*, 2010, 5 (3).

Parsons, W. B., "On Mapping the Psychology and Religion Movement: Psychology as Religion and Modern Spirituality", *Pastoral Psychology*, 2010, 59.

Piedmont, R. L., & Friedman, P. H., "Religiosity, and Subjective

Quality of Life", *Handbook of Social Indicators and Quality of Life Research*, Berlin: Springer Science Business Media, 2012.

Pressman, P., Lyons, J. S., Larson, D. B., & Strain, J. J., "Religious Belief, Depression, and Ambulation Status in Elderly Women with Broken Hips", *American Journal of Psychiatry*, 1990, 147 (6).

Krause, N., Ingersoll-Dayton, B., Ellison, C. G., & Wulff, K. M., "Aging, Religious Doubt, and Psychological Well-being", *The Gerontologist*, 1999, 39 (5).

Raiya, H. A., Pargament, K. I., Mahoney, A., & Stein, C., "A Psychological Measure of Islamic Religiousness: Development and Evidence for Reliability and Validity", *International Journal for Psychology of Religion*, 2008, 4.

Regnerus, M. D., Smith, C., & Smith, B., "Social Context in the Development of Adolescent Religiosity", *Applied Developmental Science*, 2004, 8 (1).

Rita, A., & Harris, P. L., "Understanding Mortality and the Life of the Ancestors in Rural Madagascar", *Cognffive Science*, 2008, 32 (4).

Rizzuto, A., *The Birth of the Living God: A Psychoanalytic Study*, Chicago: University of Chicago Press, 1979.

Rokach, A., Shakad, A., & Chin, J., "How does Religiosity Affect Loneliness?", *Psychology Journal*, 2011, 8 (3).

Schnitker, S. A., Porter, T. J., Emmons, R. A., "Attachment Predicts Adolescent Conversions at Young Life Religious Summer Camps", *International Journal of the Psychology of Religion*, 2012, 22.

Schwarz, L., & Cottrell, F., "The Value of Spirituality as Perceived by Elders in Long-term Care", *Physical & Occupational Therapy in Geriatrics*, 2007, 26 (1).

Spilka, B., & Gorsuch, R., *The Psychology of Religion: An Empirical Approach*, New York: The Guilford Press, 2003.

Spilka, B., & Schmidt, G., *Stylistic Factors in Attributions: The Role of Religion and Locus of Control*, Paper Presented at the Annual Convention of the

Rocky Mountain Psychological Association, UT: Snowbird, 1983b.

Spilka, B., Shaver, P. R., & Kirkpatrick, L. A., "A General Attribution Theory for the Psychology of Religion", *The Psychology of Religion: Theoretical Approaches*, Boulder, CO: Westview Press, 1997.

Tamminen, K., "Religious Experiences in Childhood and Adolescence: A Viewpoint of Religious Development Between the Ages of 7 and 20", *International Journal for the Psychology of Religion*, 1994, 4.

Takriti, R. A., Barrett, M., & Buchanan – Barrow, E., "Children's Understanding of Religion: Interviews with Arab – Muslim, Asian – Muslim, Christian and Hindu Children Aged 5 – 11 Years", *Mental Health, Religion & Culture*, 2006, 9 (1).

Voland, E., "Evaluating the Evolutionary Status of Religiosity and Religiousness", *The Biological Evolution of Religious Mind and Behavior: The Frontiers Collection*, Heidelberg: Springer, 2009.

Wagener, L., Furrow, J. L., King, P. E., Leffert, N., & Benson, P., "Religious Involvement and Developmental Resources in Youth", *Review of Religious Research*, 2003, 44 (3).

Wulff, D. M., *Psychology of Religion: Classic and Contemporary* (2nd ed.), New York: John Wiley & Sons, Inc., 1997.

Yeung, G. K. K., & Chow, W., "To Take up 'Your Own Responsibility': The Religiosity of Buddhist Adolescents in Hong Kong", *International Journal of Children's Spirituality*, 2010, 2.

Yohannes, A. M., Koenig, H. G., Baldwin, R. C., & Connolly, M. J., "Health Behavior, Depression and Religiosity in Older Patients Admitted to Intermediate Care", *International Journal of Geriatric Psychiatry*, 2008, 23 (7).

译名对照表

Abrahamsen, K.	亚伯拉罕森
Ayres, S. G.	艾尔斯
Boring, E. G.	波林
Brown, W. S.	布朗
Coe, G. A.	科
Darwin, C. R.	达尔文
Drewek, P. A.	德鲁克
Ebeling, G.	埃贝林
Erikson, E. H.	埃里克森，或埃里克松
Fitzpatrick, J. J.	菲茨帕特里克
Fowler, J. W.	福勒
Freud, A.	弗洛伊德
Gandhi, M. K.	甘地
Gathman, A. C.	加斯曼
Goldman, R.	戈德曼
Green, C. W.	格林
Gulick, L. H.	古利克
Haeckel, E.	黑克尔
Hall, G. S.	霍尔
Hamond, E. P.	哈蒙德
Hoehn, R. A.	霍恩
Hoffman, C. L.	霍夫曼

Homburger, E.	杭伯格
Howard, C.	霍华德
James, W.	詹姆斯
Jeeves, M.	吉尔斯
King, M. L.	金
Konhlberg, L.	科尔伯格
Kotre, J.	科特
LaPointe, R.	拉帕英特
Leuba, J. H.	勒巴
Locklear, L.	洛克利尔
Luther, M.	路德
Mead, M.	米德
Meissner, W. W.	迈斯纳
Nessan, C. L.	内森
Niebuhr, H. R.	尼布
Piaget, J.	皮亚杰
Pope, L. A.	波普
Salomonsen, E.	萨洛蒙森
Serson, J. M.	塞森
Smith, W. C.	史密斯
Starbuck, E.	斯塔巴克
Staupitz, J.	斯托皮茨
Watson, P. J.	沃森
Wesley, J.	卫斯理
Wolff, C. F.	沃尔夫
Wulff, D. M.	伍尔夫
Wundt, W.	冯特

后　记

"中国特色个体宗教心理发展研究"项目的研究工作历时5年以上，其间经历了一些意想不到的事情。最主要的意外就是我作为项目负责人接受了两次住院治疗。

第一次是在2015年上半年。由于我右腿静脉曲张严重，患处不仅存在大量的蚯蚓状突起，而且红肿、瘙痒，影响到正常生活，所以不得不去医院就诊。医生诊断后认为，这些症状如果不及时进行手术治疗，很有可能发展成为老烂腿，存在截肢危险。鉴于这种情况，我只好接受了大隐静脉曲张高位抽剥手术治疗。术后医生嘱咐，必须在数月内卧床静养，结果我被迫申请将项目的完成时间，从原来计划的2015年年底推迟到2016年年底。

第二次是在2016年上半年。我在紧张写作的过程中，查阅资料时突然发现视力模糊，眼前有明显的闪光和飞蚊等症状。到医院眼科详细诊查后，最终被确定为右眼患有视网膜脱离症，但脱落的时间不长。医生告诫说，这是一种非常严重的眼底疾病，可能与长期使用电脑写作以及视网膜缺乏某些营养物质有关。如果不抓紧进行手术治疗，失明的危险极大。在这种情况下，我不得不接受了视网膜冷凝加压手术治疗。术后半年内，我大多处于眼部静养状态，不敢使用电脑进行长时间写作。2016年年底，我在术眼复查恢复良好的前提下，又进行了白内障摘除并植入了人工晶体。基于上述原因，本项目的完成时间再次被推迟到2017年年底。

自2000年起，我共计主持了3项国家社会科学基金项目。在课题组成员的共同努力下，前两个项目均产生了良好的社会反响，分别获得了省级社会科学优秀成果二等奖和三等奖。在本项目的研究过程中，课题组遵照国家社会科学基金"坚持正确导向、突出国家水准"的总体要求，一如既往地争取在项目的原创性、鲜明特色和规范性等方面取得新的进步。例如在规范性方面，鉴于不同出版机构在按照标准化要求并形成自己独特出版风格的过程中，著录方式的规定有所不同，于是课题组确定了以国内权威出版机构为样本并遵循国际通用著录方式的规范准则，即中文期刊著作的引用和参考文献著录，以中国社会科学出版社的规定为样本，严格进行学术规范；外文期刊著作的引用，则采用了国际上使用最多的著录方式。

在这里，我对研究过程中给予本项目大力支持和热情帮助的有关机构及相关人员，表示衷心感谢！

我衷心感谢中国社会科学院世界宗教研究所卓新平研究员、金泽研究员、李建欣研究员、梁恒豪副研究员的大力支持和热情帮助。没有这些专家学者的悉心赐教，课题组很难在高起点、高标准方面有新的建树。

我衷心感谢浙江省金华市人民政府民族宗教局、广东省东莞市人民政府民族宗教局的大力支持和热情帮助。没有这两家政府机构宗教管理部门的牵线搭桥，以及金华市、东莞市众多宗教场所负责人和其他宗教工作人员的精心组织，课题组在标准化宗教心理测量工具的编制以及与宗教界人士的访谈交流方面，将困难重重，甚至中途止步。

我衷心感谢浙江师范大学科学研究院社会科学处、教师教育学院、心理与脑科学研究院、图文信息中心等单位的大力支持和热情帮助。没有这些部门、单位在资金配套、文献支持和项目管理等方面所做的大量工作，课题组就难以专心从事项目研究，并取得符合国家水准的研究成果。

我还要衷心感谢苏亚玲、吕广健、孙翠媚、李赞、刘盛敏、刘瑶、余如英等已经毕业的研究生和王佳琦、王雪华、项先红、翁浩然、包涵、纪念、刘亚洁、曾凯、陈洁等在读研究生的特殊努力，以及我的爱人谭丽莎的无私奉献。没有这样一个目标明确、分工具体、吃苦耐劳团队的集体攻关，特别是王佳琦、王雪华、项先红、翁浩然、包涵、纪念、刘亚洁、曾凯、陈洁等9名同学硕士论文研究成果的支持，要想完成此项国家级项目是无法想象的。

最后需要再次说明的是，本项目申报的是国家社会科学基金重点项目,最终批准为一般项目。由于项目落地的规格不同,经费差别很大,因而与原有项目申请书相比,最终成果的内容特别是在取样范围与规模方面,存在大量压缩。这一点还望得到项目管理部门和广大读者的体谅。

陈永胜
"中国特色个体宗教心理发展研究"项目负责人
2018年9月于浙江师范大学丽泽花园